पाठ-सम्पादन के सिद्धान्त

डॉ. कन्हैया सिंह

लोकभारती प्रकाशन

लोकभारती प्रकाशन
पहली मंजिल, दरबारी बिल्डिंग, महात्मा गाँधी मार्ग
प्रयागराज-211 001
वेबसाइट : www.lokbharatiprakashan.com
ईमेल : info@lokbharatiprakashan.com

शाखाएँ : 1-बी, नेताजी सुभाष मार्ग, दरियागंज
नयी दिल्ली-110 002
अशोक राजपथ, सइन्स कॉलेज के सामने
पटना-800 006 (बिहार)
36-ए, शेक्सपियर सरणी
कोलकाता-700 017

वर्तमान संस्करण : 2022

बी.के. ऑफसेट
नवीन शाहदरा, दिल्ली-110 032
द्वारा मुद्रित

PATH SAMPADAN KE SIDDHANT
by Dr. Kanhaiya Singh

ISBN : 978-81-8031-152-9

मूल्य : ₹ 450

डॉ० भगवती प्रसाद सिंह

को

सादर

मुझे डॉ० भगवती प्रसाद सिंह के साथ जायसी की 'पदुमावति' का पाठ-सम्पादन करते समय इस विषय की व्यावहारिक कठिनाइयों और समस्याओं से जूझना पड़ा और बहुत से नये अनुभव हुए। पाठालोचन के संबंध में मेरे अध्ययन और व्यक्तिगत अनुभवों ने इसकी सामग्री का विस्तार किया है। इस पुस्तक में पाठ-सम्पादन के सिद्धान्त और अन्य सहायक विषयों की चर्चा की गयी है। 'हिन्दी पाठानुसंधान' पर एक स्वतंत्र पुस्तक ही तैयार है जो शीघ्र प्रकाशित होगी।

प्राचीन कवियों के पाठों का जैसा वैज्ञानिक सम्पादन चाहिए, वैसा हिन्दी में कम हुआ है। जायसी और तुलसी के पाठ-सम्पादन के महत्त्वपूर्ण कार्य हुए हैं। अन्य कवियों के पाठों के अभी इतने संतोषजनक परिणाम नहीं मिले हैं। भाषा विषयक शोध, ऐतिहासिक शोध तथा रचनाकार की साहित्यिक-सैद्धान्तिक समालोचना के लिए सर्व-प्रथम उसकी रचना का मूलपाठ स्थिर होना आवश्यक होता है। इस दिशा में अनु-संधित्सुओं, अध्यापकों एवं विद्वानों का ध्यान जा सके तो मैं इस शुष्क विषय पर किये गये अपने श्रम को सार्थक समझूंगा।

दयानंद महाविद्यालय
आज़मगढ़ (उ० प्र०)

—कन्हैया सिंह

विषयानुक्रम

पाठालोचन की दिशा

लेखन कला के आविष्कार द्वारा मानव अपने ज्ञान, भाव एवं विचारों को काल एवं देश की सीमाओं के बन्धन से मुक्त करके संवहनीय बना सका। उसकी वाणी लेखबद्ध रचनाओं के रूप में सुरक्षित हो सकी थी। मुद्रण के आविष्कार ने ग्रंथ-लेखन को सुन्दर, सुलभ एवं सुनिश्चित प्रसार प्रदान किया पर यह स्थिति सहसा नहीं आ गयी। ग्रंथों के आधुनिक मुद्रित रूप के विकास के पूर्व का एक सुदीर्घ इतिहास है। अपनी अभिव्यक्ति को उसने पत्थर की शिला, लोहे के स्तम्भ, ताम्रपत्र, स्वर्णपत्र आदि पर उत्कीर्ण करना प्रारम्भ किया। ये आधार स्थायी थे और रचना को मूल रूप में सुरक्षित रखने की क्षमता भी इनमें थी पर इनमें दोष यह था कि इन पर लेखन श्रम और समय साध्य था। साथ ही इससे रचना का प्रसार अधिक नहीं हो पाता। फलतः भोजपत्र और ताड़पत्र के लेखन के आधार सामने आये और मसि तथा लेखनी उत्पन्न हुई। यह यात्रा कागज के जन्म तक पहुँची।

अब यह सुविधा हो गयी है कि लेखक की कृति संवहनीय लेखन-आधारों पर थोड़े समय और श्रम से लिपिबद्ध होने लगी है। कृतिकारों ने कभी अपने हाथ से अपना ग्रंथ लिखा और कभी बोलकर लिखवाया। अच्छे ग्रंथों की माँग हुई होगी, कभी साहित्यिक, कभी शैक्षिक और कभी धार्मिक महत्त्व के कारण। ग्रंथों की प्रतिलिपि और फिर प्रतिलिपि की प्रतिलिपियाँ तैयार होती गयीं। लिखकों-मसिजीवियों का एक वर्ग ही उत्पन्न हो गया जिनका कार्य ग्रंथों की प्रतिलिपियाँ तैयार करके आजीविका कमाना हो गया। ऐसे लिखक कभी तो विद्याव्यसनी, सुकवि और पंडितजन होते थे और कभी साधारण अक्षर-ज्ञान सम्पन्न लोग भी। इनके द्वारा वांछित ग्रंथों का प्रतिलिपियों के माध्यम से व्यापक प्रसार हुआ।

प्रतिलिपि निर्माण के क्रम में प्रमादवश भूलों का होना स्वाभाविक था और ऐसी भूलें हुईं भी। अगले प्रतिलिपिकार ने अपने मूलाधार की भूलों को यथावत उतारा और उसने अपनी कुछ भूलों को अपनी प्रति में जोड़ दिया। कभी-कभी जान-बूझ कर मूलाधार प्रति में प्रक्षेप भी हुए। इन प्रक्षेपों में भी वृद्धि होती गयी। कालान्तर में जब लेखक की मूल प्रति नष्ट हो जाती और उसकी निकटवर्ती प्रतिलिपियाँ भी अनुपलब्ध रहतीं तो प्राप्त प्रतियों के पाठों में इतना वैषम्य और विरोध मिलने लगता कि रचना-

कार के मूल पाठ की कल्पना भी दूभर हो गयी। कोसे गार्टन ने पंचतंत्र की विभिन्न प्रतियों के पाठ को देखकर कहा 'कोट कोडिक्स, टाट टेक्स्ट्स' (Quot codies, Tot textus) अर्थात् 'जितनी प्रतियाँ उतने पाठ।' महाभारत की प्रतियों के बारे में डा० विष्णु सीताराम सुकथांकर ने इसी उक्ति को दुहराया।

इस विषम परिस्थिति में मूल रचना के पाठ के अनुसंधान की आवश्यकता भूत काल में हुई होगी और आज भी ऐसी स्थिति में पाठानुसंधान एवं पाठालोचन का प्रश्न सामने आता है। विभिन्न प्रतियों के पाठों में जितनी विषमता रहती है, उतनी ही पाठानुसंधाता की उलझन बढ़ती है। सशक्त एवं समर्थ रचनाकारों की रचनायें भी विकृत पाठों एवं प्रक्षेपों के घटाटोप में ऐसी छिप जाती है कि उनकी पहचान कठिन हो जाती है। यह स्थिति संसार की सभी प्राचीन भाषाओं की रचनाओं के सम्बन्ध में देखी जाती है।

पाठानुसंधान के प्रयास भी सभी भाषाओं में हुए। पर इस क्षेत्र में अनुसंधाताओं के अनुभवों ने धीरे-धीरे एक शास्त्र का रूप ग्रहण कर लिया और वैज्ञानिक चिन्तन की इस प्रणाली ने इस शास्त्र का उत्तरोत्तर विकास भी किया। इस कार्य के सम्बन्ध में योरोप में महनीय प्रयास हुए। उसे अपनाकर व्यापक बनाने में योरोपीय विद्वानों ने बड़ा कार्य किया।

अंग्रेज़ी भाषा में क्रमिक अनुभव द्वारा यह शास्त्र अट्ठारहवीं-उन्नीसवीं सदी में विकसित हुआ। विशेषतः चॉसर, स्पेन्सर और शेक्सपियर की कृतियों का पाठ-संपादन हुआ। चॉसर की कृतियों पर टरहिट नामक विद्वान का कार्य बड़ा महत्त्वपूर्ण है। इस कार्य का मूल्यांकन करते हुए डा० लीलाधर गुप्त ने लिखा है—

"पहले कई सौ वर्ष तक कैक्सटन, टाइन, स्टो, स्पेट और यूरी इत्यादि संपादकों ने चॉसर का पाठ आलोचनात्मक वृत्ति से स्वीकार किया। इसके पश्चात् अट्ठारहवीं शताब्दी के पिछले भाग में टरहिट ने अंग्रेजी साहित्य प्रेमियों को चॉसर का आलोचनात्मक संस्करण दिया। टरहिट ने इस कार्य को बड़े परिश्रम से किया। पहले उसने चॉसर के पाठ की जितनी प्रतियाँ और प्रतिलिपियाँ मिल सकती थीं, इकट्ठा कीं। फिर उसने चॉसर का और चॉसर के समकालीन और पूर्ववर्ती लेखकों का सचेष्ट अध्ययन किया, और इंगलैंड के लेखकों का ही नहीं वरन् फ्रांस और दूसरे देशों का भी। उसके परिश्रम का अंदाजा लगाने के लिये यह याद रखने की बात है कि यह सब अध्ययन हस्तलिखित प्रतियों में हुआ। अन्त में उसने बड़ी सावधानी से चॉसर के पद्यों का संवेदनशील और सुशिक्षित श्रवणेन्द्रिय द्वारा अध्ययन किया। टरहिट के परिश्रम के परिणामस्वरूप ही साधारण पाठक चॉसर को उसके असली रूप में देख सका और जहाँ तक 'कैण्टरबरी टेल्स' की बात है टरहिट के संस्करण में उस कवि की, पाठक को ठीक प्रतिभा मिली।"[1]

......आगे चलकर निकालस, राइट आदि कई विद्वानों का ध्यान चॉसर के पाठों की

---

१. लीलाधर गुप्त : पाश्चात्य साहित्यालोचन के सिद्धान्त, पृष्ठ १२।

ओर गया और चॉसर-सोसायटी की स्थापना हुई। इस सोसायटी ने निश्चित सिद्धान्तों के आधार पर उनकी रचनाओं के पाठ का पुर्ननिर्माण कराया।

स्पेन्सर की कृति 'फेअरी क्वीन' का प्रथम आलोचनात्मक संस्करण १७१५ ई० में प्रकाशित हुआ। उनकी कृतियों के अन्य आलोचनात्मक संस्करणों में डा० ग्रोसर्ट, ग्लोब और सेलिकोर्ट के संस्करण महत्त्वपूर्ण हैं।

शेक्सपियर की अधिकांश कृतियाँ उसके जीवन काल में अप्रकाशित रह गयी थीं। उनके नाटकों का प्रचलन नाटक-मण्डलियों में बहुत अधिक होने के कारण उसके नाटकों के पाठ बहुत क्षत-विक्षत हुए। उसके नाटकों के पाठों का निर्माण प्रारम्भ में नाटक-मण्डलियों में प्रचलित पाठों के आधार पर हुआ जो शेक्सपिसर की प्रतिभा को बिगाड़ने वाले थे। हस्तलिखित प्रतियों के पाठ अपूर्ण और असंतोषजनक थे। प्रारम्भ में शेक्सपियर की रचनाओं का पाठ मुद्रकों के हाथ में था और वे यथाप्राप्त पाठों को मुद्रित कर देने में ही अपने कर्तव्य की इतिश्री समझते थे। शेक्सपिसर की कृतियों का प्रथम आलोचनात्मक संस्करण १७०९ ई० में 'रो' नामक विद्वान ने निकाला। 'रो' के कार्य का अनुगमन करते हुए शेक्सपियर के पाठ-निर्माण का महत्त्वपूर्ण कार्य अट्ठारहवीं शताब्दी में थिओ-बोल्ड, पोप, जान्सन, कैपेल, स्टीवेंस और मैलोन आदि द्वारा आगे बढ़ाया गया। उन्नी-सवीं शताब्दी में बासबेल, फरनैस, क्लार्क और राइट तथा बीसवीं शताब्दी में विलवर-कूच और डोवरविल्सन ने शेक्सपियर का आलोचनात्मक संस्करण प्रस्तुत किया।

अंग्रेज़ी भाषा के रचनाकारों के पाठ-निर्माण की दिशा में इस शास्त्र के सिद्धांत क्रमिक विकास की प्रक्रिया में निर्मित हुए। पहले जो प्रति प्राप्त हो जाती थी, वह यथा-वत् मुद्रित हो जाती थी। आगे चलकर पाठ-सम्पादक कई प्रतियों के परीक्षण द्वारा सर्वोत्तम प्रति को प्राप्त करने का प्रयास करता था और सम्पादन के नाम पर वह ऐसी प्रति में मनमाने संशोधन प्रस्तुत कर देता था। उन्नीसवीं शताब्दी के प्रारम्भ तक यह पद्धति चलती रही।

अट्ठारहवीं शताब्दी के अन्त में टरहिट ने 'कैण्टरबरी टेल्स' के पाठ को सत्तर से अधिक हस्तलिखित प्रतियों में से सात मुद्रित प्रतियों के पुर्ननिरीक्षण से दुबारा निर्माण किया। इन सातों में सर्वश्रेष्ठ एल्समेअर की प्रति को चुनकर अन्य प्रतियों से मिलाकर उसके पाठ को संशुद्ध और संशोधित करके पाठ-निर्माण किया गया। पर इससे सुन्दर कार्य १८४२ ई० में 'न्यू टेस्टामेण्ट' के सम्पादन के रूप में 'कार्ल लकमैन' ने किया। लकमैन ने पाठ परीक्षा की एक सुनिश्चित पद्धति का प्रतिपादन किया। आगे चलकर इस दिशा में महत्त्वपूर्ण कार्य करने वालों ने जो योगदान प्रस्तुत किया उससे पाठ-संपा-दन का यह शास्त्र विकसित होता गया। इस क्षेत्र में योरोपीय विद्वानों की सरणियों का संक्षिप्त परिचय आवश्यक है।

'कार्ल लकमैन' ने पाठानुसंधान की जिस प्रणाली को प्रचलित किया, वह इस क्षेत्र की प्राचीनतम विधि है। इस प्रणाली को वंशानुक्रम पद्धति (Geneological Method) कहा जाता है। इस प्रणाली ने बड़ी लोकप्रियता प्राप्त की। इस पद्धति का

मुख्य सिद्धान्त यह है कि जिन प्रतियों में एक सी पाठ विकृतियाँ मिलती हैं उनकी आदर्श या पूर्वज प्रति एक ही होती है और जहाँ समान पाठ विकृतियाँ न भी मिलें पर विशेष पाठों की उपलब्धि में प्रतियाँ समान हों उनकी पूर्वज प्रति भी एक होती है। जहाँ विशेष पाठ भी न हों और प्रतियाँ सामान्य पाठों में ही समान हों, उनकी एक पूर्वज प्रति होती है।

इस प्रणाली के अनुगमन द्वारा प्राचीनतम पाठ-परम्परा की प्रतियों का पता लग जाता है और यह निश्चित हो जाता है कि किस प्रति का पाठ पूर्ववर्ती है और किसका परवर्ती है। इससे मूलपाठ निर्धारण की प्रक्रिया में ग्रहण किये जाने वाले साक्ष्य की गरिमा और महत्ता का वर्गीकृत अन्तर ज्ञात हो पाता है और संशुद्ध पाठ निर्धारण में बड़ी सहायता मिलती है। इस कार्य को सामग्री-विवेचन, पाठचयन, पाठ-सुधार और उच्चतर आलोचना चार सीढ़ियों में पूर्ण किया जाता है। देखने में यह प्रणाली स्वतः-सिद्ध एवं निरापद लगती है, पर व्यावहारिक क्षेत्र में पाठानुसंधाता को बड़ी कठिनाइयों का सामना करना पड़ता है। वस्तुस्थिति यह है कि यह विधि बड़े सरल पाठ-सम्बन्धों की स्थिति में तो सुविधाजनक एवं कारगर हो जाती है पर जहाँ पाठ-सम्बन्ध जटिल होते हैं वहाँ अनुसंधाता अपनी स्थापनाओं और तर्कों का सहारा लेकर चलता है। फिर भी कार्ल लकमैन की इस प्रणाली ने मूलतः पाठानुसंधान को एक वैज्ञानिक अध्ययन का स्वरूप प्रदान किया और उन्हीं मौलिक सिद्धान्तों का विस्तार, परिमार्जन, संशोधन परवर्ती विद्वानों ने किया।

'हेनरी क्वेण्टिन' ने अपने ग्रंथ 'एसे डी क्रिटीक टेक्स्टुअले' में लकमैन प्रणाली को आगे बढ़ाते हुए, अपनी प्रणाली प्रस्तुत की। इनकी मौलिक देन यह थी कि इन्होंने प्रतियों के शाखा-निर्धारण हेतु सिद्धान्त प्रतिपादित किया कि यदि एक प्रति का पाठ, दूसरी से मिलता है, फिर वही तीसरी से मिलता है और कुछ अंश तक वह दोनों से मिलता है, पर इसके विपरीत क्रम से चलने पर यह समानता नहीं मिलती जिसे क्वेण्टिन के शब्दों में कहा जा सकता है कि विपरीत क्रम से चलने पर फल शून्य या अर्द्ध शून्य मिलता है तो प्रथम प्रति या तो द्वितीय और तृतीय दोनों की आदर्श प्रति है और ये दोनों एक दूसरे में से किसी की आदर्श प्रतियाँ नहीं हैं अथवा प्रथम प्रति द्वितीय एवं तृतीय में से एक की प्रतिलिपि और दूसरी की आदर्श प्रति होगी।

'सर वाल्टर ग्रेग' ने शाखा-निर्धारण की इस विधि को और आगे बढ़ाया। उसने अपनी पद्धति द्वारा बताया कि एक प्रकार की प्रतियाँ जो परस्पर समान हैं पर दूसरे प्रकार की परस्पर समान प्रतियों से भिन्न हैं, उनके अलग-अलग समान पूर्वज होते हैं तथा प्रतियों में प्राप्त पाठों की समानता से ही पूर्वज प्रतियों के सुनिश्चित हो जाने की कोई नपी-तुली प्रणाली नहीं है। उसने इन दोनों सिद्धान्तों की बारीकियों का विचार किया।

'आर्किबैल्ड हिल' ने अपनी पद्धति द्वारा पाठ-समस्या के सरलीकरण हेतु विभिन्न संभावनाओं के विकल्प से युक्त वंशवृक्षों के महत्त्व के मूल्यांकन का सिद्धान्त प्रतिपादित

किया। जहाँ प्रतियों के पाठ सम्बन्ध एकाधिक प्रकार से स्थापित हो सकते हैं, वहाँ उन सम्बन्धों के महत्त्व को आकलित करने से पाठ समस्या सरल हो जाती है।

अमरीकी प्रोफेसर विण्टन ए० डीयरिंग[1] ने पाठानुसंधान की अपनी पद्धति को उपर्युक्त सभी पद्धतियों से विशिष्ट बताते हुए उसे 'पाठ-विश्लेषण' कहा है। उन्होंने 'प्रति' और 'पाठ' के अन्तर को ध्यान में रखते हुए प्रति-परम्परा और पाठ-परम्परा को दो वस्तुएँ प्रतिपादित किया। प्रति द्वारा प्रदत्त पाठ एक मानसिक तथ्य है और पाठ प्रदत्त करनेवाली प्रति एक शारीरिक क्रिया है। प्रतियों में सुरक्षित पाठ और पाठ का संवहन करने वाली प्रतियाँ दोनों ही, रचना की पाठ-परम्परा की स्थिति निर्धारण में सहायक होती हैं।[2]

प्रतियों की परम्परा का वंशवृक्ष मूलतः उनमें विद्यमान पाठ-विकृतियों के आधार पर बनता है। अतः प्रतियों का आनुवंशिक सम्बन्ध (Genetic Relationship) प्रतिलिपि कार्य पर आधारित होता है। इसके प्रतिकूल पाठों का आनुवंशिक सम्बन्ध पाठों के अर्थ की इकाई की समानता एवं असमानता के आधार पर स्थापित होता है। चूँकि प्रतिलिपि कार्य और तज्जनित पाठ-विकृतियाँ भी पाठ-परम्परा के निर्धारण में सहायक होती हैं, अतः इन दो प्रकार के सम्बन्धों का अन्तर सर्वदा प्रकट नहीं हो पाता है।

डीयरिंग ने पाठ-परम्परा के अन्तर को प्रति-परम्परा के अन्तर से भिन्न माना है और इसे एक सरल उदाहरण द्वारा अभिव्यक्त किया है। कल्पना कीजिये कि किसी प्रति में विद्यमान किसी वर्णन को दूसरा प्रतिलिपिकार चित्र द्वारा स्थानापन्न कर देता है तो यह प्रति की दृष्टि से तो अन्तर हुआ पर पाठ की दृष्टि से कोई अन्तर नहीं हुआ क्योंकि अर्थ की इकाई इन दोनों प्रतियों में समान रह जाती है। एक वाक्य को उन्होंने इसके उदाहरण में प्रस्तुत किया है कि यदि एक प्रति में पाठ है—

The quick brown fox jumped over the lazy dog

और दूसरी प्रति में यह पाठ इस रूप में है—

The quick brown | लोमड़ी का चित्र | jumped over the lazy | कुत्ते का चित्र | तो प्रतियों में अन्तर होते हुए भी पाठ एक ही है।

---

१. विण्टन ए० डीयरिंग : ए मैनुअल अफटैक्स्चुअल एनलसिस पृ० ७-६।

२. My method for the first time distinguishes that text conveyed by the manuscript—a mental phenomenon—from the manuscript conveying a text—a physical phenomenon. It concerns only mental phenomenon, which once they have come into existence either continued to be recoverable from the physical records or else vanish for ever.

—A manual of textual Analysis, Page 9.

इस प्रकार उन्होंने पाठ की परम्परा को प्रतियों की परम्परा से भिन्न करते हुए, प्रथम का विशेष महत्व प्रतिपादित किया। उन्होंने अपने पूर्ववर्ती पाठानुसंधान के आचार्यों की पद्धतियों के प्रति ऋण स्वीकार करते हुए उनकी महत्ता को भी माना है तथा अनुभव पर आश्रित कुछ सिद्धान्तों का भी उल्लेख किया है जिनसे पाठानुसंधान कार्य में सहायता मिलती है।

इन विद्वानों के प्रतिपादनों एवं सिद्धान्तों का सूक्ष्मता से अध्ययन करने पर यह विदित होता है कि विभिन्न प्रतियों के पाठों में मिलने वाले अन्तर कोई एक सरणि के नहीं होते। अलग-अलग रचनाओं की पाठ-परम्पराओं का अपना-अपना वैशिष्ट्य होता हैं। जो रचना जितनी लोकप्रिय होती है, उसकी उतनी ही अधिक प्रतिलिपियाँ होती हैं और उनके पाठ उतने ही अधिक उलझनपूर्ण होते हैं। उनके पाठालोचक पाठ-निर्धारण के मूल सिद्धान्तों के आलोक में उलझे हुए पाठों के कंटकाकीर्ण मार्ग को पार करने के लिये स्वविवेक एवं तर्कों का सहारा लेते हैं। उनके अपने अनुभव पूर्ववर्ती विद्वानों के अनुभवों में कुछ नवीन उपलब्धियाँ भी जोड़ते चलते हैं। इस प्रकार पाठानुसंधान के क्षेत्र में कार्ल लकमैन से लेकर डीयरिंग तक सभी विद्वानों ने एक ही मूल सिद्धान्त को अपने-अपने अनुभवों से विकसित किया है, इनमें विरोध नहीं, प्रत्युत एक विकास-क्रम दृष्टिगत होता है।

भारतीय भाषाओं में सबसे अधिक साधनों के साथ और बड़े ही मेधावी विद्वानों के निर्देशन में 'महाभारत' का सम्पादन हुआ। उसके 'आदि पर्व' का पाठ प्रस्तुत करते हुये डॉ० विष्णु सीताराम सुकथांकर ने जो निष्कर्ष निकाले हैं, उनकी जानकारी भारतीय भाषाओं के पाठ-सम्पादकों के लिये अनिवार्य है। उन्होंने 'लकमैन' की पाठ-सम्पादन प्रणाली को लक्ष्य करके लिखा : 'भाषा-शास्त्रियों के प्राचीनतर स्कूल में प्राचीन पाठों के आलोचनात्मक संस्करण तैयार करने के लिये चार सीढ़ियाँ निर्धारित हैं :—(१) सामग्री-संग्रह (२) पाठ-चयन (३) पाठ-सुधार (४) उच्चतर आलोचना।···यह प्रणाली उस कार्य के लिए अति उत्तम है जिसके लिए इसका प्रयोग वांछित है, पर यह नहीं भूलना चाहिये कि अन्ततः यह इस बात पर निर्भर है कि कमोबेश उस पाठ की प्रतिलिपियाँ और उनकी आदर्श प्रतियाँ ऐसी प्रतिलिपि-परम्परा से सम्बद्ध हों कि निर्णायक रूप से वे एक आधिकारिक मूलादर्श तक पहुँच सकें।[१]

१ The older school of classical philogists distinguished from stages in the work of preparing critical edition of a classical text : (1) Henristics i.e. assembling and arranging the entire material consisting of MSS and testimonia in the form of geneological tree; (2) Recencio i.e., restoration of the text Archetype, (3) Emendatio i.e., restoration of the text of the author, and finally, (4) Higher criticism i. e., separation of the sources utilized by

इस प्रकार की पाठ-परम्पराओं की सीधी स्थितियाँ कम ही मिलती हैं। विभिन्न परम्पराओं के आदर्श भी यदि पाठक्रम निर्धारण की प्रक्रिया में उपलब्ध हो जाते हैं तो उनके विनियोग से कल्पित मूलादर्श का पाठ निर्धारित किया जा सकता है। पर यह स्थिति भी सदैव नहीं मिल पाती है। महाभारत जैसे प्राचीन ग्रंथ के पाठ विभिन्न क्षेत्रों और विभिन्न कालों की प्रतियों में इतनी विभिन्नताओं से भरे हैं कि उनके पाठ-सम्पादक को किसी स्थिर सिद्धान्त के अनुगमन द्वारा अपने लक्ष्य की प्राप्ति असंभव होती है। डॉ० सुकथांकर ने कहा है कि ऐसे पाठ-सम्पादक का कार्य पाठ-गतिविज्ञान (Textual Dynamics) का कार्य है, न कि पाठ-स्थिति विज्ञान (Textual statics) का।

इस पाठ के पुर्ननिर्धारण में सम्पादक को प्रतियों के साक्ष्य को प्रामाणिकतापूर्वक ग्रहण करते हुए तुलनात्मक रूप से यथासंभव मूल के निकटतम पहुँचने वाले पाठ को निर्धारित करने का प्रयास करना चाहिए। 'यह कार्य कोई राजमार्ग पर चलने के समान सरल कार्य नहीं है बल्कि मूल तक पहुँचने के लिये यह संकीर्ण, कंटकाकीर्ण वैज्ञानिक पगडंडी का मार्ग है जिसमें बार-बार प्रयास और भूलों का क्रम चलता रहता है।'[१]

इस संबंध में डॉ० सुकथांकर ने अपने कार्य में अपनायी गयी दो महत्वपूर्ण बातों का उल्लेख किया है। एक तो यह कि उन्होंने तुलनात्मक ढंग से मूल पाठ तक पहुँचने का यथासंभव प्रयास किया है। दूसरी यह कि अच्छी प्रतियों में उपलब्ध किसी भी पाठ को सुधारने का प्रयास नहीं किया गया है प्रत्युत् उन्हीं पाठों के औचित्य को प्रमाणित किया गया है। पाठ-सुधार के ऊपर उपलब्ध पाठ में ही अर्थ ढूँढ़ने के प्रयास को महत्ता दी गयी है।[२]

---

the author.

Excellent as this method is for the purpose of which it is devised, it should not be forgotten that it depends ultimately upon there being a more or less complete concatenation of copies and exemplars reaching finally back to a single authentic (written) Archetype, and, consequently can be applied to.

—P. K. Gode : Sukthankar Memorial Edition, Page 97.

१. There is no royal road ..the only path left open to us by which we may return to the original Mahabharat or Bharat is the rough, narrow and scientific footpath of repeated trial and error.

—P. K. Gode : Sukthankar Memorial Edition, Page 130.

२. I have been most averse to reject or correct a reading of good manuscripts. Interpretations have throughout been given precedence over Emendation.

—P. K. Gode : Sukthankar Memorial Edition, Page 7.

इस प्रकार यह स्पष्ट है कि पाठ-सम्पादन की जो सरणि विद्वानों के व्यावहारिक अनुभव द्वारा आज प्रचलित है वह इतनी सर्वाङ्गपूर्ण नहीं है कि प्रत्येक रचना के पाठ को हल करने में वह अपने सीधे और सरल रूप में सहायक होगी। वास्तव में इन मूल सिद्धांतों के आधार पर उपलब्ध प्रतियों का अनुशीलन करने के पश्चात् प्रतियों की अपनी स्थिति और विशेषता के आधार पर सम्पादक को तर्क के साथ अपने सम्पादन-सिद्धान्त स्थिर करने होते हैं। यह आवश्यक होता है कि सम्पादक अपने द्वारा निर्धारित सिद्धान्तों की घोषणा कर दे, ताकि आलोचनात्मक ढंग से पाठ का अध्ययन करने वाला उसके सिद्धान्तों और कार्यों पर अपनी तर्क दृष्टि प्रस्तुत कर सके। डॉ० सुकथांकर ने लिखा है कि जो कोई भी पाठ-निर्धारण करे, चाहे वृहस्पति ही अवतरित होकर कोई पाठ प्रस्तुत करें, आलोचनात्मक अध्येता उसे अस्वीकृत कर देगा, क्योंकि निश्चय ही यह उसके उचित और अनुचित की मान्यताओं के अनुरूप नहीं पड़ेगा।[1] पर आलोचनात्मक अध्येता को पाठ के संबंध में अपने उचित और अनुचित की राय व्यक्त करने की सुविधा आवश्यक होती है। पाठ-सम्पादन के क्षेत्र में जब तक भाग्य से रचनाकार की मूल प्रति ही प्राप्त न हो जाय अथवा उस रचना की उपलब्ध प्रतियों की समस्त शाखाओं की आदर्श प्रति न प्राप्त हो जाय, तब तक कोई अपने कार्य को अन्तिम कार्य होने का दावा नहीं कर सकता है। अतः उस पर भावी कार्य होने की सुविधा के लिये सम्पादक के कार्य और सिद्धान्त का पूर्ण विवरण प्रकाशित होना आवश्यक होता है।

संस्कृत ग्रंथों के पाठ-सम्पादन का कार्य कई दृष्टियों से महत्वपूर्ण है क्योंकि यह विश्व की प्राचीनतम भाषाओं में है और इसकी पाण्डुलिपियाँ सुदीर्घ भूतकाल की उपलब्ध हैं। पर साथ ही प्राचीनता और प्रसार के कारण इनकी प्रतियों में विविधता और दुरूहता में से मूल पाठ का निकाल लेना भी कठिन कार्य है। संस्कृत ग्रंथों के आलोचनात्मक संस्करण तैयार करने का कार्य भी योरोपीय विद्वानों ने प्रारम्भ किया। 'हर्टेल' और 'एजर्टन' ने 'पंचतंत्र' का, पिशेल ने 'अभिज्ञान शाकुन्तलम्' के बंगला रूपान्तर का, स्टेन कोनोव ने राजशेखर कृत 'कर्पूर-मंजरी' का, मैक्समूलर ने 'ऋग्वेद' का, लुदविग आल्सफोर्ड ने 'हरिवंश पुराण' तथा वाल्मीकि के ''रामायण' का आलोचनात्मक पाठ प्रस्तुत करने तथा इन रचनाओं की पाठ-परम्पराओं का अध्ययन प्रस्तुत करने का प्रयास किया। भारतीय विद्वानों में डॉ० पी० एल० वैद्य तथा डॉ० आर० जी० भण्डारकर ने पुष्पदंत के 'आदि पुराण' और भवभूति के 'मालती माधव' का पाठ-सम्पादन किया। डॉ० ए० एन० उपाध्ये ने योगीन्दु के 'परमात्म प्रकाश' का आलोचनात्मक संस्करण प्रस्तुत किया।

इन सभी कार्यों में सबसे महत्वपूर्ण कार्य डॉ० सुकथांकर का महाभारत के सम्पादन का कार्य है। उन्होंने महाभारत के 'आदिपर्व' का पाठ निश्चित सिद्धान्तों के आधार पर परिश्रमपूर्वक प्रस्तुत किया।

---

1. P. K. Gode : Sukthankar Memorial Edition, Page 106.

'महाभारत' के मूल पाठ के निर्माण की ओर सर्वप्रथम प्रो० एम० विण्टरनित्स का ध्यान गया। पर १९१८ ई० में भण्डारकर रिसर्च इन्स्टीच्यूट पूना ने यह कार्य अपने हाथ में लिया। डॉ० सुकथांकर के निर्देशन में इस कार्य का प्रारम्भ हुआ। महाभारत के आदिपर्व की कुल २३५ ज्ञात प्रतियों में से पचास प्रतियों की छान-बीन और परीक्षा हुई। ये प्रतियाँ शारदा, नेपाली, मैथिली, बंगाली, तेलगू ग्रंथ, मलयालम तथा देवनागरी लिपि में उपलब्ध हैं। इनकी पाठपरीक्षा से इनके दो वर्ग किये गये :—

(१) उत्तरी पाठ की प्रतियाँ

(२) दक्षिणी पाठ की प्रतियाँ

पुनः इन प्रतियों के पाठ और उनकी पाठ-विकृतियों के अध्ययन द्वारा इनका वंशवृक्ष तैयार किया गया जिससे इनके पारस्परिक पाठ संबंध का पता चलता है। इसके पश्चात् एक-एक श्लोक और एक-एक शब्द के पाठ का विचार करके प्रक्षेपों का निराकरण तथा पाठ-चयन किया गया। इस कार्य में डॉ० सुकथांकर ने यह घोषणा की है कि उन्होंने प्रतियों के साक्ष्य पर पाठ चयन को अपना सबसे बड़ा सिद्धान्त माना है। उन्होंने प्रामाणिकतापूर्वक यह कहा है कि यह पाठ व्यास मुनि की मूल रचना के पाठ के सर्वाधिक निकट पहुँचने का एक विनम्र प्रयास है; यह समझना भूल होगी कि इसमें महाभारत का मूल पाठ प्रस्तुत हो गया है और इसमें अब कुछ और करने की गुंजायश नहीं है।

परिभाषा

किसी रचना की विभिन्न पाठों से युक्त प्रतिलिपियों के अध्ययन, अनुशीलन एवं निश्चित सिद्धान्तों के अनुगमन द्वारा उस रचना के मूलपाठ तक पहुँचने की प्रक्रिया को पाठ-सम्पादन कहते हैं। 'पाठ' शब्द से तात्पर्य उस लेख से है जो किसी ऐसी भाषा में लिपिबद्ध हो, जिसका अर्थ ज्ञात हो या ज्ञात हो सकता हो तथा उसकी जानकारी पाठ-शोध करने वाले को हो। पाठ-सम्पादन या पाठालोचन उस बौद्धिक एवं शास्त्रीय विधि को कहते हैं जिससे पाठ के संबंध में निर्णय देते हुए मूलपाठ का निर्धारण किया जाता है।[१]

पाठ निर्धारण की इस प्रक्रिया के संबंध में कोई निश्चित और अन्तिम सिद्धान्त अथवा मानदण्ड का निर्धारण अत्यन्त कठिन है। विभिन्न भाषाओं की प्रकृति और

---

१. **Texual criticism is a general term given to the skilled and methodical application of human judgement to the settlement of text. By text is to be understood, a document written in a language, known more or less to the enquirer and assumed to have some meaning which has been or can be ascertained.**

—**Postgate : Encyclopaedia Britannica, Vol. 22, Page 6.**

विभिन्न देशों में पाठ की सुरक्षा के अपने तरीकों के अनुसार जो विशेष स्थितियाँ दृष्टिगत होती हैं, उनके अनुसार ये सिद्धान्त निश्चित किये जाते हैं। एक ही देश या एक ही भाषा में अलग-अलग रचनाओं के पाठों की अलग-अलग ढंग की उलझनपूर्ण स्थितियाँ होती हैं। उन विशेष ढंग की पाठ-समस्याओं के समाधान के लिये आवश्यकतानुसार तर्क-बुद्धि के आधार पर सिद्धान्त निश्चित करने पड़ते हैं।

हिन्दी के संतकवियों की रचनाओं के संबंध में इतना सुनिश्चित सा लगता है कि उन्होंने अपने पदों को गाया थाँ और उनकी शिष्य-परम्परा में वे स्मृति के आधार पर सुरक्षित होते रहे होंगे। बाद में वे लिपिबद्ध हुए होंगे। इस प्रकार इन पाठों में असमानता का बहुत कुछ कारण मौखिक परम्परा में विद्यमान रहता है। इनके सम्पादन-सिद्धान्तों के निर्धारण में इस विशेषता का ध्यान रखना आवश्यक होगा।

इसी प्रकार लिखित ग्रंथों में भी बहुत से ऐसे हैं जिनके मूलपाठ को पीढ़ी दर पीढ़ी प्रतिलिपिकारों ने बृहदाकार देने की चेष्टा की। कालांतर में ये बृहद्रूप में ही मूल की मान्यता प्राप्त कर लेते हैं। महाभारत का वर्तमान रूपाकार इसी प्रकार है। इसके संबंध में कहा जाता है कि मूलतः यह 'जय काव्य' था जिसका बढ़ा हुआ रूप 'भारत काव्य' हुआ और तीसरे चरण में उसका अति विस्तृत रूप 'महाभारत' बना। यही स्थिति हिन्दी में चंद बरदाई कृत 'पृथ्वीराज रासो' की है जिसकी आकार की दृष्टि से चार प्रकार की प्रतियाँ मिलती हैं—लघुतर पाठ की प्रति, लघुपाठ की प्रति, वृहद पाठ की प्रति और वृहदतर पाठ की प्रति। इस प्रकार के पाठों के सम्पादन में हर स्तर के पाठ तैयार करके अन्तरंग और बहिरंग संभावनाओं के आधार पर यह देखना पड़ता है कि क्या सबसे छोटा पाठ ही मूल पाठ के निकट है और बड़े पाठ प्रक्षेपों की प्रक्रिया में बढ़ते गये हैं अथवा बड़ा पाठ ही मूल पाठ है और लघु पाठ उसके संक्षिप्त रूप हैं?

पाठ-सम्पादन के कार्य को पाठ की आधारभूत आलोचना (Lower criticism) तथा सम्पादन की विधि और सामग्री के विवेचन को पाठ की उच्चतर आलोचना (Higher criticism) कहते हैं। बाइबिल के 'ओल्ड टेस्टामेण्ट' के सम्पादकद्वय जी० बी० ग्रे तथा एस० एस० पीक के अनुसार 'पाठ सम्पादन या आधारभूत आलोचना का कार्य यह है कि पाठ के अन्दर आयी हुई विकृतियों की पहचान करके यथासंभव मूल के निकटतम पहुँचने वाले पाठ का निर्धारण किया जाय।'[१]

---

१. Of criticism there are several branches. First the errors which have crept into the text must be deleted and the text be restored, as far as possible, to its original form, this is the task of textual or lower criticism.

—G. B. Grey : Encyclopaedia Britannica, Vol. 3, Page 506.

वैज्ञानिक प्रक्रिया

हिन्दी में 'वैज्ञानिक' शब्द का प्रयोग कई अर्थों में होता है। सामान्य रूप से 'विज्ञान' शब्द अंग्रेजी 'सायंस' का समानार्थी माने जाने के कारण वैज्ञानिक का अर्थ 'साइंटिफिक' ग्रहण किया जाता है। साधारणतया विज्ञान आधिभौतिक वस्तुओं के ज्ञान के कार्य-कारण संबंध आदि की सुव्यवस्थित विवेचना करने वाले शास्त्र को कहते हैं। इसमें अध्ययन के विषय प्रायः स्थूल पदार्थ होते हैं। इसी कारण सूक्ष्म तत्वों, मनोभावों एवं अन्तर्प्रेरणा आदि का अध्ययन प्रस्तुत करने वाले विषय-दर्शन, मनोविज्ञान, धर्मशास्त्र आदि—विज्ञान के अन्तर्गत नहीं आते हैं। विज्ञान के अन्दर कार्य और कारण के सुनिश्चित एवं व्यवस्थित संबंध निर्धारित होते हैं। जैसे भौतिकी का नियम है कि हाइड्रोजन दो भाग और आक्सीजन एक भाग मिलाने पर जल होता है। यह सर्वदेशीय एवं सर्वकालिक सत्य है। ज्ञान की अन्य शाखाओं में भी कार्य-कारण संबंध का निरूपण होता है पर उनके नियमों में यह सुनिश्चितता और व्यापकता नहीं होती है। उनमें पर्याप्त अपवादों के लिए भी अवकाश रहता है।

'विज्ञान' शब्द का प्रयोग 'शास्त्र' के अर्थ में भी होता है। किसी भी विषय के सुव्यस्थित, क्रमबद्ध एवं नियमानुकूल अध्ययन को शास्त्र अथवा विज्ञान कहते हैं। इस अर्थ में 'मन' के विषय में सुव्यवस्थित अध्ययन प्रस्तुत करने वाला विषय मनोविज्ञान, राजनीति के शास्त्रीय ज्ञान का अध्ययन प्रस्तुत करने वाला विषय राजनीति शास्त्र (Political Science), समाज ज्ञान से संबंधित समाज शास्त्र (Social Science) तथा भाषा-ज्ञान से संबंधित विषय भाषा-विज्ञान कहा जाता है। इन सन्दर्भों में प्रयुक्त विज्ञान शब्द सर्वथा शास्त्र का समानार्थी है किसी भी प्रकार 'सायंस' का नहीं।

इनके अतिरिक्त विज्ञान शब्द का प्रयोग 'तर्कपूर्ण' अर्थ में भी होता है। विज्ञान के अन्दर तर्क के प्राधान्य अथवा आधुनिक युग के अन्दर विज्ञान की बढ़ती हुई महत्ता के कारण किसी भी अच्छी वस्तु को वैज्ञानिक कह कर वस्तु की श्रेष्ठता प्रतिपादित करने की एक प्रवृत्ति देखी जाती है। वैज्ञानिक दृष्टिकोण, वैज्ञानिक प्रतिपादन, वैज्ञानिक अभिभाषण, वैज्ञानिक प्रवृत्ति आदि प्रयोगों में वैज्ञानिक का प्रयोग व्यवस्था एवं तर्क का ही द्योतक है।

पाठ-सम्पादन के लिए हिन्दी में पाठालोचन, पाठ-शोध, पाठानुसंधान आदि शब्द तो प्रचलित हैं ही पर उसे पाठ-विज्ञान भी कहा जाता है। पाठ-विज्ञान शब्द का प्रयोग किसी भी ढंग से किये गये संपादन के लिये नहीं प्रयुक्त होता, प्रत्युत सम्पादन की एक विशिष्ट विधि के लिए ही यह शब्द प्रचलित है और उसे वैज्ञानिक सम्पादन भी कहते हैं। पाठ-संपादन के सन्दर्भ में वैज्ञानिक शब्द का प्रयोग एक विवाद का विषय रहा है। इस शब्द का यथार्थ प्रयोग शास्त्रीय सम्पादन के अर्थ में ही किया जाता है। कभी-कभी इसे सामान्य अर्थ में भी प्रयुक्त किया है। अतः इस सन्दर्भ में इस शब्द के सही अर्थ को समझने के लिए हिन्दी-पाठ सम्पादन की प्रवृत्तियों का सिंहावलोकन करना युक्तिपूर्ण होगा।

प्राचीन कवियों एवं लेखकों की रचनाओं की विभिन्न हस्तलिखित प्रतियों में प्राप्त पाठनान्तरों में से रचयिता की मूल अथवा आदि रचना के पाठ को ढूंढ़कर प्रस्तुत करना पाठ-सम्पादन कहा जाता है। हिन्दी में यह कार्य वैसे तो किसी न किसी रूप में मुद्रण यंत्रों के आविष्कार के पूर्व से होता आ रहा है और प्रतिलिपिकारों ने प्रतिलिपि करने के साथ सम्पादन के भी प्रयत्न किये हैं। यहाँ तक कि पाठान्तर तक नोट किया है। 'पृथ्वीराज रासो', 'वीसलदेवरास' चतुर्भुजदास कृत 'मधुमालती' आदि ग्रंथों की प्रतिलिपियों में प्रतिलिपिकारों द्वारा सम्पादन के प्रयत्न स्पष्ट रूप से परिलक्षित होते हैं। आजकल किसी रचना के सम्पादन में उसके मुद्रण और प्रकाशन का भी भाव सन्निहित रहता है। १९वीं सदी के प्रारम्भ में जब भारत में मुद्रण यंत्रों का प्रारम्भ हुआ, भारत जीवन प्रेस काशी, खड्ग विलास प्रेस, बांकीपुर (पटना), बंगवासी प्रेस कलकत्ता, बेंकटेश्वर प्रेस, बम्बई, वेल्वेडियर प्रेस, प्रयाग आदि ने प्राचीन लेखकों की रचनाओं को मुद्रित रूप देने का अभिनन्दनीय प्रयास किया। आगे चलकर जब प्रतियों की बहुलता होने लगी और एक ही कवि की एक ही कृति की प्रतियों में सहस्राधिक ऐसे पाठान्तर मिलने लगे तो यह निर्णय करना भी कठिन हो जाता रहा कि ये एक ही कृति की प्रतिलिपियाँ हैं। ऐसी स्थिति में विद्वान् सम्पादकों की आवश्यकता हुई, जो विभिन्न पाठान्तरों में से मूल पाठ का योग्यतापूर्वक निर्धारण कर सकें। परिणामस्वरूप जो कार्य व्यक्तिगत संस्थाओं द्वारा हो रहा था वह अब साहित्यिक संस्थाओं के द्वारा होने लगा। नागरी प्रचारिणी सभा ने प्राचीन ग्रंथों की खोज और उनके सम्पादन एवं प्रकाशन के महत्वपूर्ण कार्य किये हैं। अब तक पाठ-सम्पादन के जो प्रयास हुए हैं उनमें सर्वप्रथम डा० जार्ज अब्राहम ग्रियर्सन ने ही प्राप्त प्रतियों के पाठों के विश्लेपण द्वारा उनके सापेक्षिक महत्व के निर्धारण का प्रयास किया। अपने विश्लेषण के आधार पर उन्होंने कुछ व्यापक सिद्धान्तों का निरूपण किया और पुनः उन सिद्धान्तों के आधार पर सम्पादन का प्रयास किया। डा० ग्रियर्सन के व्यापक सिद्धान्त और उनकी पद्धति उनकी व्यक्तिगत प्रतिभा से प्रसूत थी। इनके अतिरिक्त प्रायः अन्य सम्पादकों ने विभिन्न प्रतियों में प्राप्त पाठों में उन पाठों का चयन किया जो अधिक अर्थगर्भित एवं तर्कसंगत लगते रहे। अर्थान्वेषण का यह प्रयास इतना अधिक बढ़ गया कि अनेक प्रतिष्ठित सम्पादकों ने अपनी ओर से रचना में ऐसे पाठों को स्थानापन्न किया जिनका अस्तित्व हस्तलिखित पोथियों में कदापि नहीं था। इस प्रकार हिन्दी में एक निरंकुश एवं कल्पना प्रधान सम्पादन का प्रादुर्भाव हुआ जिनमें मनमाने संशोधन एवं सुधार तथा बिना प्रतियों के प्रमाण अथवा साक्ष्य के पाठों का ग्रहण होने लगा था। ऐसे पाठों के प्रति हिन्दी के परवर्ती सम्पादकों में एक प्रतिक्रिया देखी जाती है। बिहारी-रत्नाकर, कवित्त रत्नाकर, नन्ददास-ग्रंथावली, भूषण ग्रंथावली आदि के विद्वान् सम्पादक सर्वश्री रत्नाकर जी, उमाशंकर शुक्ल, ब्रजरत्न दास तथा विश्वनाथ प्रसाद मिश्र ने प्रतियों के साक्ष्य पर ही पूर्ण रूप से पाठों का ग्रहण प्रारम्भ किया। यहीं से हिन्दी पाठ-सम्पादन में सुव्यस्थित एवं श्रमसाध्य सम्पादन का प्रारम्भ होता है। पर इन सम्पादकों ने भी पाठों के अध्ययन एवं अनुशीलन में

किन्हीं व्यापक सिद्धान्तों का प्रयोग नहीं किया जिनसे निश्चय के साथ उनके द्वारा प्रस्तुत पाठ को मूल रचयिता का पाठ माना जा सके। उधर पश्चिम के देशों में इस विषय का अध्ययन सूक्ष्मता के साथ हुआ और कुछ ऐसे सिद्धान्तों एवं विधियों का प्रतिपादन हुआ जिनके प्रयोग द्वारा प्राचीन लेखकों के मूलपाठ तक सुगमता तथा निश्चयात्मकता से पहुँचा जा सकता है। इन विधियों का प्रयोग योरोपीय भाषाओं के सम्पादनों में हुआ और इनके परिणाम विद्वानों द्वारा समादृत भी हुए। संस्कृत में भी इस विधि का विनियोग हुआ।

पाठ-सम्पादन की नवीन विधि जब हिन्दी में आई, उसके पूर्व सम्पादन में सम्पादक की रुचि प्रमुख थी। एक ही प्रसंग में मिलने वाले अनेक पाठों में से एक पाठ को मूल पाठ मानने के लिए प्राय: लेखकों की रुचि ही कारण बनती थी। अब सम्पादन के सिद्धान्तों के अनुसार प्राप्त हस्तलेखों की विधिवत परीक्षा करके उनमें प्राप्त होने वाली निश्चेष्ट विकृतियों के आधार पर उनके प्रतिलिपि-संबंधों का निराकरण किया जाता है और प्रतियों का शाखाओं के अनुसार वर्गीकरण किया जाता है। इसके उपरान्त प्रत्येक शाखा के मूलादर्शों का पाठ तैयार करके उन मूलादर्शों के ऊपर पाठ-सम्पादन के सिद्धान्तों के प्रयोग द्वारा रचना के मूल पाठ की शोध की जाती है। इस प्रकार हिन्दी सम्पादन के इतिहास पर दृष्टिपात करने पर हमें ज्ञात होता है कि पाठ-सम्पादन जो पहले एक स्वरुचि-प्रेरित कला के रूप में था अब एक शास्त्रीय अध्ययन हो गया है। अत: हम कह सकते हैं कि जब हम वैज्ञानिक पाठ-सम्पादन शब्द का प्रयोग करते तो हम विज्ञान के दूसरे अर्थ को अभिव्यक्त करना चाहते हैं और इसका तात्पर्य शास्त्रीय पाठ-सम्पादन से होता है। प्रारम्भ में प्रत्येक सम्पादक अपनी इच्छाओं और मान्यताओं के अनुसार कार्य करता था। विधि के अनुसार तो सम्पादन का एक विशिष्ट शास्त्र है और उसके अनुरूप ही वह कार्य सम्पन्न होना चाहिए।

पाठ-सम्पादन की विधि अत्यन्त तर्कपूर्ण है। इसमें कार्य-कारण-संबंध की एक सुनिश्चितता के दर्शन हमें होते हैं। जैसे यदि दो हस्तलिखित प्रतियों में प्रथम हस्त-लिखित प्रति की सम्पूर्ण निश्चेष्ट विकृतियाँ दूसरी प्रति में प्राप्त हों और दूसरी में कुछ और निश्चेष्ट विकृतियाँ हों जो प्रथम में न हों, तो पाठ-सम्पादन के नियम के अनुसार निश्चित ही दूसरी प्रति प्रथम प्रति की प्रतिलिपि होगी। इसी प्रकार सम्पादन की इस विधि के अन्य नियमों में भी कार्यकारण संबंध सुनिश्चित होते हैं। इसलिए इस प्रक्रिया को हम वैज्ञानिक प्रक्रिया कहते हैं। वह वैज्ञानिक इसी अर्थ में कही जा सकती है कि इसमें निर्धारित नियमों के अनुगमन द्वारा निर्धारित निष्कर्षों पर पहुँचा जाता है। इस विज्ञान के नियमों की तुलना भौतिक विज्ञान आदि के नियमों से नहीं की जा सकती है। पाठ-विज्ञान के प्रत्येक निर्धारित नियम के साथ अपवाद लगे रहते हैं जो इसकी सार्वभौमिकता पर प्रश्नचिह्न लगा देते हैं। वैसे अन्य विज्ञानों की ही भाँति इसमें भी शोध कार्य इसकी सीमा को विस्तृत करता रहता है। नवीन अनुभव इसके नवीन सिद्धान्तों की सृष्टि कर सकते हैं। यह आगमन शैली का न होकर निगमन शैली का

शास्त्र है। तात्पर्य यह है कि विद्वानों ने भिन्न-भिन्न रचनाओं की पाठ-समस्याओं को देखा और सामान्य अनुभव सर्वत्र प्राप्त हुए। उनके आधार पर कुछ नियम प्रतिपादित किये गये, जो पाठालोचन या पाठ-विज्ञान के नियम कहलाए। इस संबंध में एफ० डब्ल्यू० हाल का कथन है : "बहुत से लोगों में पाठालोचन को एक रोग समझने की प्रवृत्ति है। किन्तु न तो यह एक रोग है और न विज्ञान, बल्कि एक प्रकार की समस्याओं पर जो छान-बीन प्रेरित करती है, सामान्य बुद्धि का प्रयोग मात्र है। इस कार्य में हस्तलिखित प्रतियों को ही आधिकारिक प्रमाण के रूप में ग्रहण किया जाता है।"

हिन्दी साहित्य के समीक्षकों में प्रायः दो प्रकार के विद्वान् देखे जाते हैं। एक वह हैं जो पश्चिम के दाय को अस्पृश्य समझते हैं तथा दूसरे जो पश्चिम को ही प्रमाण मानते हैं। ये दोनों प्रवृत्तियाँ साहित्य के स्वतन्त्र विकास में बाधक हैं। पाठ-सम्पादन की वैज्ञानिक विधि वर्तमान रूप में पश्चिम से ग्रहण की गयी है। पर इसके सूत्र संस्कृत के प्राचीन ग्रंथों के सम्पादन में भी प्राप्त होते हैं। इस विषय की दुरूहता और शुष्कता के कारण इसे समझने का प्रयास कम लोगों ने किया और यह विषय बहुत दिनों तक पहेली सा बना रहा। हिन्दी में डॉ० माता प्रसाद गुप्त ने इस ढंग से कई सम्पादन किये जो हिन्दी सम्पादन के हरिक्यूलियन प्रयास कहे जा सकते हैं, पर इनके सुव्यवस्थित अध्ययन की बात तो दूर रही इन पर व्यक्तिगत कारणों से अनेक आक्षेप किये गये। धीरे-धीरे हिन्दी के कुछ लेखकों में 'वैज्ञानिक सम्पादन' के प्रति ही कुछ द्वेष सा उत्पन्न होने लगा। आजकल हिन्दी साहित्य का अध्ययन बढ़ रहा है, पर मूल ग्रन्थों के पठन की प्रवृत्तियाँ कम हो रही हैं। पहले की लिखी लिखायी या सुनी सुनायी बातों का प्रायः पिष्टपेषण हो रहा है। वेद-पुराण का नाम बहुत लोग लेते हैं पर उनका दर्शन करने का कष्ट कम लोग ही उठाना चाहते हैं। यही स्थिति पाठों के अध्ययन के क्षेत्र में भी देखी जाती है। किसी प्राचीन कवि के नाम से जनश्रुति में प्रचलित पाठ तथा किसी प्रति के प्रक्षिप्त पाठ को उसी कवि का मूल पाठ माना जाता है। उनको छोड़ने में एक साहित्यिक व्यामोह देखा जाता है, प्रक्षिप्त पाठों के छोड़ने के पक्ष में मोह उनमें ही देखा जाता है जो प्रक्षेपों के निराकरण एवं मूल पाठ के निर्णय की शास्त्रीय विधि नहीं जानते।

हिन्दी शास्त्रीय सम्पादन के प्रारम्भ के समय ही कुछ प्रबल प्रतिक्रियायें हुईं। माता प्रसाद गुप्त द्वारा सम्पादित 'पद्मावत' (जायसी-ग्रंथावली) में तथा इसके पूर्व भी 'मानस' के संपादन में उन्होंने विशिष्ट सम्पादकीय समस्याओं का उल्लेख किया। यद्यपि यह कहना भूल है कि माता प्रसाद गुप्त के सभी निष्कर्ष ठीक हैं या उनके द्वारा प्रस्तुत पाठ निश्चित रूप से मूल पाठ हैं तथा उनमें किसी प्रकार के सुधार और संशोधन की आवश्यकता नहीं, पर इतना अवश्य कहा जा सकता है कि डॉ० गुप्त ने हिन्दी सम्पादन में एक ऐतिहासिक महत्व का कार्य प्रारम्भ किया है। उन्होंने सिद्ध कर दिया कि शास्त्रीय संपादन भी उसी प्रकार से विज्ञान या शास्त्र है जिस प्रकार भाषा-विज्ञान या भाषा शास्त्र। भाषा-विज्ञान के मूल सिद्धान्तों में सर्वत्र एकता होते हुए भी विभिन्न भाषाओं

की प्रकृति, विभिन्न देशवासियों की मुखाकृति आदि के कारण उसके प्रयोग में वैषम्य रहता है उसी प्रकार पाठ-विज्ञान के सिद्धान्तों में सार्वदेशीय एकरूपता होते हुए भी भाषा और लिपि की विशेषताओं के कारण उनके प्रयोग में वैषम्य देखा जाता है। इसी अर्थ में वैज्ञानिक व शास्त्रीय सम्पादन में 'पाठ-विज्ञान' शब्द का प्रयोग होता है। चूँकि वैज्ञानिक या शास्त्रीय सम्पादन में पाठों के लिए प्रतियों का प्रमाण ही सर्वश्रेष्ठ प्रमाण होता है तथा बिना प्रमाण के कोई भी पाठ संशोधित नहीं किया जा सकता है। अतः कभी-कभी इस शास्त्रीय सम्पादन को 'प्रामाणिक सम्पादन' भी कहा गया।

नवीन विधि से कार्य प्रस्तुत करने पर बहुत-सी नवीन मान्यताओं की स्थापनाएँ हुईं और कितने ही परम्परा से प्राप्त पाठ प्रक्षिप्त सिद्ध हुए। ऐसी स्थिति में प्रतिक्रिया होनी स्वाभाविक थी। योरोप में भी जब पाठानुसंधान की इस विधि से पाठों का निर्णय होना प्रारम्भ हुआ तो पुरातन पंथी तथा रूढ़ मान्यताओं एवं पाठों के प्रेमी विद्वानों ने उनका विरोध किया। चॉसर के पाठों के अनेक सम्पादित संस्करण निकले, पर जब 'टरहिट' नामक विद्वान् ने उसके ग्रंथों का मूल पाठ वैज्ञानिक ढंग से ढूंढ़ निकाला तो अंग्रेजी वालों ने चॉसर की वास्तविक प्रतिभा को पहचाना। पर टरहिट के कार्य को प्रारम्भ में लोगों ने महत्व नहीं दिया। धार्मिक ग्रन्थों के जब वैज्ञानिक सम्पादन हुए तब लोगों में और भी उग्र प्रतिक्रियाएँ हुईं। इस संबंध में 'न्यू टेस्टामेण्ट' के सम्पादक ने लिखा है कि "अट्ठारहवीं शताब्दी के प्रारम्भ में सभी प्रोटेस्टैण्ट 'न्यू टेस्टामेण्ट' के प्रत्येक पृष्ठ को धर्म का प्रकटीकृत रूप समझते थे। ईसाई धर्म के सिद्धान्तों और कुछ समुदायों में चर्च की परम्परायें भी इन्हीं मानवेतर ग्रंथों के पाठों से ही निःसृत समझी जाती थीं। इस दृष्टिकोण को सबसे बड़ा धक्का पाठालोचन के अध्ययन द्वारा लगा।[१]" इन्हीं कारणों से उत्पन्न प्रतिक्रिया की चर्चा करते हुए 'ओल्ड टेस्टामेण्ट' के सम्पादकों ने लिखा है कि इस प्रकार मूल के अवैज्ञानिक पाठ तथा सामान्य प्रयोग में व्यवहृत मूल के नहीं प्रत्युत एक शाखा मात्र के पाठ ने पाठ के आलोचनात्मक अध्ययन का प्रतिरोध किया। इस प्रतिक्रिया में प्राचीन पाठों में से अवैज्ञानिक और असंगत अर्थ ढूंढ़ने की प्रवृत्ति ने विशेष योग दिया।

आजकल सम्पादन कार्य की ओर से कुछ अरुचि सी दीख पड़ती है। यह अरुचि लेखकों, प्रकाशकों और पाठकों सभी की ओर से है। प्राचीन महत्वपूर्ण ग्रंथों के सम्पादन में जितना कष्ट और श्रम करना पड़ता है उसे विद्वान् सम्पादक ही समझ सकते हैं। पर उस श्रम का फल यह मिलता है कि उन्हें प्रकाशक नहीं मिलते और यदि प्रकाशक मिल भी गये तो अर्थ की प्राप्ति भरण-पोषण भर को भी नहीं हो पाती। इन कारणों से बहुत कम विद्वान् इस दिशा में प्रवृत्त हो पाते हैं। हिंदी में प्रमुख रूप से दो विद्वानों ने लगन एवं श्रम से कार्य किया—डा० माताप्रसाद गुप्त और पं० विश्वनाथ प्रसाद मिश्र। इन दोनों विद्वान की सम्पादन-सरणि में अन्तर है।

---

१. Encyclopaedia Britannica, Vol. 3, Page 519.

यहाँ उनमें से किसी के सम्पादन के गुण-दोष के विवेचन का प्रसंग नहीं प्रत्युत् उनकी सरणियों का विहंगावलोकन मात्र ही अभिप्रेत है। माताप्रसाद गुप्त की पद्धति शास्त्रीय या वैज्ञानिक है। पं० विश्वनाथप्रसाद मिश्र भी कुछ हद तक इस पद्धति की उपयोगिता स्वीकार करते हैं। उन्हीं का लेख है कि "मूल पाठ तक पहुँचने की एक पद्धति वैज्ञानिक कहलाती है। विभिन्न हस्तलेखों और जहाँ तक हो प्राचीन हस्तलेखों के संग्रह द्वारा पाठ संकलित करके और पाठ को छानकर निकालना परिश्रम साध्य कार्य है। इसमें सन्देह नहीं कि इस पद्धति द्वारा बहुत से प्राचीनतम पाठ प्राप्त हो जाते हैं। यदि हस्त-लेखों के लिखने में भरपूर सावधानी हुई हो और संशोधन कम हुआ हो, तो इस पद्धति से मूल या आदि पाठ तक पहुँचा जा सकता है।"[1]

फिर भी मिश्रजी इस विधि में लगे हुए 'वैज्ञानिक' शब्द के प्रयोग के कारण कुछ झिझकते हैं और पूर्ण रूप से इस विधि के प्रयोग के पक्ष में नहीं हैं। उनका कहना है कि 'कोरी वैज्ञानिक प्रक्रिया से मानस क्या हिन्दी के किसी ग्रंथ का ठीक सम्पादन नहीं हो सकता। उसके लिये साहित्यिक सरणि का परित्याग अहितकर है। वैज्ञानिक प्रक्रिया भारतीय दृष्टि से विज्ञान होने से जड़ है। साहित्यिक प्रक्रिया दर्शन होने से चेतन है। मूल ग्रंथ के लेखक से लेकर सम्पादक तक सभी चेतन प्राणी होते हैं। जड़ की गतिविधि जितनी व्यवस्थित होती है उतनी चेतन की नहीं। अतः चेतन का प्रयास सर्वत्र नियत नहीं होता।'[2] इसी प्रकार एक अन्य प्रसंग में वे वैज्ञानिक पद्धति को 'यांत्रिक प्रक्रिया' कहते हैं। हम देख चुके हैं कि पाठ-सम्पादन किस अर्थ में विज्ञान है। अतः मिश्रजी की यह धारणा सुविचारित नहीं कही जा सकती है। पाठ सम्पादन के अध्येता भलीभाँति जानते हैं कि इस सरणि में चेतना के उपयोग का कितना अवकाश होता है। चेतन प्राणियों के विनियोग के प्रति वैज्ञानिक सम्पादक भी सावधान रहता है। डा० एस० एम० कत्रे ने इस संबंध में लिखा है कि—

'It is impossible, as Jebb remarks, to draw up a list of motives which might lead to willul change, or of accidents which might lead to dangers, for the organs of tradition were not machines but men.'[3]

अर्थात् 'जैसा जेब का कहना है कि यह सूची बना पाना कि किन कारणों से प्रतियों में जानबूझ कर परिवर्तन किया जाता है अथवा संयोगतः परिवर्तन हो जाता है, असंभव है। ऐसा करने में खतरा भी संभव है क्योंकि प्रति-परंपरा की वाहक मशीनें नहीं थीं बल्कि मनुष्य थे।'

मिश्रजी ने वैज्ञानिक सरणि के संबंध में उचित मत नहीं व्यक्त किया है। उनका

---

१. केशव ग्रन्थावली (सम्पादकीय), पृ० १८

२. रामचरितमानस (आत्म निवेदन) पृ० २५, २६

३. S. M. Katre: Introduction to Indian Texual Criticism, Page 54

कहना है कि 'फल यह है कि कोई पाठ-संकलन की विधि जान गया तो बिना विशेष विद्या-बुद्धि के भी अच्छा काम कर सकता है। उसके विपरीत अधिक विद्या-बुद्धि वाला यदि उस विधि से परिचित नहीं है तो अच्छा काम नहीं कर सकता।' यह कथन युक्तिपूर्ण नहीं है और न ही पाठ-सम्पादन का जानकार ऐसा मत ही प्रकट करता है। पाठ-सम्पादन की वैज्ञानिक विधि के संबंध में तो मेरा स्पष्ट मत है कि यह विधि शल्य-क्रिया में प्रयुक्त होने वाले सुन्दर यंत्रों के समान है। ये यंत्र जितने ही योग्य, अनुभवी एवं प्रातिभ डॉक्टर द्वारा प्रयुक्त होंगे उतने ही सुखद परिणाम होंगे। यदि कोई अल्पज्ञ इनका प्रयोग करेगा तो शल्य-यंत्र शूल-यंत्र सिद्ध हो सकते हैं।

मिश्रजी के मत से वैज्ञानिक पद्धति के अतिरिक्त कोई साहित्यिक पद्धति भी है और इन दोनों के 'तुल्यबल संयोजन' से ही मूल पाठ तक पहुँचा जा सकता है। साहित्यिक पद्धति से उनका तात्पर्य क्या है यह देखिए।

हिन्दी के प्राचीन ग्रंथों के संपादन की साहित्यिक सरणि के प्रवर्तक काशी विश्वविद्यालय के दिवंगत प्राध्यापक लाला भगवानदीन, पं० रामचन्द्र शुक्ल और बाबू श्याम सुन्दरदास थे। इनके सम्पादित ग्रन्थों में कुछ ऐसी अच्छाइयाँ हैं जो वैज्ञानिक सम्पादनों में नहीं रह गई हैं।[१]

वास्तव में जिस पद्धति का यहाँ उल्लेख किया गया है, वह कोई पद्धति नहीं थी। उस समय तो शुक्लजी ने जहाँ स्वेच्छा से मनमाने पाठ-संशोधन किये और पाठान्तर देने का कष्ट भी नहीं उठाया, वहीं कबीर-ग्रंथावली आदि में डॉ० दास ने प्रतियों के प्रतिकूल एक भी संशोधन नहीं किया और पाठान्तर भी दिया। इसी प्रकार दीनजी की अपनी शैली और विधि थी। सब मिलाकर उस समय सम्पादन कार्य एक स्वरुचि प्रेरित कला के रूप में था। उसमें व्यवस्थित सिद्धान्तों का (शास्त्रीय या साहित्यिक ?) उपयोग नहीं हुआ था। वैसे भी साहित्यिक पद्धति जिसमें चेतना के उपयोग की बात मिश्रजी कहते हैं, बड़ी विचित्र वस्तु लगती है। चेतना के उपयोग बिना मूल पाठ के अन्वेषण में तर्कातर्क-विचार कैसे होगा, पर यह चेतना आचार्य रामचन्द्र शुक्ल की भाँति अपनी ओर से नवीन पाठ की कल्पना प्रस्तुत करने वाली नहीं होनी चाहिये। यह साहित्यिक विधि कल्पना पर आधारित होने के कारण कोई नियमबद्ध विधि नहीं कही जा सकती। इसमें पद-पद पर भूल और भ्रम की संभावना रहती है। 'अनुराग-बांसुरी' के एक पाठ का उदाहरण लीजिए। मूल पाठ था 'आर' एक ही प्रति के आधार पर संपादन हो रहा था। पं० रामचन्द्र शुक्ल और चन्द्रबली पाण्डे सम्पादन कर रहे थे। प्रतिलिपि करते समय इसे 'आड़' लिख गया। सम्पादन करते समय स्व० शुक्लजी ने इसे 'आड़ि' किया। अन्त में बहुत विचार करने पर यह संस्कृत का शुद्ध 'आर' दिखाई दिया जिसका अर्थ ज्योतिष में होता है 'मंगल' और यत्र-तत्र शनिश्चर भी।[२]

---

१. रामचरितमानस (आत्म निवेदन), पृष्ठ २६
२. अनुराग-बांसुरी (बीती बात), पृ० ६

यदि मूल 'आर' का अर्थ समझ में न आने पर भी उसे प्रति के साक्ष्य पर सुरक्षित रखा जाता तो भी आगे चल कर कोई न कोई उसका सही अर्थ निकालता पर यदि शुक्लजी का 'आड़ि' कर दिया जाता 'मंगल' का अमंगल हो जाता।

पाठ-सम्पादन और अर्थ समस्या

कुछ लोगों को यह भ्रम होता है कि पाठ-सम्पादन की वैज्ञानिक प्रणाली में पाठ के शब्द का ही विचार होता है, अर्थ का नहीं।

वैज्ञानिक विधि के सम्पादनों में अर्थोपलब्धि से कितनी सहायता प्राप्त हुई है, इसे 'पद्मावत' के ही पाठ से समझा जा सकता है। 'पद्मावत' के श्रेष्ठ भाष्यकार डॉ० वासुदेवशरण अग्रवाल ने जब 'पद्मावत' की अर्थोपलब्धि का प्रयत्न किया तो उन्होंने पूर्ववर्ती सभी सम्पादनों को देखकर उनके वैज्ञानिक सम्पादन के सम्बन्ध में यह मत व्यक्त किया कि 'जायसी' के काव्य और अर्थों का इस प्रकार विचार करते हुए मेरा यह सौभाग्य था कि मेरे कार्यारम्भ करने के एक वर्ष पूर्व सन् १९५२ ई० में श्री माताप्रसाद गुप्त ने 'पद्मावत' के मूल पाठ का एक संशोधित संस्करण हिन्दुस्तानी एकेडमी, इलाहाबाद द्वारा प्रकाशित कराया था। मुझे यह कहते हुए प्रसन्नता है कि गुप्तजी ने इस संस्करण के तैयार करने में बहुत ही परिश्रम किया है। यदि यह संस्करण मुझे उपलब्ध न होता तो जायसी के मूल अर्थों तक पहुँचने का मार्ग मुझे कभी मिल सकता, इसमें संदेह है। 'पद्मावत' की इस टीका में कवि के मूल अर्थों तक पहुँचने में जो थोड़ी-बहुत सफलता मुझे मिली है, उस श्रेय में श्री माताप्रसाद गुप्त के उक्त 'जायसी संस्करण' को मैं भाग देना चाहता हूँ। 'पद्मावत' के मूल पर जमी हुई काई को पाठ-संशोधन की वैज्ञानिक युक्ति से हटाकर श्री माताप्रसाद गुप्त जी ने हिन्दी के क्षेत्र में महत्वपूर्ण कार्य किया है।[1] उनका यह भी कहना है कि 'मेरी मान्यता है कि मध्यकालीन हिन्दी के प्रायः सभी ग्रन्थों को इसी पद्धति से सम्पादित करने के बाद ही हमें उनका पूरा साहित्यिक फल प्राप्त हो सकेगा। चन्दबरदायी, विद्यापति, सूर आदि महाकवियों के ग्रंथ ऐसे संशोधित संस्करणों में अपना वास्तविक साहित्यिक तेज प्राप्त कर सकेंगे।[1]

कुछ लोगों का कहना है कि 'वैज्ञानिक पाठ-शोध में प्रधानता शब्द की होती है और साहित्यिक सम्पादन में अर्थ की। यह इन दोनों ही शैलियों में अज्ञान का द्योतक है। यह शब्द और अर्थ का प्रश्न आचार्य विश्वनाथप्रसाद मिश्र द्वारा उत्पन्न किया गया है। उनका कहना है कि 'वैज्ञानिक प्रक्रिया शब्द पर अधिक ध्यान देती है और साहित्यिक प्रक्रिया शब्द पर ध्यान देते हुए भी अर्थ पर विशेष दृष्टि रखती है। साहित्य शब्द और अर्थ का सम्पृक्त रूप होता है, अतः शब्द और अर्थ दोनों पर समान दृष्टि ही

---

१. 'पद्मावत' (सं० डा० वासुदेव शरण अग्रवाल) प्राक्कथन, पृ० १३।
२. वही, पृ० ७५।

प्राचीन ग्रंथों में सम्पादन में उपयोगी होती है ।'[१]

इस सम्बन्ध में इतना ही निवेदन पर्याप्त है कि वैज्ञानिक सरणि में 'पाठ-चयन' और 'पाठ-सुधार' दोनों ही दशाओं में लेखानुसंगति (शब्द) और विषयानुसंगति (अर्थ) पर पूरा-पूरा बल दिया जाता है। निरर्थक पाठ तो पाठ-भ्रष्टता का प्रथम प्रमाण माना जाता है, पर उस निरर्थकता का कारण पाठ के अंतर्गत ही ढूंढ़कर उसका परिहार किया जाता है ।[२]

पाठ निर्णय के समय वैज्ञानिक पाठ-शोधकर्त्ता उसके अर्थ के सम्बन्ध में पूर्ण जागरूक रहता है । प्रतियों में प्राप्त पाठ और उनके अर्थ के जिस समन्वय की बात मिश्रजी कहते हैं, वह वैज्ञानिक सम्पादन का मेरुदण्ड है। वैज्ञानिक सम्पादन की विधि से पाठ-चयन करते समय सम्पादक को दो संगतियों का ध्यान रखना आवश्यक होता है---पाठानुसंगति और अर्थानुसंगति। यह वैज्ञानिक विधि इस सम्बन्ध में क्या कहती है, इसे देखिये---

"इस विधि के प्रयोग के समय हमें विभिन्न शाखाओं में प्राप्त होने वाले पाठों की समानता मात्र का ही ध्यान नहीं देना होता है, प्रत्युत पाठ की संगति के साथ उनकी संगति, अर्थ और प्रसंग आदि की दृष्टि से भी ठीक बैठनी चाहिए ।"[३]

किसी भी प्रकार प्रतियों के साक्ष्य पर सार्थक और प्रसंगानुकूल पाठ न मिलने पर सम्पादक 'पाठ-सुधार' करने को बाध्य होता है । इस सम्बन्ध में वैज्ञानिक पद्धति में सुधार के दो आधार माने जाते हैं---अन्तरंग सम्भावनाएँ (Intrinsic Possibilities) और बहिरंग सम्भावनाएँ (Extrinsic Possibilities)। बहिरंग सम्भावनाएँ पाठ-लेखन और पाठ-विकृति सम्बन्धी सम्भावनाओं पर विचार करके विकृत पाठ के सुधार का निर्देश करती हैं और जहाँ इस प्रकार की कोई सम्भावना न हो; फिर भी पाठ अशुद्ध लगे वहाँ अंतरंग सम्भावनाओं (प्रसंग, अर्थ आदि) की दृष्टि से पाठ-सुधार किया जा सकता है ।

इस विषय का भ्रम दूर हो जाना चाहिए कि वैज्ञानिक सम्पादन शब्द पर विशेष बल देता है, अर्थ पर नहीं । हाँ, अर्थ की दौड़ में कभी-कभी सम्पादकगण हस्त-लेखों की मर्यादा का अतिक्रमण करके कुछ का कुछ कर देते हैं । सम्पादन की दिशा में अनुभव रखने वाले इसे जानते हैं कि अर्थानुसारी पाठ-संशोधन में कितना सावधान रहना आवश्यक होता है । पोस्टगेट ने इस सम्बन्ध में कहा है—

But this method of representation is very imperfect one, we may easily impose ourselves and others by strained and ambiguous renderings. A more subtle danger is in the case of dead languages,

---

१. 'रामचरितमानस' (काशिराज संस्करण) आत्मनिवेदन, पृ० २६ ।

२. पाठ-सम्पादन के सिद्धान्त (प्रथम संस्करण) दृष्टिकोण, पृ० ८ ।

३. वही, पृष्ठ ६५ ।

is that of taking a sence which satisfies us but not the ancient people.[1]

पाठानुसंधान पाठ के अर्थ पर ध्यान देता है, पर मनमाने अर्थ के लिये पाठ को विकृत करने की स्वीकृति नहीं देता। योरोप में सम्पादकों का एक रूढ़िवादी वर्ग है जो प्राचीन परम्परा से उपलब्ध पाठ को, चाहे वह प्रतिलिपियों की एक शाखा का ही पाठ क्यों न हो, सही मानता है और खींच-तान कर उसी में से अपना अभीप्सित अर्थ निकालता है। हिन्दी में ऐसे लोगों की भी कमी नहीं है। पर साथ ही ऐसे लोग भी हैं जो 'परकाय प्रवेश विद्या' जानते हैं और मूल लेखक की काया में प्रविष्ट होकर उसके मनोभाव को समझ जाने का दावा करते हैं कि वह क्या लिखना चाहता था ? यह स्थिति अवैज्ञानिक और अवांछित पाठ-संशोधन की प्रवृत्ति को बल प्रदान करती है।

इस सम्बन्ध में एक प्रश्न बहुत महत्वपूर्ण है कि यदि एक ही पाठ सभी प्राप्त प्रतियों में प्राप्त हो किन्तु वह अर्थाभिव्यक्ति में समर्थ न हो तो क्या करना चाहिए ? पाठालोचन की विधि के अनुसार यदि मिलने वाले पाठ की भ्रष्टता का लेखन-प्रमाद-जनित आधार मिल जाय तो उसे सुधारा जा सकता है। जैसा विश्वनाथप्रसाद मिश्र ने 'चले मत्त गज घंट विराजी' के सम्बन्ध में किया। 'घंट' पुल्लिग के साथ 'विराजी' स्त्रीलिंग की संगति न मिलने से 'घंट' शब्द की स्थिति पर विचार करना आवश्यक हुआ। श्रावण कुंज अयोध्या की प्रति में 'घय' पाठ है। सम्पादक के अनुसार यह 'घटा' पाठ था, लिखने में 'ट', 'ा' से मिल गया। अतः भ्रष्ट पाठ 'घय' हो गया। वह सम्भव भी है। यही पाठ पं० शम्भुनारायण चौबे ने मिश्रजी से पूर्व ही इसी आधार पर स्वीकार किया था।

यदि इस स्थिति में लेखन-प्रमाद-जनित कोई सम्भावना न मिले तो क्या करना चाहिए ? इस दशा में पाठालोचन की विधि के अनुसार उपलब्ध पाठ ही देना चाहिए, सुधार करना ठीक नहीं है। यही विवाद का मुख्य केन्द्र है। वास्तव में कभी-कभी पाठ अर्थ संगत होते हुए भी सम्पादक की समझ में नहीं आता है और यदि उसने मन-माने संशोधन की प्रणाली का अनुगमन किया तो मूलपाठ कुछ का कुछ हो जाता है। इस सम्बन्ध में 'पद्मावत' के विद्वान् व्याख्याकार डा० वासुदेवशरण अग्रवाल के एक पाठ पर विचार करेंगे। पाठ है "कोरों कहाँ ठाट नव साजा। तुम्ह बिनु कंत न छाजन छाजा।" (पद्मावत ३५६-७) 'कोरों' शब्द ठेठ अवधी का शब्द है जिसका अर्थ छप्पर में लगने वाले छाजन के बाँसों से है। डॉ० अग्रवाल को यह अर्थ नहीं सूझ पड़ा और उन्होंने 'कोरे' पाठ रख दिया और अर्थ किया 'अरे कौन ?' हिन्दी पाठ-समस्याओं के अध्ययन से ऐसे असंख्य उदाहरण मिलते हैं कि प्रतियों में मिलने वाले पाठ संगत थे, पर सम्पादक की समझ में न आने के कारण वे उलझन के कारण बने रहे। इसी प्रकार 'अनुराग बांसुरी' के पाठ की चर्चा की जा चुकी है :

दीठि न काहू कै तेहि आवै।
आर संप रबि आगि जरावै॥

---

1. Postgate : Encyclopaedia Britannica, vol. 22.

'आर' शब्द का अर्थ न समझ पाने के कारण उपलब्ध प्रति के प्रतिलिपिकार ने 'आड़' लिख दिया। इस ग्रंथ के सम्पादक चन्द्रबली पाण्डे ने लिखा है कि 'रामचन्द्र शुक्ल ने इसे 'आड़ि' किया।' यह अर्थ निकालने के ही लिये ही हुआ। पर पाण्डे जी ने लिखा है कि बहुत विचार करने पर यह संस्कृत का 'आर' दिखाई दिया जिसका अर्थ ज्योतिष में होता है मंगल और यत्र-तत्र शनिश्चर भी।

'अनुराग बाँसुरी' (बीती बात) पृ० ६

चंदायन का एक पाठ है—

जाकर कोई जरै सो जानइ।
अनजाने कस काहू बखानइ॥

इसमें 'कोई' शब्द ठेठ शब्द है। 'कोई जरना' ठेठ अवधी का मुहावरा है जो इसी रूप में प्रयुक्त होता है। इसका पाठ परमेश्वरी लाल गुप्त ने 'कोइ' किया है और माताप्रसाद गुप्त ने मूल 'कोई' पाठ देकर उसके आगे सुझाव रूप में (ही) लिखा है। वस्तुतः 'कोई' शब्द ही ठीक है न 'कोइ' और न 'कोही'। यदि अपनी दृष्टि से सम्पादक ने इस शब्द को बदल दिया होता तो मूल पाठ निश्चित ही बदल जाता।

'शब्द' के अर्थ के सम्बन्ध में विचार करना एक महत्वपूर्ण कार्य है पर वह पाठ के क्षेत्र में समझ बूझकर होना चाहिये। फारसी लिपि में लिखे हुए हस्तलिखित लेखों ने तो शुद्ध पढ़ने की समस्या को उठा दिया है। एक ही पाठ को कई प्रकार से पढ़ा जा सकता है। ऐसी स्थिति में अर्थ-संगति विशेष महत्वपूर्ण हो जाती है। 'मृगावती' में मृगावती और रूपमनि के सपत्नी कलह में रूपमनि मृगावती के लिये कहती है—

'हम बियही कुलवंति जो आहीं।
वह रे अरध हम सरवरि नाहीं॥'

उपर्युक्त पाठ माताप्रसाद गुप्त के संस्करण का है। परमेश्वरी लाल गुप्त 'अरध' के स्थान पर 'उढ़रि' लिखते हैं। 'बियाही' के साथ 'उढ़रि' अधिक संगत है पर इस पाठ का निर्णय हस्तलेख के ठीक वाचन पर निर्भर है। 'अरध' का अर्थ माताप्रसाद गुप्त ने किया है कि 'वह हमारी आधी भी नहीं है।' यह अर्थ भी संगत ही है। फिर भी यह पाठ विचारणीय है। अर्थ तो दोनों पाठों से निकलता है। यहाँ उत्कृष्ट अर्थ से पाठ का निर्णय करना उचित न होकर हस्तलेख के शुद्ध वाचन से निकलने वाला पाठ ग्राह्य होना चाहिये।

आवश्यकता एवं उद्देश्य

आधुनिक युग में मुद्रण यन्त्रों के आविष्कार ने आधुनिक रचनाओं के सम्पादन की समस्या को समाप्त कर दिया है, किन्तु प्राचीन युग से चली आनेवाली साहित्यधारा के उचित मूल्यांकन के लिये यह आवश्यक है कि वैज्ञानिक सम्पादन द्वारा सर्वप्रथम प्राप्त

ग्रंथों का वास्तविक पाठ निर्धारित कर लिया जाय। जब तक किसी ग्रंथ के वास्तविक पाठ का निर्धारण नहीं हो जाता, उसके सम्बन्ध में प्रकट किये विचार प्रायः निरर्थक या भ्रमपूर्ण हो सकते हैं। उदाहरणार्थ, 'पृथ्वीराज रासो' के पाठ को लिया जा सकता है। अब प्रश्न यह उठता है कि इसके चार रूपान्तर (वृहद्, मध्यम, लघु, लघुतर) में से किसे आधार बनाकर रासोकार की काव्य-प्रतिभा, प्रबन्ध-कल्पना तथा अलंकरण-वृत्ति का मूल्यांकन किया जाय या रासो की ऐतिहासिकता की परीक्षा की जाय? पाठानुसंधान का विद्यार्थी भलीभाँति जानता है कि ऐसी दशा जब भी और जहाँ भी उपस्थित हो, उस समय उस रचना के मूलपाठ का अनुसंधान सर्वप्रथम होना चाहिए, तभी उस रचना का वास्तविक मूल्यांकन किया जा सकता है। इस सम्बन्ध में 'ओल्ड टेस्टामेण्ट' के सम्पादकों का मत दर्शनीय है:

"साहित्य के सभी प्रमुख अध्ययनों का मूलाधार पाठ-निर्धारण है। यह पाठ-निर्धारण उतना सही होना चाहिये जितना सही पाठालोचन की प्रक्रिया द्वारा इसे प्रस्तुत किया जा सके। किन्तु बहुत दिनों तक साहित्य की इस प्रथमावश्यकता पर ही कोई विचार नहीं हुआ।"[१]

प्राचीन हस्तलिखित प्रतियों के आधार पर ही वैज्ञानिक सम्पादन या पाठानुसंधान का कार्य अग्रसर होता है। मुद्रण यंत्रों के अभाव में किसी प्रसिद्ध रचना का प्रचार प्रतिलिपियों के माध्यम से हुआ करता था। लेखक की मूलप्रति से प्रतिलिपि होती थी, पुनः उस प्रतिलिपि की प्रतिलिपि और इसी प्रकार प्रतिलिपियों की एक परम्परा चल पड़ती थी। साधारणतः यह प्रतिलिपि करने का कार्य कुछ पेशेवर प्रतिलिपिकार किया करते थे जो इन प्रतिलिपियों को मेलों, सम्मेलनों या अन्य धार्मिक महत्व के अवसरों पर बेचा करते थे। इनके अतिरिक्त अपने अध्ययन के हेतु अथवा स्वान्तःसुखाय भी लोग प्रसिद्ध ग्रंथों की प्रतिलिपियाँ किया करते थे। मूल प्रति की प्रतिलिपि में स्वभावतः ही मूल पाठ से कुछ अन्तर आ जाता रहा। इसी प्रकार प्रतिलिपि परम्परा में क्रमशः अन्तर आने लगता है और प्रायः यह देखा जाता है कि प्रतिलिपि परम्परा में जितने ही नीचे की प्रति होती है, उसमें मूलपाठ से उतना ही अधिक अन्तर हो जाता है। इनके अतिरिक्त कभी-कभी प्रतिलिपियों में जानबूझकर प्रक्षेप की क्रिया की जाती है। यह क्रिया कई उद्देश्यों से की जाती है और इसके कारण मूलपाठ और प्रतिलिपियों में बड़ा अन्तर हो जाता है। सामान्यतः यह भी देखा जाता है कि रचना का लेखन-आधार अस्थाई होने के कारण प्राचीन रचनाओं के मूलपाठ की प्रतियाँ प्रायः नहीं ही मिलती हैं और प्रतिलिपियाँ ऊपर वर्णित अन्तरों के कारण प्रायः एक दूसरे से भिन्न पाठ धारण किये

१. **The basis of all sound study of literature is the construction of a text, as accurate as the criticism can make it; and for a long time this first essential was lacking.**

—Encyclopaedia Britannica, Vol. 3, Page 506.

हुए मिलती हैं। ऐसी दशा में पाठानुसंधान के निश्चित सिद्धान्तों के अनुगमन द्वारा हमें मूल पाठ प्राप्त करने की आवश्यकता पड़ती है। वैज्ञानिक विधि का अवलंबन न करने के कारण अनेकानेक भ्रान्तियों की सम्भावना रहती है।

स्पष्ट है कि पाठालोचन का उद्देश्य रचना के मूलपाठ को प्राप्त करना ही है। इस उद्देश्य से प्रेरित होकर कार्य करते समय पाठालोचक को प्रतिलिपि-परम्परा से आये तथा लेखक से इतर उत्पन्न हुए, तत्वों को अलग करना पड़ता है। इस सम्बन्ध में डॉ० विष्णु सीताराम सुकथांकर का यह कथन उल्लेखनीय है कि—

"किसी रचना के मूलपाठ के साथ जुड़े हुए ऐसे अंशों के सम्बन्ध में, जो सभी प्रतियों में नहीं प्राप्त होते हैं, विचार करने का एक ही तर्कपूर्ण ढंग है कि वे अंश शेष पाठ से सावधानीपूर्वक अलग कर लिये जाने चाहिए और उन पर एक-एक करके विचार करना चाहिए। ऐसे अंशों को मूलपाठ सिद्ध करने का दायित्व उस व्यक्ति पर होता है जो इन अंशों के मूलपाठ होने का दावा करता है। हस्तलिखित प्रतियों का साक्ष्य स्पष्टतः उनके विरुद्ध है फिर भी इतने मात्र से उनका प्रक्षिप्त होना प्रमाणित नहीं है। कारण यह है कि जुड़े हुए अंश का अधिकांश प्रतियों में न प्राप्त होना ही इस तथ्य का सम्पूर्ण प्रमाण नहीं है कि वे अंश प्रक्षिप्त हैं।[१]

इस प्रकार सम्पाद्य रचना के उन भागों को छोड़ कर जो सभी शाखा की प्रतियों में प्राप्त होते हैं, शेष की मीमांसा लेखानुसंगति तथा विषयानुसंगति को ध्यान में रखकर की जाती है तथा मूलपाठ और प्रक्षिप्त पाठ का निराकरण किया जाता है। तात्पर्य यह कि पाठालोचक को प्रतिलिपिकारों की निश्चेष्ट विकृतियों का निराकरण एवं परिहार करना पड़ता है, साथ ही उसे प्रक्षेपों का भी निराकरण करना पड़ता है। पाठालोचक को हस्तलिखित प्रतियों के पाठ में कहीं-कहीं सुधार भी प्रस्तुत करना पड़ता है। क्योंकि पाठानुसंधान का उद्देश्य रचयिता का अभीष्ट पाठ प्राप्त करना माना जाता है। 'अभीष्ट' शब्द के प्रयोग के कारण इसके उद्देश्य को कुछ और स्पष्ट करना आवश्यक प्रतीत होता है। मूलपाठ या अभीष्ट पाठ के शोध के प्रसंग में पाठालोचन की सीमा निर्धारित करते समय हम पाँच स्थितियाँ देखते हैं :

१—लेखक के अभीष्ट पाठ को पाठ-शोध की वैज्ञानिक-विधि से करना तथा

---

१. There is only one rational way of dealing with these 'additional' passages; they must be carefully segregated from the rest of the text, and examined individually. The onus of proving the originality of these 'additional' passages will naturally rest on him who alleges the originality. The documents speak naturally against them; but their evidence is not by any means conclusive.

—Sukthankar Memorial Edition, Page 246.

प्रतिलिपियों के माध्यम से प्राप्त पाठ में किसी भी प्रकार का परिवर्तन, संशोधन या परिवर्द्धन न करना।

२—प्रथम स्थिति से आगे बढ़कर लेखक द्वारा हुई निश्चेष्ट विकृतियों का परिहार भी कर देना।

३—लेखक की रचना में प्राप्त व्याकरण, छन्द आदि की भूलों का परिहार अपनी ओर से कर देना। साथ ही लेखक जो भाव प्रकट करना चाहता हो उसे प्रकट करने में उसके द्वारा प्रयुक्त शब्दावली यदि समर्थ न हो तो दूसरी शब्दावली स्थानापन्न कर देना।

४—लेखक द्वारा प्रयुक्त उपयुक्त पाठ के स्थान पर उससे भी सुन्दर लगने वाले पाठ को अपनी ओर से प्रस्तुत कर देना।

५—लेखक द्वारा प्रस्तुत पाठ यदि प्रबन्ध एवं प्रसंग आदि की दृष्टि से अपूर्ण लगता हो तो उसी के छन्द एवं शैली आदि में कुछ पाठ अपनी ओर से बढ़ा देना।

इन संभावित पाँचों स्थितियों में से मात्र पहली एवं दूसरी स्थिति तक ही पाठालोचक की अधिकार-सीमा निर्धारित होती है। शेष तीन स्थितियाँ तो मूल पाठ के निर्धारण के स्थान पर मूलपाठ में हस्तक्षेप हैं। लेखक द्वारा प्रस्तुत रचना का पाठ चाहे वह शुद्ध रहा हो या अशुद्ध, उपयुक्त हो या अनुपयुक्त, पूर्ण हो या अपूर्ण उसी रूप में प्रस्तुत होना चाहिए। लेखक के अभीष्ट से यही तात्पर्य है कि उसने कौन-सा पाठ प्रस्तुत किया होगा ? इसका तात्पर्य यह कदापि नहीं है कि उसे कौन-सा पाठ प्रस्तुत करना चाहिये था।

पाठों के सम्बन्ध में प्रतियों के साक्ष्य की उपेक्षा करके जब सम्पादक उपयुक्त एवं सार्थक पाठों की खोज करने लगता है तो प्रायः यह देखा जाता है कि वह प्रतियों में प्राप्त उन प्राचीन, उपयुक्त एवं सार्थक पाठों को छोड़ देता है, जिसका अर्थ वह स्वयं समझने में असमर्थ होता है अथवा जो दुर्बोध होने के कारण सामान्य जनों में ग्राह्य नहीं होते हैं। इस प्रकार की भूलों के अनेक उदाहरण हिन्दी के प्राचीन सम्पादनों में देखे जा सकते हैं। उदाहरणस्वरूप 'रामचरितमानस' के 'सरासुर' पाठ को लिया जा सकता है जो 'बाणासुर' के लिये आया था पर अर्थ न समझने के कारण परिवर्तित कर दिया गया और कहीं-कहीं 'सुरासुर' पाठ मिलने लगा, जो भ्रष्ट एवं भ्रामक पाठ है। इसी प्रकार 'पद्मावत' के पाठों में भी अनेक स्थलों पर यह क्रिया देखने को मिलती है। इतना निश्चित रूप से कहा जा सकता है कि पाठालोचक को अपनी सीमा का सदैव ध्यान रखना चाहिये। अपनी सीमा का अतिक्रमण करने के उपरान्त वह अपने मूल उद्देश्य से च्युत हो जायगा।

विषय-विस्तार

किसी भी शास्त्र के सर्वाङ्गीण ज्ञान के लिये तत्सम्बन्धी अन्य भी बहुत से शास्त्रों का अध्ययन अपेक्षित होता है। किसी काव्य-ग्रंथ की समालोचना के लिये उस ग्रन्थ के

सम्यक् अवगाहन के अतिरिक्त काव्यशास्त्र के नियमों, छन्दशास्त्र की मर्यादाओं, लोक-रुचि, समाज के वातावरण तथा आदर्शों आदि का समुचित ज्ञान भी अनिवार्य होता है, उसी प्रकार पाठालोचन में भी प्राप्त प्रतियों के अध्ययन एवं अनुशीलन से ही सम्पूर्ण कार्य नहीं बनता, प्रत्युत पाठ की दृष्टि से आलोच्य ग्रंथ के लिये सहायक सामग्री के रूप में प्रयुक्त होने वाले सभी समकालीन प्रबन्धों, लेखों, इतिहास ग्रंथों, टीकाओं आदि का अध्ययन एवं अनुशीलन अनिवार्य होता है। यह सम्पूर्ण कार्य उसे सम्पादन सामग्री की परीक्षा के रूप में ही करना पड़ता है। साथ ही कुछ शास्त्रों का अध्ययन एवं कुछ विषयों का ज्ञान पहले से ही अपेक्षित होता है। उसे उस ग्रंथ की भाषा एवं लिपि का वर्तमान एवं विकासात्मक ज्ञान होना चाहिये तथा जिन प्रदेशों में और जिन लिपियों में उस ग्रंथ की प्रतिलिपियाँ मिलती हों उनकी भाषाओं, लिपियों तथा उनकी प्रकृति का भी पूर्ण ज्ञान होना चाहिये। उसे प्रतियों की लेखन-सामग्री, उनमें प्रयुक्त संवतों तथा छंदों आदि का शास्त्रीय ज्ञान होना अनिवार्य होता है। इस प्रकार यदि पाठालोचक के ज्ञान एवं उसके गुण के सम्बन्ध में निम्नलिखित श्लोक उद्धृत किया जाय तो उपयुक्त ही होगा—

'सर्वदेशाक्षराभिज्ञः सर्वशास्त्रविशारदः।
लेखकः कथितो राज्ञः सर्वाधिकरणेषु वै॥
शीर्षोपेतान सुसंपूर्णान् समश्रेणिगतान् समान्।
अक्षरान् वै लिखेद् यस्तु लेखकः स वरः स्मृतः॥
उपायवाक्यकुशलः सर्वशास्त्रविशारदः।
बह्वर्थवक्ता चाल्पेन लेखकः स्याद् भृगूत्तम॥'[1]

पाठालोचक को इतना अधिक ज्ञानबहुल होना अनिवार्य क्यों होता है इस पर हम विस्तारपूर्वक विचार करेंगे।

१. भाषा एवं लिपि

पाठानुसंधान की समस्या प्रतिलिपि-परम्परा में उत्पन्न पाठ-प्रमादों के कारण खड़ी होती है। ये पाठ-प्रमाद कई कारणों से उत्पन्न होते हैं जिनका विशेष विवरण पाठ-विकृतियों के सन्दर्भ में दिया जायगा। प्रमुख रूप से दो कारण इन विकृतियों को प्रभावित करते हैं :

(१) देश-भेद
(२) काल-भेद

देश-भेद से तात्पर्य यह है कि किसी ग्रंथ की प्रतियाँ जब विभिन्न प्रदेशों में पहुँचती हैं तो वहाँ के प्रतिलिपिकार उस प्रदेश की भाषा एवं लिपि सम्बन्धी कुछ विशेष-

---

१. मत्स्य पुराण, अध्याय १८९।

ताएँ प्रतिलिपियों में स्वभावतः ला दिया करते हैं। उस प्रदेश की प्रतिलिपियों में प्रायः सर्वत्र यह स्थिति देखने को मिलती है। इस प्रकार एक ही ग्रंथ की विभिन्न प्रदेशों में प्राप्त प्रतिलिपियों में बहुत अन्तर स्पष्टतः देखा जा सकता है। कबीर के पाठ की जो प्रतियाँ पंजाब प्रदेश में प्राप्त हुई हैं उनमें पंजाबी उच्चारण के अनुरूप कुछ विशेषताएँ मिलती हैं जो अन्य प्रदेशों की प्रतिलिपियों में नहीं मिलती हैं। इसी प्रकार विभिन्न कालों की प्रतिलिपियों में अन्तर पड़ जाता है, जिन्हें काल-भेद के कारण उत्पन्न विकृतियाँ कहा जा सकता है। इन विकृतियों की सम्यक् छानबीन करने के लिये तथा पाठालोचन में उनका उचित समाधान तथा निराकरण प्रस्तुत करने के लिये इस बात की आवश्यकता होती है कि पाठालोचक को उस भाषा एवं लिपि का ज्ञान हो।

सर्वप्रथम तो उन सम्पूर्ण प्रदेशों की भाषाएँ एवं लिपियाँ पाठालोचक को अवगत होनी चाहिए, जिन प्रदेशों में संपाद्य रचना की प्रतिलिपियाँ हुई हों तथा जिन स्थानों से ग्रंथ के रचयिता का संबंध रहा हो। जैसा उल्लेख हो चुका है कि एक ही रचना की भिन्न-भिन्न प्रदेशों की प्रतियों पर पृथक्-पृथक् भाषाओं के प्रभाव दीख पड़ते हैं। कबीर की भाषा उसके प्रमाण में प्रस्तुत की जा सकती है। कबीर के पाठ की प्रतियों में किसी पर राजस्थानी, किसी पर ब्रज, किसी पर पंजाबी, किसी पर भोजपुरी का प्रभाव देखा जा सकता है। स्पष्टतः यह प्रभाव प्रतिलिपिकारों की कृपा से हुआ संभव प्रतीत होता है क्योंकि जिस प्रदेश के प्रतिलिपिकार ने प्रतिलिपि करना प्रारम्भ किया होगा, उसने उसमें अपनी भाषा का प्रभाव छोड़ दिया और प्रतिलिपि-परम्परा में वे प्रभाव धीरे-धीरे बढ़ते ही गये। इन प्रभावों को समझने और पुनः उनकी कारण-मीमांसा करने के लिए उन विविध भाषाओं का ज्ञान पाठालोचक के लिए अनिवार्य होता है जिनका संबंध प्रतिलिपि के प्राप्ति-स्थानों से होता है।

इसी भाँति उन स्थानों की लिपियों का भी प्रभाव पड़ता है। साधारणतः यह देखा जाता है कि कुछ लिपि-चिह्नों की बनावट विभिन्न लिपियों में एक सी होती है किन्तु उनका उच्चारण भिन्न होता है। ऐसी दशा में लिप्यन्तर करते समय प्रतिलिपिकार से प्रायः भूल हो जाया करती है, जिनसे पाठ-विकृतियाँ उत्पन्न हो जाती हैं। इससे पाठालोचक के सामने कभी-कभी उलझन-सी आ खड़ी होती है। इसका भी उदाहरण कबीर के पाठ में हमें मिलता है। पंजाबी उच्चारण के अनुरूप पंजाबी लिपि में कबीर के पदों में प्रायः 'गया' का 'गइया', 'आया' का 'आइया' आदि रूपों में प्रयोग हुआ है। किन्तु इस लिपि की उच्चारण संबंधी विशेषता पर ध्यान न देते हुए भी डा० रामकुमार वर्मा ने कबीर के पाठों में 'गया' का 'गइया' और 'आया' का 'आइया' पाठ ही प्रायः दिया है—

'सकल जनक शिवपुरी गवाइया
मरती बार मगहर उठि आइया।'[1]

---

1. डॉ० रामकुमार वर्मा : संत कबीर, पृ० १७।

यही पाठ उन्हें गुरु ग्रंथ साहब में मिला। इस प्रकार की प्रादेशिक लिपि-संबंधी भूलों का अत्यन्त सुन्दर उदाहरण वीसलदेव रास की प्रतियों में डॉ० माताप्रसाद गुप्त को मिला। राजस्थानी लिपि के कुछ वर्ण हिन्दी के अन्य वर्णों से रूपसाम्य रखते हैं। इस कारण एक प्रतिलिपिकार ने जो कदाचित् किसी राजस्थानी प्रति से नागरी में प्रतिलिपि कर रहा था बहुत सी पाठ संबंधी भूलें की। इस संबंध में डॉ० गुप्त का मत है कि यह प्रति किसी ऐसे व्यक्ति द्वारा की हुई है जिसे राजस्थानी लिपि का यथेष्ट ज्ञान नहीं था, इसी कारण अनेक वर्णों और मात्राओं के पढ़ने में भूल हुई। कुछ उदाहरण नीचे दिये जाते हैं :—

उ > नु : तूतउ > तूतनु
च > व : चालीयउ > वालीयउ
छ > ब : छउ > बउ
ज > ड : भूलउजी > भूलउडी
ड > ज : आहेडी > आहेजी आदि[1]

ये भूलें उपर्युक्त वर्णों के राजस्थानी एवं नागरी में पाये जाने वाले रूपसाम्य के कारण हुईं। इसीलिए इन विकृतियों के निराकरण के हेतु आवश्यकता होती है ऐसे व्यक्ति की, जो उन सभी लिपियों तथा उनकी प्रकृतियों से परिचित ही जिनमें सम्पाद्य ग्रंथ की प्रतियाँ मिलती हों अथवा जिन लिपियों में उस ग्रंथ की प्रारम्भिक प्रतियाँ या मूल प्रति रही हो।

देश-भेद की ही भाँति लिपि एवं भाषा-ज्ञान की एक अन्य दिशा भी है जो काल-भेद से संबंध रखती है। इससे तात्पर्य यह होता है कि भाषा एवं लिपियाँ स्थिर न होकर विकसित होती रहती हैं। अतः स्वभावतः एक ही भाषा एवं लिपि के विभिन्न कालों में विभिन्न रूप एवं उनके विभिन्न प्रयोग मिलने संभव होते हैं। अतएव जिस भाषा का ग्रंथ सम्पादित करना हो उस भाषा का ऐतिहासिक अध्ययन अनिवार्य होता है। इसके अभाव में साधारणतः सम्पादक द्वारा भाषा के प्राचीन एवं दुरूह प्रयोगों के संबंध में सदैव भूल की सम्भावना बनी रहती है। जायसी के पद्मावत में निम्नांकित पाठ था :

'नीर होइ तर ऊपर सोई।
महनारम्भ समुद्र जस होई॥'

इसमें 'महनारंभ' जो वास्तव में मंथनारम्भ (मंथन-आरंभ) का अपभ्रंश रूप है, उसे न समझने के कारण प्रतिलिपिकारों ने बड़ी भूलें कीं और इसके कई पाठान्तर हुए :

(१) महाअरम्भ
(२) महनामन्थ आदि

---

१. डॉ० माताप्रसाद गुप्त : वीसलदेव रास, प्र० सं० (भू०), पृ० ६-७

कालभेद के अनुसार लिपियों का भी विकासात्मक अध्ययन अनिवार्य होता है। प्रत्येक लिपि विकास के क्रम में ही वर्तमान स्थिति तक पहुँची है। उसके विकास की प्रायः सभी सीढ़ियों का प्रयोग में आना संभव होता है। उदाहरणार्थ, नागरी लिपि ब्राह्मी लिपि से गुप्त लिपि और कुटिल लिपि से देवनागरी के रूप में आई। अभी अधिक दिन नहीं हुए जब आधे 'र' के लिये पड़ी रेखा (—) प्रयोग में आती थी किन्तु अब वह रूप प्रयोग में नहीं है। प्राचीन प्रतियों में यह प्रयोग अब भी बहुत मिलता है। इसके ज्ञान के अभाव में सम्पादक से भूल हो सकती है। संक्षेप में हम इस निष्कर्ष पर पहुँचते हैं कि देश-भेद एवं काल-भेद से उत्पन्न होने वाली पाठ-विकृतियों को समझने एवं उनके निराकरण करने हेतु उस ग्रंथ से संबंधित देश एवं काल संबंधी भाषाओं एवं लिपियों का विकासात्मक एवं पूर्ण ज्ञान पाठालोचक को होना चाहिए।

२. छन्दशास्त्र एवं साहित्यशास्त्र

किसी भी काव्य ग्रंथ का सम्पादन करते समय पाठालोचक को छन्दशास्त्र के नियमों का ज्ञान अनिवार्य होना चाहिए विशेष रूप से उस रचयिता के व्यक्तिगत प्रयोगों की आवश्यक जानकारी होनी चाहिए। छन्दशास्त्र के नियमों का ज्ञान जहाँ पाठालोचक को इस दिशा में सतर्क करता है कि इन नियमों का पालन करने वाला पाठ ग्राह्य और उनका उल्लंघन करनेवाला पाठ अग्राह्य होता है, वहीं रचयिता के व्यक्तिगत प्रयोग यदि इन नियमों के प्रतिकूल पड़ते हैं तो उस सीमा तक हमें अपवाद रखना पड़ेगा। उदाहरणार्थ, जायसी एवं तुलसी दोनों में ही दोहों और चौपाइयों की मात्राओं का कोई एक-सा नियम नहीं मिलता है अतः उनके पाठ के ऊपर परवर्ती काल का निश्चित नियम लादा नहीं जा सकता।

छन्दशास्त्र की ही भाँति साहित्यशास्त्र की जानकारी भी आवश्यक होती है। इसमें विशेषतः उस धारा विशेष की शास्त्रीय जानकारी होनी चाहिए, जिस धारा का ग्रंथ सम्पादित करना हो। उस धारा की वर्णन-शैली, स्तुति, उपमेय-उपमान के स्वीकृत प्रयोग आदि का ज्ञान भी होना आवश्यक होता है। इन सभी जानकारियों का उपयोग पाठ-सम्पादन में होता है।

३. सन्-संवत् ज्ञान

पाठ-सम्पादन में प्रतियों का कितना महत्व होता है यह तो प्रकट ही किया जा चुका है। उन प्रतियों में भी प्राचीन प्रतियाँ सामान्यतः नवीन प्रतियों से अधिक महत्व की होती हैं। अतएव उन प्रतियों के प्रतिलिपिकाल का ज्ञान प्रायः अनिवार्य होता है। इसी भाँति रचना का निर्माण काल भी जानना आवश्यक होता है ताकि उस काल-संबंधी अन्य सहायक सामग्रियों का उपयोग उस ग्रंथ के सम्पादन में किया जा सके। प्रतियों का प्रतिलिपिकाल प्रायः उनकी पुष्पिका में दिया होता है और कभी-कभी ग्रंथों के रचनाकाल का मूलपाठ में ही संकेत मिलता है किन्तु उसके अन्तर्गत किस सन् या

संवत् का प्रयोग हुआ है यह जानना तब भी शेष रह जाता है क्योंकि भारत में अनेकानेक संवत् प्रचलित हैं। इनका ज्ञान पाठालोचक के लिए आवश्यक है।

४. लेखन-सामग्री

प्रतियों की पुष्पिका प्रारम्भ या अन्त में होने के कारण, प्राय: यह देखा जाता है, कि उसके पन्ने घिसकर फट जाते हैं और प्रतिलिपि-काल का ज्ञान नहीं हो पाता है। ऐसी दशा में उनके काल का ज्ञान प्राप्त करने के हेतु उस प्रति की लेखन-सामग्री का ज्ञान प्राप्त करना अनिवार्य हो जाता है। लेखन सामग्री में लेखन आधार अर्थात् कागज, ताड़पत्र, भोजपत्र आदि तथा लेखनी और स्याही आदि आते हैं। इनकी परीक्षा इस जानकारी के साथ होनी चाहिए कि किस काल और किस प्रदेश में, किस लेखन-सामग्री का प्रयोग होता था। लेखन सामग्री के अध्ययन द्वारा प्रतियों की सापेक्ष्य प्राचीनता का पता लगाया जा सकता है। इसके अतिरिक्त लेखन-सामग्री की सहायता से प्रति के प्रतिलिपि-स्थान का भी पता कभी-कभी लग जाता है। भोजपत्र की प्रतियाँ प्राय: काश्मीर आदि उत्तरी भागों से प्राप्त होती हैं। इसी प्रकार लोहे की शलाकों द्वारा उत्कीर्ण ताड़पत्र की प्रतियाँ प्राय: दक्षिणी भारत की होती हैं।

पाठालोचन तथा साहित्यालोचन

इन दो शब्दों के नामों की समता देखकर सामान्यत: ऐसा प्रतीत होता है कि ये दोनों ही समालोचना के अंग हैं। वास्तव में इन दोनों शब्दों के नाम के अतिरिक्त इनमें कोई भी साम्य नहीं है। पाठालोचक जहाँ प्राचीन लेखकों एवं कवियों के मूल पाठ के निर्धारण मात्र का प्रयास करते हैं, वहाँ साहित्यालोचक उस निर्धारित पाठ के आधार पर उस लेखक या कवि का मूल्यांकन करते हैं तथा उसकी विशेषताओं, उसके गुणों एवं दोषों का उद्घाटन करते हैं। इस प्रकार जहाँ पाठालोचन का कार्य समाप्त हो जाता है, वहाँ से साहित्यालोचन का कार्य प्रारम्भ होता है। पाठालोचन के पूर्व साहित्यालोचन का कार्य उस विशेष कवि या लेखक के सन्दर्भ में असंभव होता है। जब तक कवि या लेखक की रचनाओं का मूल पाठ निर्धारित नहीं हो जायगा, तब तक उसकी कृति के संबंध में किस आधार पर मत व्यक्त किये जायेंगे। संपादित ग्रंथों की भूमिकाओं में जहाँ तक सम्पादक अपने सम्पादन-साधनों, सामग्रियों, सिद्धान्तों एवं विधियों आदि का विवरण देता है तथा तत्संबंधी अन्य मतों आदि का विवेचन करता है, वहाँ तक तो वह पाठालोचन की परिधि में ही कार्य करता है। इससे आगे लेखक की भाषा, शैली, छन्द, महाकाव्यत्व आदि पर विचार करना साहित्यालोचन की परिसीमा में आता है। उदाहरणार्थ, डॉ० माताप्रसाद गुप्त की 'जायसी-ग्रंथावली' की भूमिका पाठालोचन के अन्तर्गत है किन्तु शुक्ल जी की उक्त ग्रंथ की भूमिका साहित्यालोचन के। 'पृथ्वीराज-रासउ' की भूमिका में डॉ० माताप्रसाद जहाँ तक अपने सम्पादन-विवरण प्रस्तुत करते हैं, वह पाठालोचन के अन्तर्गत पड़ता है और जहाँ से उन्होंने रासो की भाषा, छन्द

आदि पर विचार करना प्रारम्भ किया है, वह साहित्यालोचन के अन्तर्गत आता है। इन दोनों विषयों के अन्तर को स्पष्टतः समझने के लिए निम्नलिखित बातें ध्यान में रखनी चाहिये :—

(१) उद्देश्य की दृष्टि से दोनों एक दूसरे से सर्वथा भिन्न हैं। एक का उद्देश्य रचयिता का मूल-पाठ निर्माण करना है तो दूसरे का उस निर्मित पाठ के आधार पर रचयिता का मूल्यांकन करना है।

(२) प्रक्रिया की दृष्टि से भी दोनों एक-दूसरे से सर्वथा भिन्न हैं। जहाँ साहित्यालोचन एक मौलिक प्रक्रिया है और आलोचक के पाण्डित्य, ज्ञान एवं सूझ-बूझ पर पूर्णतया निर्भर होती है, वहाँ पाठालोचन एक नियम-चालित वैज्ञानिक प्रक्रिया है जिसमें मूलतः नियमों का अनुगमन अनिवार्य है।

(३) फल की दृष्टि से भी दोनों में अन्तर दीख पड़ता है। पाठालोचन में यदि कई व्यक्ति एक साथ किसी पाठ पर प्रामाणिकता एवं सतर्कता से काम करें तो सभी प्रायः एक ही निष्कर्ष पर पहुँचेंगे, पर साहित्यालोचन व्यक्ति सापेक्ष्य होता है और उसमें मत-विभिन्नता की सदैव संभावना रहती है।

भारत में पाठानुसंधान की आवश्यकता

अत्यन्त प्राचीन काल से भारत में विद्या के प्रति लोगों का अनुराग रहा है। लेखन-कला का ज्ञान भी अत्यन्त प्राचीन काल से यहाँ के लोगों को है। मैक्समूलर के अनुसार निकार्अस का कथन है कि भारतवासी रूई के कागज बनाने की कला से बहुत प्राचीन काल से भिज्ञ हैं। ऐसी दशा में स्वाभाविक ही है कि जब विश्व में लोगों ने लेखन कला का नाम भी नहीं सुना था भारत में ग्रंथों का निर्माण हो रहा था। इतने प्राचीन काल से जिस देश में ग्रंथों का निर्माण होता रहा है, वहाँ मुद्रण-यंत्रों का प्रारम्भ विश्व के लगभग सभी सभ्य देशों से बाद में शुरू हुआ। परिणामस्वरूप हमारी बहुत-सी प्राचीन बहुमूल्य सामग्रियाँ अब भी अप्रकाशित हैं। बहुत-सी तो अभी अप्राप्य हैं। कितनी तो पंसारियों की दुकानों पर फाड़-फाड़ कर फेंक दी जाती हैं, तो कितनी व्यक्तिगत संरक्षणों में रखी सड़ जाती हैं। इसमें सन्देह नहीं कि कुछ संस्थाओं ने इन प्राचीन हस्तलिखित ग्रंथों की खोज का कार्य बड़ी ही लगन से कराया है। इनके द्वारा अपने प्राचीन साहित्य की प्रशस्त परम्परा का पुनर्निर्माण किया जा सकता है। डॉ० हजारी प्रसाद द्विवेदी ने ठीक ही लिखा है कि यदि अश्वघोष के नाटक के कुछ पन्ने मंगोलिया की रेत में सुरक्षित न होते तो हम उसे जान भी न पाते।[1] महापंडित राहुल सांकृत्यायन ने तिब्बत आदि से कुछ भोटिया ग्रंथों के आधार पर प्राचीन हिन्दी का रूप स्थिर करने का प्रयास किया। ये सारी बातें हमें इस बात का संकेत करती हैं कि

---

१. हिन्दी साहित्य का इतिहास—आदि काल।

हस्तलिखित ग्रंथों की जो राशि इधर-उधर फैली है, उसे एकत्र करना और उनका अनुशीलन करना हमारे साहित्य के लिए वरदान सिद्ध हो सकता है। इस संबंध में डॉ० वासुदेवशरण अग्रवाल का कथन है :—

'भारतवर्ष को ग्रंथों का देश कहा जाय तो अत्युक्ति न होगी। वाङ्‌मय के क्षेत्र में भारतवर्ष की सांस्कृतिक निधि इतनी समृद्ध है कि ज्ञात होता है कि साहित्य के किसी महान् अधिदेवता ने कुबेर जैसा कोष ही भर दिया है। संस्कृत···पालि···अर्द्धमागधी और प्राकृत···अपभ्रंश भाषा जो आर्यभाषाओं की परंपरा में विकास की एक महत्त्वपूर्ण कड़ी है, अभी कुछ वर्षों से अपने विपुल साहित्य का भंडार लिए हुए हमारे दृष्टिपथ में आ गई है···इस विशाल साहित्य को विधिवत् सुरक्षित, संपादित और प्रकाशित करने के लिए एक बड़े राष्ट्रीय अभियान की आवश्यकता है।[1]

प्राचीन हस्तलिखित ग्रंथों की प्राप्ति के उपरान्त उससे भी महत्वपूर्ण कार्य उनके संपादन का होता है, क्योंकि अत्यन्त प्राचीनकाल के लिखे ग्रंथों का जो रूप प्रतिलिपियों के माध्यम से विकसित होता है, वह प्रायः उसके मूल रूप से कुछ भिन्न ही हो जाता है। उसी ग्रंथ की विभिन्न हस्तलिखित प्रतियाँ इस बात को सिद्ध करने के लिये पर्याप्त होती हैं। ऐसी दशा में जो पाठ मुद्रित होकर साहित्य-रसिकों के सम्मुख आना चाहिये, वह इधर-उधर से आया हुआ अशुद्ध, भ्रष्ट एवं अविश्वसनीय पाठ नहीं होना चाहिये। इसके लिये यह आवश्यक हो जाता है कि उन ग्रंथों का सम्पादन पाठालोचन की वैज्ञानिक विधि से अधिकारी विद्वानों द्वारा किया जाय ताकि पाठों के संबंध में किये जाने वाले निर्णय निश्चयात्मक हो सकें।

हिन्दी की स्थिति इस दृष्टि से और भी दयनीय है। हमारे प्राचीन कवियों का पाठ अभी आलोचनात्मक ढंग से बहुत कम निर्धारित हुआ है। जहाँ तक वह कार्य हुआ है, परिणाम अत्यन्त उपयोगी सिद्ध हुए हैं। फिर भी अभी हमारा अधिकांश सूफी एवं संत साहित्य, सम्पूर्णतः कृष्ण-भक्ति-साहित्य तथा रीति-साहित्य वैज्ञानिक ढंग से सम्पादित नहीं हुआ है। जिन ग्रन्थों का सम्पादन हिन्दी के मान्य महारथियों ने किया है, उन्हें भी चाहिए कि पाठालोचन की विधियों के आधार पर अपनी सम्पादन-सामग्री की पुनः परीक्षा करके अपने निष्कर्षों में आवश्यक सुधार करें। यह सम्भव हो सकता है कि वैज्ञानिक विधि का अनुगमन न करने के बाद भी कुछ विद्वान मूल पाठ की शोध में सफल हो जायँ पर वह शोध अनुमान के आधार पर ही होती है।

---

१. साप्ताहिक हिन्दुस्तान, १९ नवम्बर १९६१, पृ० ५।

विषय-विभाजन

पाठ-सम्पादन का उद्देश्य किसी रचना के मूल पाठ का पुर्ननिर्माण करना होता है। अतः इस सम्बन्ध में कार्य करने वाले विद्वानों ने अनुभूति के आधार पर पाठ-पुर्ननिर्माण के क्रमागत विकास की सीढ़ियों को ध्यान में रखकर उसके अध्ययन के विभाग प्रस्तुत किये हैं। इस विषय में भारत में बहुत बाद में कार्य प्रारम्भ हुआ और इसके पूर्व अन्य भाषाओं की सम्पादन-समस्याओं को सुलझाने का कार्य अन्य देशों में पर्याप्त मात्रा में हो चुका था, अतः भारत में भी उन अनुभवों का प्रयोग बड़ी सरलता से किया जा सकता है। मानव की स्वभावजनित भूलें प्राय: प्रत्येक देशवासियों में समान होती हैं, चाहे भाषा और लिपि के भेद के कारण उन भूलों के स्वरूप में अन्तर भले ही हो, परन्तु मूलभूत सिद्धान्तों में कम ही अन्तर पड़ता है। पाश्चात्य भाषाओं के पाठ-सम्पादन की चार सीढ़ियाँ रही हैं :

(१) **सामग्री संग्रह** (Hueristics)—सर्वप्रथम जिस पाठ का पुर्ननिर्माण करना हो उससे सम्बन्धित सामग्री का संग्रह करना पड़ता है। इस प्रकार की सामग्री में मुख्य-सामग्री तथा सहायक-सामग्री दो प्रकार की सामग्रियों का संग्रह होता है। इन सामग्रियों का संग्रह जिन भाषाओं में हुआ है और हस्तलिखित पोथियों की सूचियाँ (Descriptive Catalogues) तैयार की गई हो, उनकी सहायता से यह कार्य किया जा सकता है। भारत में इस प्रकार का कार्य बहुत कम हुआ है, जो हुआ भी है अधिकांश संस्कृत ग्रंथों के सम्बन्ध में। फिर भी राजस्थान आदि के विभिन्न सरस्वती भण्डारों, जैन भण्डारों तथा इस प्रकार के अन्य हस्तलिखित ग्रंथ भण्डारों[1] के सूची-पत्रों नागरी प्रचारिणी सभा तथा बिहार राष्ट्रभाषा परिषद की खोज रिपोर्टों, नागरी प्रचारिणी पत्रिका, हिन्दुस्तानी, परिषद्-पत्रिका, भारतीय साहित्य तथा हिन्दी-अनुशीलन आदि शोध-पूर्ण पत्रिकाओं में-

---

१. भारत के प्रमुख हस्तलिखित ग्रंथागार—तंजौर, सरस्वती महल पुस्तकालय तमिलनाडु; राजकीय प्राच्य पांडुलिपि पुस्तकालय मद्रास; खुदाबक्श प्राच्य पब्लिक पुस्तकालय पटना; रजा पुस्तकालय, रामपुर; पुणे, महाराष्ट्र, बड़ोदरा, गुजरात के प्राच्य अनुसंधान पुस्तकालय, संस्कृत विश्वविद्यालय पुस्तकालय, वाराणसी; मौ० आजाद अलीगढ़ मुस्लिम युनिवर्सिटी पुस्तकालय; विश्वेश्वरानंद वैदिक अनुसंधान संस्थान पुस्तकालय।

प्रकाशित लेखों में उल्लिखित विवरणों के आधार पर सामग्री-संग्रह में सहायता ली जा सकती है।

पहिले सभी अपेक्षित सामग्री एकत्र कर ली जाती है। उसके उपरान्त हस्त-लिखित ग्रंथों के पत्रों को क्रमबद्ध कर लेना चाहिए। कभी-कभी प्राप्त प्रतियों के पन्ने, जो अलग-अलग पत्रों पर हों, इधर-उधर हो जाते हैं और कभी वे गलत ढंग से ग्रंथित हो जाते हैं। कोई-कोई पन्ने टूट-फूट जाते हैं। आदि और अन्त के पन्ने तो अधिकांश प्रतियों के प्रयोगाधिक्य के कारण फटे हुए रहते हैं। कभी-कभी पत्रों के क्रम को ठीक रखने के लिए आगे वाले पन्ने पर आने वाला शब्द या शब्दांश पहले पन्ने के नीचे अंकित कर दिया जाता है। इनकी सहायता से भी पन्ने क्रमबद्ध किये जा सकते हैं। इन्हें संकेत-शब्द (Catch words) कहते हैं। पद्मावत की कुछ प्रतियों में यह प्रवृत्ति पाई जाती है। कुछ प्रतियों में पत्रों की क्रम-संख्या अंकों में न होकर अक्षरों में दी होती है। यह प्रवृत्ति लक्ष्मण सेन सम्पादित ऋगर्थ दीपिका भाग २ की भूमिका में उल्लिखित हुई है। इन प्रवृत्तियों को समझकर इन पत्रों का क्रम ठीक कर लेना चाहिए।

इसके उपरान्त सभी उपलब्ध सामग्री की सूक्ष्म-परीक्षा करनी चाहिए। उसके त्रुटित अंशों को नोट कर लेना चाहिए। जिन प्रतियों की पुष्पिका आदि दी हुई हो, उनकी प्रामाणिकता की परीक्षा करके उनके आधार पर उन प्रतियों के तिथि-क्रम को निर्धारित किया जा सकता है। इसके उपरान्त उनकी तुलना करनी चाहिए। तुलना में एक-एक पंक्ति को अत्यन्त सावधानी से पढ़कर प्रत्येक प्रति से उसका मिलान करना चाहिए।

इसी विवरण में त्रुटित, छूटे हुए तथा अन्य किसी भी प्रकार की विशेष बात को नोट कर लेना चाहिए। इतनी क्रिया के उपरान्त सामग्री-संग्रह (Hueristics) का कार्य समाप्त समझना चाहिए।

(२) **पाठ चयन** (Recension)—पाठ-चयन ही की क्रिया वस्तुतः पाठालोचन की मूल क्रिया है। इसमें हम सामग्री-संग्रह में किये गये सूक्ष्म निरीक्षणों के आधार पर प्रतियों का संबंध निर्धारित करते हैं और उनका वंश क्रमानुसार वर्गीकरण करते हैं। पाठालोचन के कुछ विशिष्ट नियमों के आधार पर, यदि प्रत्येक शाखा की प्रतियों की आदर्श प्रतियाँ उपलब्ध न हों तो, उन शाखाओं के कल्पित आदर्श का पाठ निर्धारित करते हैं और अन्त में उन अनुपलब्ध कल्पित आदर्शों या उपलब्ध आदर्शों के पाठ की तुलना द्वारा कल्पित मूलादर्श के पाठ तक पहुँचते हैं जो पाठ रचना के अभीष्ट पाठ के अति निकट होता है।

(३) **पाठ-सुधार** (Emendation)—जिन स्थानों के पाठ की समस्या पाठ-निर्माण की विधि से नहीं हल की जा सकती है, उसके लिये पाठालोचन को पाठ-सुधार करना पड़ता है। यह समस्या उन पाठों के संबंध में खड़ी होती है जो उस कृति की सभी उपलब्ध प्रतिलिपियों में भ्रष्ट मिलते हैं और किसी भी प्रकार के कवि-प्रयोग-सिद्ध नहीं कहे जा सकते तथा प्रसंगानुकूल नहीं होते हैं। वहाँ पर पाठालोचक पाठ-सुधार कर

सकता है परन्तु उसके द्वारा किया गया पाठ-सुधार लेखानुसंगत और विषयानुसंगत होना चाहिए अर्थात् वह बहिरंग और अन्तरंग सम्भावनाओं द्वारा पुष्ट होना चाहिए।

(४) उच्चतर आलोचन (Higher Criticism)---पाठ की सम्पूर्ण समस्याओं को हल कर लेने के उपरांत जिज्ञासु पाठकों की मनस्तुष्टि के लिये तथा परवर्ती विद्वानों के उपयोग के लिये सम्पादन संबंधी सूचनाएँ दे देनी अनिवार्य होती हैं। पाठालोचन के लिये उपलब्ध सामग्री का उल्लेख, सम्पादन के मानदण्डों की रूपरेखा तथा विवाद-ग्रस्त पाठों के संबंध में पाठालोचक का निर्णय और उनके कारण आदि का निर्देश इसमें आवश्यक है। इन प्रमुख बातों के उल्लेख के साथ उस रचना के निर्माण काल तथा उसकी प्रतिलिपियों का लिपिकाल आदि निर्धारण और यदि रचनाकार के संबंध में विवाद हो तो उसका निर्धारण आदि करना भी पाठालोचक का कर्त्तव्य है। ये बातें प्रायः भूमिका में दे दी जाती हैं।

सम्पादन-सामग्री

किसी रचनाकार के मूलपाठ को पुर्निर्मित करने के हेतु जिस वैज्ञानिक प्रक्रिया का अनुगमन करना अभिप्रेत होता है, उसके लिये जिन सामग्रियों का उपयोग होता है उन्हें 'सम्पादन-सामग्री' कहा जाता है। सामग्री की परिसीमा में वे सभी अभिलेख आ जाते हैं जिनके आधार पर पाठालोचन का कार्य आगे बढ़ता है। वे लेख उपयोगी हों या अनुपयोगी, आधिकारिक हों या अनाधिकारिक—सभी सामग्री के अन्तर्गत आ सकते हैं। यह प्रश्न तो उस समय उपस्थित होता है जब सामग्री का मंथन करके उसका मूल्य-निर्धारण किया जाता है। इस मूल्य-निर्धारण में पाठ-विकृतियों की छान-बीन तथा उनके आधार पर सामग्री की सापेक्षिक महत्व की दृष्टि से वर्गीकृत करते हैं। सामग्री के अन्तर्गत सभी उपलब्ध प्रतियाँ और अभिलेख आते हैं, क्योंकि कभी-कभी अत्यन्त भ्रष्ट पाठ की प्रतियाँ मूल पाठ तक पहुँचने में सहायक होती हैं। अतएव जिन लेखों के द्वारा किसी भी रूप में पाठालोचन के कार्य में सहायता मिले उन्हें सामग्री के अन्तर्गत माना जा सकता है। सामग्री को विद्वानों ने दो भागों में विभाजित किया है :

(अ) मुख्य सामग्री

(ब) सहायक सामग्री।

मुख्य सामग्री

जिन हस्तलेखों में प्रस्तुत रचना का पाठ मिलता हो उन्हें मुख्य सामग्री कहा जा सकता है। इस वर्ग के अन्तर्गत प्रायः संपाद्य रचना की हस्तलिखित प्रतियाँ आती हैं जो मुद्रण के पूर्व हाथ द्वारा लिखी गई हों। ये प्रतियाँ परिशिष्ट में वर्णित अनेक लेखन-आधारों में से ताड़पत्र, भोजपत्र, कागज, कपड़ा अथवा पत्थर आदि किसी पर भी हो सकती है। 'हरिकेलि' तथा 'ललित विग्रह' नाटक जो सम्पूर्णतः प्रस्तर पर उत्कीर्ण किये गये थे तथा जिनकी दो-दो शिलाएँ अभी उपलब्ध हैं और अजमेर के राजपूताना संग्रहालय में सुरक्षित हैं, वे उक्त नाटक के पाठालोचक के लिये मुख्य सामग्रियों में होंगी। हस्तलिखित प्रतियाँ चाहे वे मूल पाठ को सुरक्षित रखती हों या पाठ-प्रमाद एवं प्रक्षेपों के कारण अति भ्रष्ट हों, मुख्य सामग्री के अन्तर्गत आती हैं। इस प्रकार मानस की 'छक्कनलाल' एवं 'कोदव राम' समूह की प्रतियाँ जो पाठ की दृष्टि

से अत्यन्त भ्रष्ट हैं, मुख्य सामग्री के अन्तर्गत आती हैं। इन प्रतियों का परिचय हस्त-लिखित ग्रन्थ-सूचियों द्वारा प्राप्त किया जा सकता है। इस दिशा में सबसे प्राचीन पोथी पं० कवीन्द्राचार्य काशीवाले की है। ऐसी व्यक्तिगत तथा हस्तलिखित पोथियों के संग्रहालयों की सूचियों से सहायता ली जा सकती है। मुख्य सामग्री को साधारणतया तीन भागों में विभाजित करते हैं—

(१) स्वहस्त लेख (Autograph)
(२) प्रथम प्रतिलिपि (Immediate copy of the autograph)
(३) प्रतिलिपि की प्रतिलिपि (Copy of the copy)

स्वहस्त लेख

लेखक या कवि के हाथ की लिखी हुई मूल प्रति को स्वहस्त लेख कहते हैं। इस प्रकार की प्रति के प्राप्त हो जाने पर पाठ-निर्णय की सम्पूर्ण समस्या ही समाप्त हो जाती है और पाठालोचक का कार्य सामान्य मुद्रणकर्ता जैसा ही रहता है। किन्तु प्राचीन लेखकों के स्वहस्त लेख बहुत ही कम या यों कहा जाय कि प्रायः नहीं ही मिलते हैं। स्वहस्तलेख के अन्तर्गत वह सामग्री भी आती है जिसे रचयिता के निर्देशन में तैयार किया जाता है तथा वह उसे पूर्णतया पढ़कर संशोधित कर देता है। 'मानस' की श्रावणकुंज अयोध्या की प्रति के संबंध में लोगों का यह कहना था कि उस पर किये गये संशोधन स्वयं तुलसीदास के हाथ से किये गये हैं। उसकी रचना-तिथि को भी १६६१ वि० करके उसकी रचना को तुलसी की काल-सीमा में लाने का प्रयास किया गया। किन्तु पं शम्भुनारायण चौबे एवं डॉ० माता प्रसाद गुप्त ने यह प्रमाणित कर दिया कि यह प्रति १६८१ वि० की है तथा इस पर किये गये संशोधन तुलसी कृत नहीं हो सकते। इसी प्रकार राजापुर वाली प्रति के संबंध में भी तुलसी के स्वहस्तलेख होने की बात कही जाती है। पर वह धारणा भी पूर्णतया भ्रान्त है। यदि इन दोनों प्रतियों में से किसी का भी तुलसी के हाथ का लिखा जाना या संशोधित किया जाना या उनके निर्देशन में तैयार होना प्रमाणित हो जाता तो ये उनकी स्वहस्तलेख प्रतियाँ कही जातीं और इनका सम्पादन-मूल्य बहुत अधिक होता।

इस प्रकार की प्राप्ति सामग्री में सम्पादक का कार्य प्रायः नगण्य होता है। वह पत्र-पत्रिकाओं के संपादकों की भाँति लेखक की मात्रा-शब्द आदि की सामान्य भूलों को सुधार देता है। इस दशा में भी वह सुधार तभी करता है जब उसे लेखानुसंगतियों से यह पता चल जाय कि लेखक का अभीष्ट कुछ और था किन्तु प्रमादवश अमुक शब्द या मात्रा लिखने से रह गयी। इसी प्रकार शिला लेखों आदि के रूप में भी प्राप्त सामग्री की निश्चेष्ट भूलों का सुधार सम्पादक कर सकता है।

प्रथम प्रतिलिपि

स्वहस्त लेख से जिस प्रति की प्रतिलिपि की गई हो वह इस वर्ग के अन्तर्गत

आती है। जिस प्रतिलिपि का आदर्श[1] रचयिता की मूल प्रति ही हो, उसे प्रथम प्रतिलिपि कहा जा सकता है। प्रथम प्रतिलिपि एक भी हो सकती है तथा कई भी हो सकती है। जिन-जिन प्रतियों को मूल प्रति से देखकर लिखा जाता है सभी को प्रथम प्रतिलिपि के नाम से अभिहित करते हैं।

प्रतिलिपि की प्रतिलिपि

किसी भी लोकप्रिय रचना का प्रसार पहले प्रतिलिपियों के माध्यम से हुआ करता था। ये प्रतिलिपियाँ सदैव मूल प्रति से नहीं होती थीं, प्रत्युत् प्रतिलिपियों की प्रतिलिपि की जाती थी और यह परम्परा निरन्तर चलती रहती थी। मान लीजिये किसी रचना की एक प्रतिलिपि किसी के पास है और वे उसे लेकर तीर्थयात्रा पर गये। वहाँ पर किसी अन्य ने उसकी प्रतिलिपि कर ली और पुनः उस प्रतिलिपि से किसी अन्य विद्या-व्यसनी ने प्रतिलिपि करा ली। इस प्रकार प्रतिलिपियों की एक परम्परा चल पड़ती है। इस प्रकार की सभी प्रतिलिपियाँ इस वर्ग के अन्तर्गत आती हैं। इस प्रकार की प्रतिलिपियों में स्वभावतः निश्चेष्ट विकृतियों का आना सम्भव है। प्रथम प्रतिलिपि की विकृतियाँ तो आगामी प्रतिलिपि में आ ही जाती हैं। साथ ही आगामी प्रतिलिपि-कारों के दृष्टि-भ्रम एवं लेखन-प्रमाद से क्रमशः विकृतियाँ बढ़ती ही जाती हैं। कल्पना कीजिए कि मूल प्रति 'अ' है और उसकी प्रथम प्रतिलिपि 'ब' है तथा उस प्रतिलिपि की अवान्तर प्रतिलिपि 'स' है। यदि 'ब' और 'स' के प्रतिलिपिकार क्रमशः पाँच-पाँच प्रतिशत भूलें करें तो उनके द्वारा तैयार की गई प्रतिलिपियों की शुद्धता सापेक्षिक ढंग से क्रमशः इस प्रकार होगी :

'अ'	मूल प्रति	=	१०० % शुद्ध
'ब'	प्रथम प्रतिलिपि	=	९५ % शुद्ध
'स'	प्रतिलिपि की प्रतिलिपि	=	९१·१% शुद्ध

यदि 'स' प्रतिलिपि की भी आदर्श मूल प्रति 'अ' होगी तो वह भी ९५% शुद्ध होगी। किसी मूल प्रति से अ, ब, स तीन प्रथम प्रतिलिपियाँ हुईं। पुनः उन प्रतिलिपियों की भी दो-दो प्रतिलिपियाँ हुईं तो उनकी शाखा का निर्माण अग्र प्रकार होगा—

---

१. आदर्श (Exemplar) उसे कहते हैं जिस प्रति से कोई प्रतिलिपि की जाय। जिस भी प्रति की प्रतिलिपि की जाय उसे उस प्रतिलिपि का आदर्श कहते हैं। यह लेखक की मूल प्रति भी हो सकती है या अन्य कोई। डॉ० सुकथांकर ने ऐसी प्रति को 'आदर्श पुस्तकम्' नाम दिया है। डॉ० कात्रे ने 'आदर्श प्रति' की परिभाषा इन शब्दों में की है : "A codex which forms a copy for further transcription; a model or original source from which trancripts are directly made."

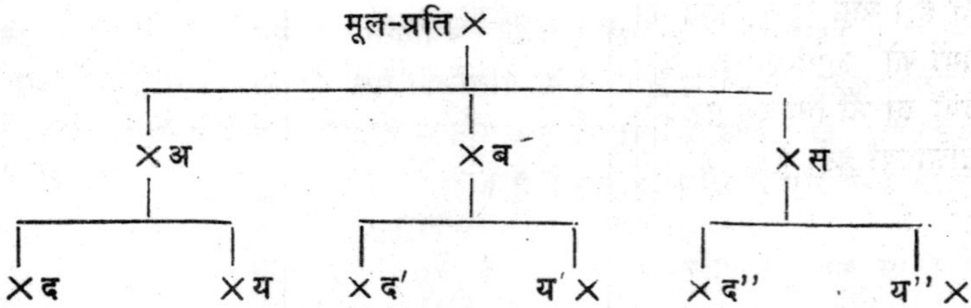

इनमें द, य, द', य' तथा द'', य'' प्रतिलिपि की प्रतिलिपियाँ हैं। इनमें अ, ब, स की अपेक्षा पाठ-विकृतियाँ अवश्य अधिक होगी।

इस प्रकार प्रतिलिपि-परम्परा में यदि प्रतिलिपिकार ईमानदार न हुआ और वह अपने दायित्व को भलीभाँति न जानता रहा तो प्रक्षेप की भी सम्भावनाएँ रहती हैं। प्रक्षेप की प्रवृत्ति के कारण तो कभी-कभी रचनाएँ इस प्रकार बदल जाती है कि उनके मूल रूप और प्रक्षिप्त प्रति में कोई समता ही नहीं रह जाती। 'पृथ्वीराज रासो' के वृहत्, मध्यम, लघु तथा लघुतर चार पाठों की प्रतियाँ इसी प्रवृत्ति की द्योतक हैं। पाठ-वृद्धि की प्रवृत्ति के कारण कबीर, मीराँ, सूर तथा अन्य संतों के पदों के साथ अन्य संतों के पद मिला दिये जाते हैं यह देखा जा सकता है।[1] कभी-कभी यह कार्य साम्प्रदायिक दृष्टि से भी किया जाता है। 'मानस' में इस प्रकार का पाठ परिवर्तन बड़ी स्वच्छन्दता से होता रहा है। कुछ लोगों ने जो राम को विष्णु का अवतार माननेवाले वैष्णवों से मतैक्य नहीं रखते, 'मानस' के मूल पाठ 'निज आयुध भुज चारी' को 'निज आयुध भुज चारी' में परिवर्तित कर दिया।

इस प्रकार प्रतिलिपि-परम्परा में पाठ प्रायः अपने मूल रूप में सुरक्षित न रह कर अनेक विकृतियों से युक्त हो जाता है। इसी कारण विभिन्न शाखाओं के पाठों में वैषम्य मिलता है। इन्हीं समस्याओं के बीच पाठालोचक को अपना कार्य करना पड़ता है। इसका विस्तारपूर्वक विवेचन 'पाठचयन' शीर्षक के अन्तर्गत किया जायगा।

इस वर्गीकरण के अतिरिक्त पाठ की शुद्धि एवं मिश्रण के आधार पर प्रतियों के दो भाग किये जाते हैं—

(१) शुद्ध पाठ की प्रतियाँ, (२) मिश्र पाठ की प्रतियाँ।

शुद्ध पाठ की प्रतियाँ

पाठ-विकृतियों के आधार पर प्रतियों के शाखागत क्रम के निर्धारण करते समय यह स्पष्ट रूप से देखा जाता है कि एक शाखा के अन्तर्गत वे ही प्रतियाँ आती हैं जिनका एक दूसरे से प्रतिलिपि-संबंध स्पष्ट रूप से बैठाया जा सके। इस प्रकार किसी भी एक निश्चित शाखा के पाठ को ही सुरक्षित रखने वाली प्रति को शुद्ध पाठ की प्रति

१. देखिए मेरा लेख 'भीखा साहब—व्यक्तित्व और विचार', हिन्दुस्तानी, भाग १९, सं० ४, पृष्ठ ८१।

कहते हैं। यहाँ 'शुद्ध' शब्द का प्रयोग शाब्दिक न होकर पारिभाषिक है। शुद्ध पाठ की प्रतियों को सापेक्षिक रूप से सरलता से तब समझा जा सकता है जब मिश्रपाठ की प्रतियों का भी विवरण पढ़ लिया जाय। कल्पना कीजिये 'अ' आदर्श की 'ब', 'स' दो प्रतिलिपियाँ हुईं, पुनः 'ब' की 'द' और 'य' तथा 'स' की 'क' और 'ख' प्रतिलिपियाँ हुईं :

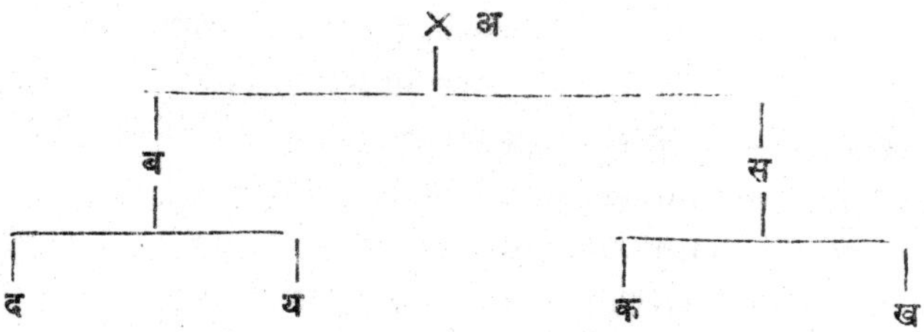

प्रस्तुत उदाहरण में सभी उपलब्ध प्रतियाँ शुद्ध पाठ की प्रतियाँ हैं।

मिश्र पाठ की प्रतियाँ

शुद्ध पाठ की प्रतियों के प्रसंग में जहाँ हमने देखा कि उनमें किसी एक विशिष्ट शाखा का पाठ सुरक्षित रहता है, वहाँ मिश्र पाठ की प्रतियों में दो या दो से अधिक शाखाओं का पाठ मिश्रित रहता है। इस प्रकार के पाठ की संभावना उस दशा में होती है जब प्रतिलिपिकार दो या दो से अधिक प्रतियों की तुलना करके अपनी प्रतिलिपि तैयार कर रहा हो और वे प्रतियाँ दो या दो से अधिक शाखाओं की प्रतियाँ हों। ऐसी दशा में जहाँ एक शाखा में कुछ कम पाठ होगा और दूसरी में अधिक, प्रतिलिपिकार उसे भी उतार लेता है चाहे वह प्रक्षेप ही क्यों न हों। स्पष्ट है, इस प्रकार के प्रतिलिपिकार मनमाने ढंग से कभी इस शाखा का पाठ और कभी उस शाखा का पाठ ग्रहण कर लेते हैं। परिणामस्वरूप दोनों शाखाओं की कुछ-कुछ विकृतियाँ उसके अन्तर्गत आ जाती हैं और इन्हीं विकृतियों के आधार पर उनकी पहचान होती है। इस संबंध में डॉ० पोस्टगेट का कथन है कि जिन प्रतियों में जितना ही अधिक पाठ मिश्रण होता है उनके स्रोतों का पता लगा पाना उतना ही कठिन होता है।[1]

पाठ-मिश्रण की स्थिति एक अन्य ढंग से भी उपस्थित हो सकती है। मान

---

1. These are manuscripts produced by 'Crossing' or 'Intermixture'.... Intermixture may take place to any extent; and the more of it there has been, the more difficult does it become to trace the transmisson of the text. Whether crossing improves a given text or not, depends ultimately on the knowledge and judgement of the crosser; and these will vary indefinitely.

—Postgate : Encyclopaedia Britannica, Vol. 22.

लीजिए किसी व्यक्ति ने अपनी प्रतिलिपि को किसी अन्य शाखा की प्रति से मिलाया है और पाठ-भेदों को हाशिए में नोट कर दिया है। आगे चलकर किसी ने उस प्रति से प्रतिलिपि की और उसने हाशिए के पाठों को भी मूल में मिश्रित कर दिया। इस प्रकार भी एक मिश्र-पाठ की प्रति तैयार हो सकती है। मिश्र पाठ की प्रतियाँ शुद्ध पाठ की प्रतियों की अपेक्षा पाठालोचक की दृष्टि से बहुत ही कम महत्त्व रखती हैं। विशेषतः उस दशा में जब उस प्रति के दोनों 'आदर्श' उपलब्ध हों जिनके आधार पर वह तैयार की गई हों। यदि उन प्रतियों में से, जिनके आधार पर उसका पाठ तैयार किया गया है, कोई प्रति उपलब्ध न हो तो इस प्रकार की प्रति का इस अर्थ में उपयोग हो सकता है कि इसके द्वारा अनुपलब्ध प्रति का पाठ जानने में सुविधा हो सकती है। इस प्रकार की प्रतियों को मिश्र पाठ की प्रति (Mixed codics or conflated mss) कहते हैं। उदाहरणस्वरूप कल्पना कीजिए 'अ' और 'ब' दो स्वतंत्र शाखाओं की प्रतियाँ हैं, इन दोनों के पाठों को मिश्रित करके 'स' प्रतिलिपि तैयार की गई। यह 'स' मिश्र पाठ की प्रति कही जायगी :

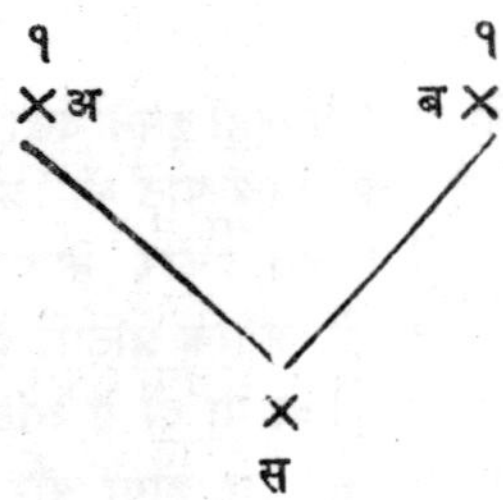

शुद्ध पाठ की प्रतियाँ तो बहुतायत से मिलती हैं किन्तु मिश्र पाठ की प्रतियों के भी उदाहरण कम नहीं मिलते हैं। 'मानस' की सं० १७२१, सं० १७६२ तथा १६६१ एवं १७०४ की प्रतियों के पाठ-सम्बन्ध को निर्धारित करने के बाद डॉ० गुप्त ने अनुमान लगाया कि इन दो शाखाओं में परस्पर साम्य इनका एक शाखा का होना तो सिद्ध करता है किन्तु इनमें वैषम्य का बहुत बड़ा भाग यह लक्षित करता है कि इनमें से किसी एक शाखा पर अवश्य किसी तीसरी शाखा का प्रभाव पड़ा होगा।[1] वह प्रभावित करने वाली प्रति यदि ज्ञात हो पाती तो मिश्र पाठ की प्रति होती। बीसलदेव रासो की प्राप्त प्रतियों के पाठ-संबंध-निर्धारण में डॉ० गुप्त को पाठमिश्रण बहुत मिलता है।[2]

प्रतियों का वर्गीकरण एक अन्य ढंग से भी किया जाता है, वह उनकी प्राप्ति और अप्राप्ति के आधार पर :

(१) उपलब्ध प्रतियाँ, (२) अनुपलब्ध प्रतियाँ।

---

१. मानस का पाठ—डॉ० माता प्रसाद गुप्त
२. बीसलदेव रास की भूमिका

उपलब्ध प्रतियाँ

प्रत्येक देश में जहाँ की सभ्यता एवं संस्कृति कुछ ही वर्षों प्राचीन रहती है, वहाँ मुद्रण के आविष्कार के पूर्व कुछ हस्तलिखित ग्रन्थ लिखे जाते रहे हैं। उनकी खोज के उपरान्त किसी प्रमुख संपाद्य रचना की जो प्रतियाँ उपलब्ध होती हैं उन्हें इस वर्ग के अन्तर्गत रखा जाता है।

अनुपलब्ध प्रतियाँ

किन्तु यह अनिवार्य नहीं होता कि किसी रचना की सभी प्रतियाँ जो क्रमशः तैयार की गई हों उपलब्ध हों। बहुत सी बीच के क्रम की प्रतियाँ नहीं भी प्राप्त होती हैं। पाठालोचक अपने कार्य को सुचारु रूप से सम्पन्न करने के लिये अनुपलब्ध प्रतियों का भी अनुमान लगाता है। अनुपलब्ध प्रतियों के उस वर्ग को जिनका अनुमान पाठालोचक को निश्चित रूप से लग जाता है इस वर्ग के अन्तर्गत रखा जा सकता है। अब प्रश्न यह उठता है कि पाठालोचक को इस प्रकार की प्रतियों का अनुमान किस प्रकार लगता है। कहा जा चुका है कि मानव स्वभाव की दुर्बलतावश प्रतिलिपियों की शाखा के आगामी स्तरों में पाठ-विकृतियों का क्रम बढ़ता ही जाता है। उनमें यह प्रवृत्ति भी देखी जाती है कि वे अपने 'आदर्श' की विकृतियों को तो पूर्णतया ग्रहण ही कर लेती हैं तथा उसमें अपनी भी कुछ विकृतियाँ मिला देती हैं। इन्हीं विकृतियों के सूक्ष्म अध्ययन द्वारा पाठालोचक अनुपलब्ध प्रतियों तक पहुँचता है। मान लीजिये, किसी एक शाखा की तीन प्रतियाँ उपलब्ध हैं जिनमें से प्रथम में केवल (अ + ब) विकृतियाँ हैं। द्वितीय में (अ + ब + स + र + य) विकृतियाँ उपस्थित हैं तथा तृतीय में (अ + ब + स + य + क) विकृतियाँ उपस्थित हैं। इससे इतना तो अनुमान हो ही जाता है कि प्रथम प्रति की प्रतिलिपि परम्परा में नीचे इन दो प्रतियों का स्थान पड़ता है क्योंकि प्रथम प्रति की विकृतियाँ इन दोनों में ग्रहण की गई हैं। साथ ही यह भी स्पष्ट है कि अन्य दोनों प्रतियाँ किसी एक दूसरी प्रति की प्रतिलिपि नहीं हैं क्योंकि इनमें से किसी एक की सम्पूर्ण विकृतियाँ दूसरी में नहीं आ पाई है तथा प्रथम प्रति की अ + ब विकृतियों के अतिरिक्त एक 'स' विकृति भी दोनों में सामान्य है। अतः यह सिद्ध होता है कि ये दोनों प्रतियाँ किसी (अ + ब + स) विकृति वाली प्रति की प्रतिलिपियाँ हैं और वह इनकी आदर्श थी, जो अनुपलब्ध प्रति है। इस प्रकार एक अनुपलब्ध प्रति का अस्तित्व निश्चित हुआ।

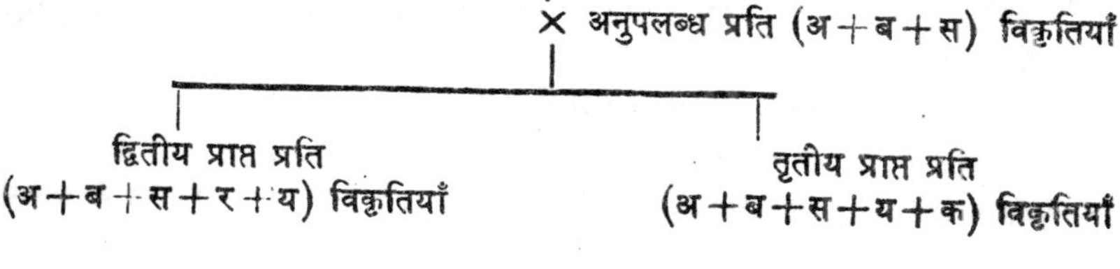

इस प्रकार की अनुपलब्ध प्रतियों के अनुमान द्वारा उनके पाठ के निर्माण द्वारा पाठालोचक को अपने कार्य में बड़ी सहायता मिलती है। इसी प्रकार वह विभिन्न शाखाओं के कल्पित आदर्शों के पाठ का पता लगाता है और तत्पश्चात् उनके द्वारा कल्पित मूलादर्श (Arche Type) के पाठ का निर्माण करता है जो उसका अभिप्रेत होता है।

सहायक-सामग्री

सहायक सामग्री से तात्पर्य उस सामग्री से होता है, जिसको पाठालोचक मुख्य आधार के रूप में न प्रयुक्त करके, जिसकी सहायता मात्र लेता है। यह प्रस्तुत रचना के समग्र पाठ के रूप में न होकर उसके उद्धरण, संकलन आदि के रूप में होती है। केवल इस प्रकार की सामग्री के आधार पर ही किसी रचना का सम्पादन नहीं किया जा सकता, प्रत्युत् इससे उक्त ग्रन्थ के सम्पादन में सहायता मात्र ली जा सकती है; इसीलिये इसे सहायक-सामग्री कहा जाता है। सहायक-सामग्री के रूप में प्राप्त होने वाली सामग्रियों में से प्रमुख इस प्रकार हैं :

(१) संग्रह ग्रंथ—प्राचीन काल में अच्छे-अच्छे कवियों की तथा लेखकों की रचनाओं के संग्रह-ग्रन्थ तैयार करने की प्रथा थी। इस प्रकार के संग्रहों में बहुत से कवियों की रचनाएँ संगृहीत रहती थीं। जिस कवि की कृति का पाठालोचन करना हो, उसकी रचना के छंदों की भाषा, रूपरेखा तथा संग्रह में प्राप्त छंदों के पाठ का पता उक्त संग्रह में संकलित छंदों से लगाया जा सकता है। इस प्रकार के संग्रह ग्रन्थों में मुनि जिन विजय का 'पुरातन-प्रबन्ध-संग्रह' अत्यन्त महत्त्वपूर्ण है। इसमें पृथ्वीराज रासो के कुछ छंद मिलते हैं जिन्हें उक्त रचना का पाठालोचक सहायक सामग्री के रूप में ग्रहण कर सकता है। इसी प्रकार के अन्य भी बहुत से संग्रह-ग्रन्थ उपलब्ध हैं यथा 'शार्ङ्गधर पद्धति,' कालिदासकृत, हजारा' जिसमें हजार कवियों की सुन्दर रचनाएँ संगृहीत कही जाती हैं। 'षट्ऋतु हजारा,' 'संत वाणी संग्रह; सर्वङ्गी, गुणगंजनामा आदि। इन सभी संग्रहों का उपयोग पाठालोचक कर सकता है; किन्तु इनके उपयोग में बड़ी सतर्कता की आवश्यकता होती है। संग्रहकर्ता का काल विचारणीय होता है कि वह रचनाकार का समकालीन रहा है या वह उससे पर्याप्त बाद में हुआ है। यदि वह अधिक परवर्ती रहा है तो हो सकता है कि वह उसके मूल पाठ का संग्रह न कर सका हो। उक्त उद्धरण की भाषा एवं शैली की तुलना लेखक या कवि सम्मत अन्य प्रयोगों से करनी चाहिये। यह भी ध्यातव्य होता है कि वह लेखक की रचना है भी या नहीं। कभी-कभी साम्प्रदायिक संग्रहों में किसी प्रसिद्ध कवि के नाम की छाप लगाकर उस सम्प्रदाय सम्बन्धी रचनाएँ संगृहीत कर दी जाती हैं। इस प्रकार की सतर्कता किसी भी सहायक-सामग्री के सम्बन्ध में रखनी चाहिये।

संग्रह-ग्रन्थों के अन्तर्गत नीति तथा सुभाषित सम्बन्धी अन्य रचनाएँ भी आती हैं यथा जल्हण की सूक्ति मुक्तावली। साथ ही साथ इस वर्ग की परिसीमा के अन्तर्गत

साहित्य के प्राचीन इतिहास, जिन्हें कवि-वृत्त-संग्रह के नाम से जाना जाता है, ग्रहण किये जा सकते हैं यथा 'शिवसिंह सरोज,' 'मिश्रबन्धु-विनोद', 'दिग्विजय भूषण' आदि।

(२) टीका ग्रंथ—भारत में अति प्राचीन काल से भाष्यों एवं टीकाओं की परंपरा रही है। कभी-कभी इस प्रकार की रचनाएँ स्वयं एक मूल रचना हो जाती है। इस प्रकार की मौलिक रचनाओं का महत्त्व पाठालोचक की दृष्टि से बहुत अधिक नहीं होता है, किन्तु प्राचीन टीकाओं की सहायता से पाठ को निर्धारित करने में सहायता मिल जाती है। रचयिता अपने शिष्य से भी अपने ग्रंथ की टीका करा देता है। इस प्रकार की टीकायें पाठालोचक के लिये बड़ी ही उपयोगी होती हैं। इनकी सहायता से छन्दों के क्रम-निर्धारण तथा पाठ-निर्धारण दोनों कार्य सरलता से संभव हो सकते हैं। डॉ० ग्रियर्सन ने लल्लूलालकृत बिहारी सतसई की 'लाल चन्द्रिका' नामक टीका के क्रम के आधार पर अपने सम्पादन में उसका क्रम निर्धारण किया। रत्नाकर जी ने सतसई के १४ क्रमों एक ५४ टीकाओं का उल्लेख किया है।[१] उन टीकाओं तथा क्रमों के आधार पर ही रत्नाकर जी ने अपने 'बिहारी रत्नाकर' के छन्दों का क्रम-निर्धारण किया। इस प्रकार टीकाओं द्वारा ग्रंथ सम्पादक को पर्याप्त सहायता मिलती है। कभी-कभी तो टीकाओं में पहले मूल पाठ और उसके पश्चात् उसका अर्थ दिया जाता है, इस प्रकार की टीकाएँ तो और भी उपादेय होती हैं। लल्लू लाल की 'लाल चन्द्रिका' ऐसी ही टीका है।

(३) अनुवाद (भाषान्तर) या रूपान्तर—अन्य भाषान्तरित ग्रंथों की सहायता भी उसी प्रकार पाठालोचन में ली जा सकती है जिस प्रकार टीकाओं की। कुछ बौद्ध ग्रंथ चीनी आदि भाषाओं में अनूदित मिले हैं जिनका मूल अब प्राप्त नहीं है। मूल ग्रंथ के रचनाकाल के निकट के अनुवाद से पाठ-निर्धारण में विशेष सहायता मिलती है। महायान ग्रंथों के पाठ उनके तिब्बती और चीनी अनुवादों से स्थिर किये जा सकते हैं। महापंडित राहुल सांकृत्यायन ने कितने ही भोटिया ग्रंथों को तिब्बत, चीन आदि से एकत्र करके हिन्दी के आदि रूप के निर्धारण का प्रयास किया। इसी प्रकार कुछ प्राकृत ग्रंथों का अनुवाद संस्कृत में मिलता है यथा, गुणाढ्य की 'बड्डकहा' का संस्कृत सार ग्रंथ क्षेमेन्द्र कृत 'वृहद् कथा मंजरी' के रूप में मिलता है। महाभारत के जवनी रूपान्तर 'भारतम्' (१००० ई०) और तेलगू रूपान्तर नानैय्या भट्टकृत भारतम् (१०२५ ई०) से उसके पाठ-निर्धारण में सहायता ली गयी। इसी प्रकार इस रचना की सहायक सामग्री में इसका संस्कृत रूपान्तर क्षेमेन्द्र कृत 'भारतमंजरी' (१०५० ई०) का भी प्रयोग और उल्लेख हुआ है। महाभारत के सम्पादन में इन सहायक सामग्रियों का विशेष महत्त्व इसलिये है कि महाभारत की प्राप्त हस्तलिपियों में सबसे प्राचीन प्रति १५११ ई० की एक नेपाली प्रति है और ये रूपान्तर ग्यारहवीं शती के हैं। इस प्रकार की अनूदित तथा भाषान्तरित रचनाओं का भी उपयोग सम्पादक कर सकते हैं।

---

१. 'कविवर बिहारी'—लेखक—जगन्नाथदास 'रत्नाकर'।

(४) **लक्षण-ग्रंथ**—साहित्यशास्त्र की मीमांसा के लिये लिखे गये ग्रंथों को लक्षण ग्रंथ कहते हैं। इनमें से विभिन्न काव्यांगों के लक्षण के लिये विभिन्न कवियों की रचनाओं से उद्धरण लिये जा सकते हैं। यदि लक्षण-ग्रंथ निर्माता रचयिता का समकालीन हुआ या अन्य किसी प्रकार उसके उद्धरण पर विश्वास किया जा सकता है तो इस प्रकार के उद्धरणों की सहायता से पाठालोचक पाठ-निर्धारण कर सकता है। इस प्रकार के ग्रंथ नायिका-भेद, अलंकार-ग्रंथ, रस-ग्रंथ, छन्द-ग्रंथ आदि के रूप में हो सकते हैं। व्याकरण आदि ग्रंथों में भी मूल ग्रंथ के उद्धरण होते हैं। प्राचीनता के आधार पर ये समस्त उद्धरण सहायक सामग्री के रूप में प्रयुक्त हो सकते हैं।

(५) **विवेचन-ग्रंथ**—इससे तात्पर्य किसी कवि या रचना पर किये गये विवेचन से है। यदि किसी कवि का जीवन-संबंधी या रचना-संबंधी कोई प्राचीन विवेचन ग्रंथ मिल जाय तो उससे कवि का काल निर्धारण हो सकता है तथा उसकी शैली और भाषा आदि के संबंध में पता लगाया जा सकता है। इस प्रकार के विवेचन ग्रंथ हिन्दी की रचनाओं या रचयिताओं के बारे में प्राप्त नहीं हैं। किन्तु इतिहास के उल्लेखों, जन-श्रुतियों तथा अन्य बातों का सहारा लिया जा सकता है। नाभादास कृत 'भक्त-माल' और इस परम्परा के अन्य ग्रंथ तथा वार्ता-साहित्य (चौरासी वैष्णवन की वार्ता, दो सौ बावन वैष्णवन की वार्ता आदि) भक्त कवियों के पाठ-निर्धारण में सहायक हो सकते हैं।

(६) **परिचय-ग्रंथ**—परिचय ग्रंथ से तात्पर्य उन ग्रंथों से है कि जिनमें कुछ कथाओं का परिचय दिया गया हो जो कुछ मौलिक रचनाओं की मूल कथा से सम्बद्ध हों। इस प्रकार की रचनाओं के सम्पादन में परिचय-ग्रंथों की सहायता ली जा सकती है। मेरुतुङ्ग की 'प्रबन्ध चिन्तामणि' में अपने समय की प्रचलित लगभग सभी कथाओं का परिचय दिया हुआ है जिनमें काव्य लिखे गये थे। इसी प्रकार के कई संग्रह जैन कवियों के प्राप्त हैं जिनका नवीन संकलन मुनि जिनविजय कृत 'पुरातन प्रबन्ध संग्रह' है। पृथ्वीराज की एक कथा का परिचय 'प्रबन्ध चिन्तामणि' में है जिसका पृथ्वीराज रासो की कथा की दृष्टि से उतना महत्त्व नहीं है किन्तु 'पुरातन प्रबन्ध संग्रह' में पृथ्वी-राज और जयचन्द के प्रबन्धों का जो संग्रह है, उसमें 'रासो' की कथा मुख्य रूप से दी हुई है। इसमें चन्द को पृथ्वीराज का राजकवि कहा गया है तथा उसके कुछ छन्द संगृहीत हैं जिनका उपयोग 'रासो' के सम्पादन में सहायक-सामग्री के रूप में किया जा सकता है।

इसी प्रकार मुंज प्रबन्ध 'प्रबन्ध चिंतामणि' तथा 'पुरातन प्रबन्ध संग्रह' दोनों में मिलता है। 'मुंजरास' के कुछ दोहे हेमचन्द के 'शब्दानुशासन' में भी मिलते हैं। 'मुंजरास' का अनुमान 'शब्दानुशासन' तथा 'पुरातन प्रबन्ध संग्रह' के छन्दों तथा 'प्रबन्ध चिन्तामणि' की कथा के आधार पर लगाया जा सकता है।

(७) **अनुकरण-ग्रंथ** (Parody)—मूल ग्रंथों के आधार पर कुछ अनुकरण-ग्रंथों के निर्माण की भी परम्परा देखी जाती है। जैसे 'मधुशाला' के अनुकरण पर 'टी शाला' लिखी गई। इसी प्रकार प्रसिद्ध कवियों के प्रसिद्ध छन्दों के आधार पर अन्य कवि पैरोडी

के रूप में तंद्रूप दूसरी कविता का ढाँचा खड़ा कर देते हैं। यदि इस प्रकार की कोई रचना सम्पाद्य रचना से संबंधित प्राप्त हो सके तो उससे उसके छन्दादि का अनुमान लगाया जा सकता है तथा उससे सम्पादन में सहायता मिल सकती है। पैरोडी के अतिरिक्त संपाद्य रचना की अनुकृति में अन्य प्रकार की कृतियाँ भी निर्मित होती हैं। 'मेघदूत' की अनुकृति पर जिनसेन ने 'पारश्वाभ्युदय' की रचना की जिसके प्रत्येक छन्द में मेघदूत की एक या दो पंक्तियाँ ली गयी हैं।

(८) उसी रचयिता के अन्य ग्रंथ—उसी रचयिता के अन्य ग्रंथ उसकी कृति के सम्पादन में उपयोगी हो सकते हैं। यदि हम किसी पाठ के निर्धारण के संबंध में कुछ संशय में पड़ जायँ तो हम उसी रचनाकार की अन्य रचनाओं में उसी अर्थ में किये गये प्रयोगों के आधार पर उसे स्थिर कर सकते हैं। कभी-कभी उसके काल की प्रवृत्ति जानने के लिये उसके काल के प्रमुख रचनाकारों की कृतियों का भी अवगाहन करना पड़ता है।

(९) आधार ग्रंथ—किसी ऐसी रचना के सम्पादन में जिसके लेखक ने अन्य पूर्ववर्ती लेखकों की रचनाओं का आधार ग्रहण किया है, ऐसे सभी आधार ग्रंथों की सहायता ली जा सकती है। जैसे लालच कवि कृत हरि कथा, श्री मद्भागवत पुराण का अनुवाद है जिसका सम्पादन स्व० नलिनविलोचन शर्मा ने किया है। उसके सम्पादन में भागवत का पाठ सहायक सामग्रीं के रूप में देखा जा सकता है। इसी प्रकार 'नाना पुराण निगमागम सम्मत' रामचरितमानस के पाठ का निर्धारण करते समय वे सभी पुराण, निगम, आगम, संस्कृत के अन्य काव्य-ग्रंथ एवं नाटकादि सहायक-सामग्री के रूप में देखे जा सकते हैं जिनका आधार मानसकार ने ग्रहण किया है। 'क्वचिदन्यतोऽपि' में गोस्वामीजी ने प्राकृतापभ्रंश चरित काव्यों और 'पद्मावति' आदि सूफी प्रेमाख्यानों की ओर संकेत किया है जिनका उपयोग उन्होंने किया है। 'मानस' के काशिराज संस्करण के सम्पादक विश्वनाथ प्रसाद मिश्र ने अपने संस्करण के पाठ-निर्णय में इन सामग्रियों का प्रभूत मात्रा में उपयोग किया है।

स्पष्ट है इस प्रकार की सामग्री के उपयोग में अत्यन्त पटुता एवं सतर्कता की आवश्यकता है। डॉ० ग्रियर्सन ने 'लाल चन्द्रिका' के आजमशाही क्रम के अनुसार बिहारी सतसई का क्रम अपने सम्पादन में स्वीकार किया, किन्तु आगे चलकर रत्नाकर जी ने बताया कि यह क्रम हरजू मिश्र द्वारा निर्धारित क्रम था, यह क्रम बिहारी को अभीष्ट नहीं था।

सामग्री संबंधी ज्ञातव्य बातें

जिन सामग्रियों का ऊपर विवेचन किया गया है, उनमें सम्पाद्य रचना की प्रतियाँ पाठालोचन की आधारभूत सामग्री होती हैं। अतएव उनका सूक्ष्म परीक्षण अत्यन्त अनिवार्य होता है। इसके लिये उन प्रतियों से संबंधित कुछ विशिष्ट बातों का ज्ञान अनिवार्य है :

(१) सर्वप्रथम प्रतियों के एकत्र हो जाने पर उनमें से एक-एक के पत्रों को क्रमशः लगाना चाहिये तथा उनकी गणना करनी चाहिये। कभी-कभी प्रतियों के कुछ

पन्ने गायब हो जाते हैं तथा प्रथम एवं अंतिम पन्ने प्रयोगाधिक्य के कारण टूट जाया करते हैं जिनका कई दृष्टियों से बड़ा महत्त्व रहता है। अतएव प्राप्त प्रतियों की परीक्षा करते समय उन बातों की परीक्षा करनी पाठालोचक के लिये अनिवार्य है।

(२) लेखन-सामग्री तथा लेखन-काल की परीक्षा—प्रथम जानकारी के उपरान्त प्रति के लिपि-काल का ज्ञान अनिवार्य होता है, क्योंकि नवीन पाठ की अपेक्षा प्राचीन पाठ का पाठालोचक की दृष्टि से बड़ा महत्त्व होता है। इस दृष्टि से प्रति में प्राप्त पुष्पिका का अध्ययन उपादेय होता है। कभी-कभी इन पुष्पिकाओं में प्राप्त सूचना गलत भी होती है, अतएव इनकी प्रामाणिकता की भी परीक्षा अनिवार्य होती है। साथ ही पुष्पिका वाला भाग प्रति के अन्त में होने के कारण प्राय: फट भी जाता है। ऐसी दशा में तथा पुष्पिका की संदिग्ध सूचना को प्रमाणित करने के हेतु लेखन-सामग्री तथा प्रति में प्रयुक्त लिपि के अध्ययन की आवश्यकता होती है ताकि उसके द्वारा प्रतिलिपिकाल का निर्धारण हो सके।

(३) शब्द-विग्रह—पहले हस्तलिखित पोथियों में शब्द एक दूसरे से इस प्रकार सटा कर लिखे जाते थे कि उनका विग्रह करना ही अत्यन्त अभ्यास का कार्य होता है। कविता में भी चरण-चरण अलग-अलग न लिखकर सभी बराबर लिखते चले जाते थे, जहाँ तक कागज रहता है। इन कारणों से उत्पन्न भ्रांतियाँ कठिनाई उत्पन्न कर सकती हैं। अत: इस दृष्टि से भी पाठालोचक को सावधानी रखनी चाहिए।

(४) विराम-चिह्न—प्राचीन काल में विराम-चिह्न उस प्रकार के नहीं होते थे जैसे आज हैं। प्राचीन विराम-चिह्नों का ज्ञान सम्पादक के लिये अनिवार्य होता है, जिनका प्रयोग सम्पाद्य रचना की प्रतियों में किया गया हो। खरोष्ठी लिपि के शिलालेखों में विराम-चिह्न नहीं मिलता। 'धम्मपद' के प्रत्येक पद के अन्त में विन्दु से मिलता-जुलता एक चिह्न पाया जाता है। ब्राह्मी के शिलालेखों में कई प्रकार के चिह्न पाये जाते हैं जिनका ज्ञान उक्त रचनाओं के सम्पादन में अनिवार्य होता है।

(५) संकेत—रचना में कभी-कभी कुछ संकेत शब्दों का प्रयोग किया रहता है जिनका ज्ञान सम्पादक को अनिवार्य होता है। पहले जिस शब्द को दो बार लिखना होता था उसको एक बार लिख कर उसके आगे २ लिख देते थे। हाशिए में ग्रंथ का नाम संक्षेप में दिया जाता था, जैसे, रामचरितमानस का रा० च० मा०। उसी प्रकार बौद्ध तथा जैन सूत्रों में एक स्थान पर नगर या उद्यान का वर्णन कर लेने पर पुन: प्रसंग आने पर उसका सविस्तार वर्णन न करके लिख देते थे—'वण्णवो' (वर्णनम्)। संस्कृत में प्लुत उच्चारण के लिये ३ का संकेत प्रयुक्त होता है। इन संकेतों का ज्ञान भी पाठालोचक के लिये अनिवार्य होता है।

(६) प्रतिलिपिकार—पाठालोचक को प्राप्त प्रतियों के प्रतिलिपिकारों के समय तथा उनकी प्रामाणिकता आदि का ज्ञान होना चाहिये। यदि प्रतिलिपिकार लेखक का समकालीन होगा तो उसकी प्रतिलिपि में प्रक्षेप की संभावनाएँ कम होंगी। यह भी संभावना हो सकती है कि यदि कवि जीवित रहा हो तो वह प्रतिलिपि उसे दिखाई भी गयी रही हो।

प्रतिलिपिकार और पाठ-विकृतियाँ

प्रतिलिपिकार

प्रतिलिपिकार व्यावसायिक होते थे और प्रतिलिपियों द्वारा प्राप्त पारिश्रमिक से उनकी आजीविका चलती थी। ये प्रायः सामान्य पढ़े-लिखे होते थे। विक्रम के पूर्व चौथी सदी में इन्हें 'लिपिकर', 'लिपिकार' या 'लिविकार' कहते थे। विक्रम की सातवीं-आठवीं सदी में इन्हें दिविरपति (फारसी 'दबीर') कहते थे। ग्यारहवीं शताब्दी में इन्हें 'कायस्थ' कहा जाता था—जो आजकल उत्तरी भारत की एक जाति विशेष का नाम हो गया है। कदाचित् यह नामकरण सामान्य व्यवसाय के आधार पर ही हुआ होगा। इसी प्रकार शिलालेखों या ताम्रपत्रों को उत्कीर्ण करनेवालों को 'करण' (क), 'करणिन्' 'शासकिन्', 'धर्मलेखिन्' आदि कहते थे। व्यावसायिक प्रतिलिपिकारों के अतिरिक्त पुस्तकों की प्रतिलिपियाँ अन्य स्रोतों से भी होती थीं। कभी-कभी कुछ विद्याव्यसनी लोग मनःतुष्टि के लिए स्वान्तःसुखाय प्रतिलिपियाँ करते थे और राजा-महाराजा भी अपने दरबारों और पुस्तक-भाण्डारों के शोभार्थ पुस्तकों की प्रतिलिपि कराते थे। शिष्य अपने गुरु की प्रति से अध्ययन की सुविधा के लिये भी प्रतिलिपियाँ करते थे।

प्रतिलिपिकार के गुण

प्रतिलिपि का कर्म अत्यन्त नीरस एवं दूभर होता था। प्राचीन ग्रन्थों में प्रति-लिपिकारों का उल्लेख हमें प्राप्त होता है। उसका कष्ट निम्नलिखित श्लोक में व्यक्त होता है—

'भग्नपृष्ठकटिग्रीव, स्तब्धदृष्टिरधोमुखम्।
कष्टेन लिखितं ग्रन्थं, यत्नेन प्रतिपालयेत्।'[1]

इस उद्धरण से सहज ही इस कार्य की कठिनता का आभास हो जाता है। इस कठिनाई की दशा में लेखन-प्रमाद हो जाने की अत्यधिक आशंका रहती है। अतएव प्रतिलिपियों की शुद्धि-अशुद्धि का निर्धारण प्रतिलिपिकार की क्षमता एवं योग्यता पर

---

१. ऋग्वेद संस्करण २, मैक्समूलर सम्पादित, भाग १, (भू०) पृ०, १३

निर्भर रहता है। निसर्गतः योग्यता से आवेष्ठित होने पर भी उसके अन्तर्गत प्रामाणिकता आदि कुछ विशिष्ट गुणों का होना अनिवार्य माना गया है।

चूंकि यह कार्य अत्यन्त प्राचीन काल से होता चला आया है, अतएव अत्यन्त प्राचीन समय से ही आदर्श प्रतिलिपिकार के अन्दर कुछ विशिष्ट गुणों की आवश्यकता बतायी गयी है। लेखक के गुण के संबंध में कहा गया है :—

सर्वदेशाक्षरभिज्ञः सर्वशास्त्रविशारदः।
लेखकः कथितो राज्ञः सर्वाधिकरणेषु वै॥
शीर्षोपेतान्सुसंपूर्णान् समश्रेणिगतान् समान्।
अक्षरान् वै लिखेद् यस्तु लेखकः स वरः स्मृतः॥
उपायवाक्यकुशलः सर्वशास्त्रविशारदः।
बह्वर्थवक्ता चाल्पेन लेखकः स्यान्नृपोत्तम्॥
वाक्याभिप्रायतत्त्वज्ञो देशकालविभागवित्।
अनाहार्ये भवेत्सक्तो लेखकः स्यान्नृपोत्तम॥[1]

चाणक्यनीति में लेखक के गुण के संबंध में लिखा गया है :

'सकृदुक्तगृहीतार्थो लघुहस्तो जिताक्षरः।
सर्वशास्त्रसमालोकी प्रकृष्टो नाम लेखकः॥'

इसी प्रकार 'काव्यमीमांसा' में लिखा गया है : 'सदःसंस्कारविशुद्धयर्थं, सर्वभाषाकुशलः, शीघ्र वाक्, चार्वक्षर, इंगिताकारवेदी, नानालिपिज्ञः, कविः, लाक्षणिकश्च लेखक स्यात्।[2]

इन गुणों को लेखक का गुण बतलाया है। परन्तु इनके अर्थ से जो अभिप्राय निकलता है वह स्पष्ट घोषित करता है कि ये गुण रचनाकार लेखक के हैं, प्रतिलिपिकार के नहीं। प्रतिलिपिकार को इतने महत् गुणों से अलंकृत होने की कदापि आवश्यकता नहीं रही होगी।

अब प्रश्न उठता है कि प्रतिलिपिकार के लिये कौन से गुण अपेक्षित होते हैं? सामान्य ढंग से यह कहा जा सकता है कि उसके लिये तीन प्रमुख गुणों की नितान्त आवश्यकता होती है : (१) सामान्य बुद्धिमत्ता (२) प्रामाणिकता (३) सावधानी। दुर्भाग्य से इन तीनों गुणों का समन्वय एक व्यक्ति में कठिनाई से ही मिल पाता है। इन गुणों में सर्वाधिक महत्त्वपूर्ण गुण प्रामाणिकता को ही माना जा सकता है। इस गुण से तात्पर्य यह है कि उसे जो पाठ उसकी आदर्श प्रति में प्राप्त हो उसे वह ज्यों का त्यों

१. मत्स्यपुराण, अध्याय २१५ (श्लोक २५-२८)
२. काव्यमीमांसा, अध्याय १० (कविचर्या राजचर्या च)।

बिना किसी परिवर्तन के अपनी प्रतिलिपि में प्रस्तुत करे । अपनी ओर से उसमें कुछ भी न जोड़े क्योंकि यदि वह अपनी ओर से उसमें कुछ जोड़ने का प्रयास करेगा चाहे वह उसे भले ही आवश्यक सुधार प्रतीत हो वह लेखक की रचना को उसके मूल रूप से दूर ले जाने की चेष्टा करता है । अपनी इस चेष्टा में यदि किसी भग्न प्रति का पाठ प्रस्तुत करना है तो टूटे-फूटे अंशों को उसी भाँति खाली छोड़ देना चाहिये । यदि वह चाहे तो उनका उल्लेख टिप्पणी में कर दे कि वे टूटे हुए थे । परन्तु उसके स्थान पर उसका यह कदापि कर्तव्य नहीं होता है कि वह उसमें अपनी ओर से कुछ जोड़ दे या बढ़ा दे । इस प्रक्रिया को चाहें तो हम एक वाक्य में 'मक्षिका स्थाने मक्षिका' कह कर प्रकट कर सकते हैं । एक प्रतिलिपिकार इसीलिये अपनी प्रामाणिकता का हवाला देते हुए कहता है :

याद्दशं पुस्तकं दृष्टवा ताद्दशं लिखितं मया ।
यदि शुद्धमशुद्धं वा मम दोषो न विद्यते ॥

हिन्दी ग्रंथों के प्रतिलिपिकारों की भी घोषणा रहती है :—

जैसी प्रति पोथी लिखी तैसी लेइ उतारि ।
भूल चूक जौं होइ कछु लीजो सुजन सुधारि ॥

सभी प्रतिलिपिकारों का यही उद्देश्य होना चाहिये कि वे जैसा पावें वैसा ही पाठ प्रस्तुत करें । उसमें रंचमात्र परिवर्तन करने का अधिकार उन्हें नहीं ।

आवश्यकता एवं उपयोगिता के क्रम में प्रतिलिपिकार में दूसरा गुण सावधानी होना चाहिये । पहले उल्लेख किया जा चुका है कि प्रतिलिपिकार का कार्य अत्यन्त नीरस होता है । अतएव उसमें जरा-सी भी असावधानी का परिणाम भयंकर हो जाता है । यह देखा भी जाता है कि शब्द, मात्रा, वाक्य तथा छन्द के छन्द असावधानी के कारण बड़ी सरलता से छूट जाते हैं । उनकी पुनरावृत्ति भी हो जाती है । इस सावधानी के लिए प्रतिलिपि करते समय अत्यन्त एकाग्रचित्त होकर अपना कार्य करने की आवश्यकता होती है । साथ ही एक बैठक में उतना ही कार्य करना चाहिये जिससे इतनी थकान न आ जाय कि पग-पग पर अशुद्धियों के बढ़ते जाने की संभावना खड़ी हो जाय । इस सावधानी का तीसरा साधन यह है कि सम्पूर्ण कार्य को समाप्त कर लेने के उपरान्त उसे थोड़ा-थोड़ा करके दुहराना चाहिये । इस प्रकार की समग्र प्रक्रिया को सावधानी की संज्ञा दी जा सकती है । सावधानी की परीक्षा इस बात से की जा सकती है कि लेखक ने लेखन-प्रमाद, दृष्टि-भ्रम तथा स्मृति-दोष आदि निश्चेष्ट कारणों से कितनी कम भूलें की हैं ।

तीसरा और अन्तिम अपेक्षित गुण सामान्य बुद्धिमत्ता को माना जा सकता है । प्रतिलिपिकार में कम से कम इतनी विद्या-बुद्धि तो अवश्य ही अपेक्षित होती है कि वह जो कुछ लिखता है उसका आशय समझ सके तथा वह जिस भाषा और लिपि में लिखी हुई प्रति की प्रतिलिपि कर रहा हो उसके वर्तमान रूपों के साथ ही उसके क्रमिक विकास का भी ज्ञान रखता हो । परन्तु उसे थोड़ी देर के लिये अपने ज्ञान और बुद्धि का विस्मरण

करके यह कार्य करना चाहिये। वह कहीं ऐसा न सोचने लगे कि यह शब्द अब प्रयोग में नहीं आता अतः इसे बदलकर नवीन समानार्थी शब्द रख दें। इस प्रकार का लोभ-संवरण कम ही हो पाता है। अतः क्षुब्ध होकर डॉ० पोस्टगेट को लिखना पड़ा : "यद्यपि यह विरोधाभास प्रतीत होगा किन्तु एक मूर्ख पर ईमानदार प्रतिलिपिकार की निश्चेष्ट भूलें, हमें बुद्धिमान किन्तु कम ईमानदार प्रतिलिपिकार की अपेक्षा, अधिक ज्ञान दे सकती हैं।[१] डॉ० कात्रे ने भी इसी कथन को दुहराया है।[२]

प्रतिलिपिकार की प्रामाणिकता को परीक्षा के लिए डॉ० पोस्टगेट ने दो मापदंड प्रस्तुत किया है जिनका उल्लेख यहाँ कर देना उचित होगा :

(१) वर्ण-विन्यास (Orthology or spelling) इस मापदंड के द्वारा यह देखना चाहिए कि प्रतिलिपिकार ने कहाँ तक प्राचीनतम वर्ण-विन्यास की सुरक्षा अपने प्रति में की है। इस कारण पाठालोचन का एक सामान्य सिद्धान्त बन गया कि जितना ही कठिनतर पाठ मिले उसे उतना ही प्राचीन तथा प्रामाणिक माना जाना चाहिए। (Harder readings should be prefered) किन्तु इन सभी मापदंडों में पाठालोचक को सदैव सजग रहना चाहिए, क्योंकि कभी-कभी रचना को प्राचीन प्रमाणित करने के लिए प्रतिलिपिकार उसकी भाषा आदि पर प्राचीनता की बनावटी छाप डालने का प्रयास करते हैं जो उनकी ईमानदारी पर एक धब्बा होता है। 'पृथ्वीराज रासो' की भाषा में प्राकृताभास तथा अपभ्रंशाभास लाने हेतु इस प्रकार की प्रक्रिया कुछ स्तर के प्रतिलिपिकारों द्वारा हुई है।

(२) आदर्श प्रति में छूटे हुए अंशों तथा अन्य भूलों का निर्देश (Indication of lacunae or other fault in his exemplar) से भी उसकी प्रामाणिकता जाँची जा सकती है। यदि उस प्रति में त्रुटित, भ्रमात्मक या छूटे हुए अंशों के निर्देश की प्रवृत्ति मिलती है तो साधारणतया यह मान लिया जाता है कि प्रतिलिपिकार ने विद्यमान पाठ में मनमाने सुधार, संशोधन, घटाव तथा बढ़ाव करने की प्रवृत्ति से बचने का प्रयास किया है।

---

१. Paradoxical it may seem, the mechanical corruptions of a stupid but faithful copiest may tell us more than the intelligent copying of a less faithful one.
Postgate—Encyclopaedia Britannica (Textual criticism) Vol. 22.

२. But strange as it may seem, the mechanical copying of a stupid but faithful scribe tells us more about the text than the intelligent but unfaithful transcription of another, more qualified scribe.
S. M. Katre—Introduction to Indian Textual Criticism, Page 24.

पाठ विकृतियाँ

प्रतिलिपिकार द्वारा की जाने वाली भूलें पाठ-विज्ञान के अन्तर्गत पाठ विकृतियाँ (Textual Errors) के नाम से जानी जाती हैं। इसकी परिभाषा इस प्रकार है—किसी भी रचना के लेखक द्वारा प्रस्तुत मूल पाठ में प्रतिलिपिकारों के द्वारा हुए सचेष्ट अथवा निश्चेष्ट परिवर्तन, वृद्धि अथवा कमी करने की प्रवृत्ति, प्रक्रिया तथा उसके परिणाम को पाठ-विकृति कहते हैं। पाठ विकृतियाँ प्रतिलिपिकारों की ईमानदारी तथा बुद्धि दोनों की कमी के कारण संभव होती हैं।

रामचरित मानस के संपादक पं० शंभुनारायण चौबे ने मानस के पाठ भेद के कारणों का विचार करते हुए लिखा है : "पाठ भेद के मुख्य कारण जो समझ में आते हैं वे इस प्रकार हैं—

१. लेखक की असावधानता तथा लेख प्रमाद। यथा १/१७, १/३१/१२, २/१०५/८, ७/१३, ७/२१/५, ७/२५/१, ७/७०/७।

२. सावधान लेखक भी कहीं-कहीं अशुद्ध लिखने के बाद अपने लेख में काटकूट न करने के निमित्त यह जानते हुए कि गलत लिख गया है—उसका सुधार नहीं करता और यदि लेखक का अक्षर सुन्दर हुआ—जैसा प्राचीन काल में होता ही था—तो यह प्रलोभन और भी जोर पकड़ता था। कहीं पर इस भूल का सुधार, अर्थ में कोई विपर्यय न होने की भावना से भी नहीं होता है।

३. गोस्वामी जी के शब्दों का अर्थ न समझकर पाठ-परिवर्तन। यथा २/१२५/५, ७/८०/६, ७/८६/७।

४. गोस्वामीजी की वाणी का भाव न समझकर अपनी बुद्धि से पाठ-परिवर्तन। यथा १/२९५/३, १/३४४/२, ३/२१/५, ७/७५।

५. गोस्वामीजी के प्रयुक्त संस्कृत शब्दों का तद्भव तथा प्रान्तीय रूप देकर पाठ-परिवर्तन। यथा १/१० (ग्राम्य), ३/१०/१० (कुमारी), ३/१०/११ (कुमार), ३/३२/५ (सत्य), ५/५४ (विकटास्य), ४/२०/३, ६/७/६, ७/४५/४ (बस्य), ७/५२/६ (निजात्मक), ७/४७/६ (उपरोहित्य), ७/६९ (गोप्यमपि)। इसी प्रकार तद्भव तथा प्रान्तीय शब्दों के स्थान पर पंडित लोगों ने संस्कृत रूप कर दिये हैं।

६. प्राचीन लिपि की अनभिज्ञता। यथा—१/१७, १/३१/१२, २/४क/२४।

७. चौपाइयों में जान लाने के लिए तथा अर्थ में चमत्कार दिखलाने के लिए कथक्कड़ों की अपनी युक्ति। यथा १/११८/२, १/२७४/६, १/२८०/५, ७/९७/१।

८. शब्दालंकार गढ़ना एवं प्रयुक्त अलंकारों को न समझना। यथा—१/२६/७, १/१७८/८, १/२७३/२, ३/६ क/८, ३/२१/११, ६/७३/५, ६/७३/७, ७/५९/५, ७/९८।

९. चौपाइयों की गति यति ठीक करने की बुद्धि। यथा—१/७७/८, ३/१/८, ६/११८, ७/२८, ७/११६/१।

१०. अर्थ को स्पष्ट करने की इच्छा।

११. शब्दों के उलट फेर मात्र। यथा—१/१९/८, १/३८/६, १/४८/७, १/५१/८, १/६२/६, १/६७/५, १/७६/३, १/७७/८, १/२१२/२, १/२३७/७, १/२६०/६, १/२६४/७, ३/२१/१०, ६/७/८, ६/४१, ६/९३, ६/९९/३, ७/१/५, ७/२२, ७/२८/५, ७/७२/४, ७/७६/९, ७/८१, ७/११२/३, ७/११७/१०[1]।

'मानस अनुशीलन' के संपादक श्री सुधांकर पाण्डेय ने उपर्युक्त पाठभेद के कारणों को इस प्रकार वर्गीकृत किया है।[2]

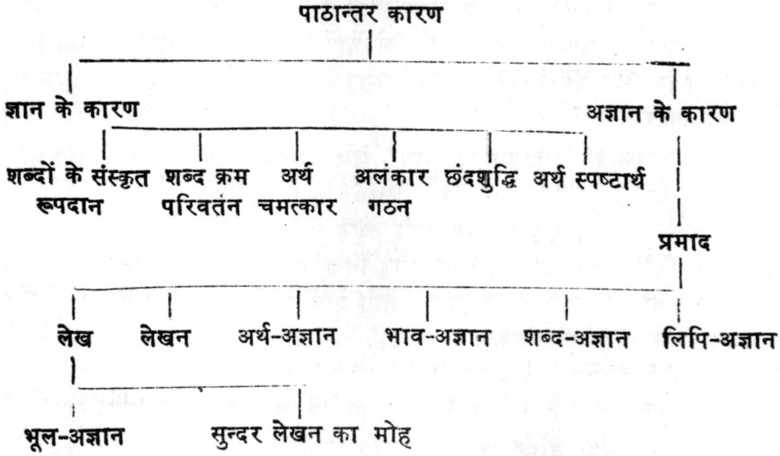

डा० कात्रे ने पाठ विकृतियों का वर्गीकरण पाश्चात्य विद्वान् 'हाल' के अनुसार निम्नांकित रूप में प्रस्तुत किया है।[3]

I—भ्रम तथा उन्हें दूर करने के प्रयास से उत्पन्न विकृतियाँ :

१—समान अक्षरों और वर्णों का भ्रम

२—समानता के कारण एक शब्द का दूसरे के रूप में अशुद्ध प्रति लेखन।

३—संक्षिप्त रूपों की भ्रमात्मक व्याख्या

४—(वर्णों या शब्दों का) गलत योग या अलगाव

५—अंतिम रूपों तथा पास के पाठों को मिला लेना।
(Assimilation of terminations and accomodation to neighbouring construction)

६—अक्षरों, शब्दों, वाक्यों का उलट फेर, वाक्यों, अनुभागों और पन्नों का स्थान परिवर्तन

---

१. शंभुनारायण चौबे; मानस अनुशीलन, पृ० ४४-४५

२. श्री शंभुनारायण चौबे (स० सुधाकर पाण्डेय) : मानस अनुशीलन (भूमिका), पृ० ३०

३. S. M. Katre : Introduction to Indian Textual Criticism, Page 55

७—संस्कृत का प्राकृत या स्थानीय भाषा में गलत प्रतिलेखन तथा इसके प्रतिकूल स्थानीय भाषा या प्राकृत का संस्कृत में गलत प्रतिलेखन

८—उच्चारण के अन्तर के कारण विकृति

९—अंकों के प्रयोग का भंग

१०—व्यक्तिवाचक नामों का भ्रम

११—पर्याय अथवा परिचित शब्दों को अपरिचित शब्दों से स्थानापन्न करना।

१२—प्राचीन वर्तनी के लिये नवीन वर्तनी लिखना

१३—प्रक्षेप या अज्ञात भूलों को सुधारने का प्रयास

II—**पाठ भूल** (Omission)

१४—शब्दों या शब्द-समूहों के प्रारम्भिक और अंतिम अक्षरों का साम्य के कारण पाठ छूट जाना (Haplography)

१५—अन्य किसी प्रकार से सामान्य पाठ छूट जाना (Lipography)

III—**पाठ-वृद्धि** (Additions)

१६—निकट या पड़ोस के पाठ की पुनरावृत्ति (Dittography)

१७—हाशिए या पंक्तियों के बीच लिखे पाठ या टिप्पणी का सम्मिलिन (Adscript)

१८—मिश्र पाठ (Conflated Readings)

१९—अन्य वैसी ही रचनाओं के प्रभाव से पाठ वृद्धि (Addition due to the influence of Kindred writing)

साधारणतः पाठ-विकृतियों को प्रतिलिपिकार की इच्छा या चेष्टा के आधार पर निम्नलिखित तीन वर्गों में विभाजित किया जाता है और इन्हीं वर्गों के अन्तर्गत उपयुक्त सभी विकृतियों को समाविष्ट करके उनका विवेचन किया जायेगा :

(१) **सचेष्ट विकृतियाँ**—जिनके अन्दर प्रतिलिपिकार का विशेष अभिप्राय होता है और वह जानबूझकर पाठ को विकृत करता है।

(२) **निश्चेष्ट विकृतियाँ**—इनके अन्तर्गत प्रतिलिपिकार के द्वारा अज्ञात भाव से मानव-सुलभ दुर्बलताओं के कारण हुई भूलें आती हैं।

(३) **सचेष्ट निश्चेष्ट विकृतियाँ**—जिनमें प्रतिलिपिकार अंशतः सचेष्ट हो और अंशतः निश्चेष्ट। इसमें वह मूल पाठ का परिवर्तन यह समझकर कर जाता है कि कदाचित् यही कवि का अभिप्रेत था। वह इस प्रकार के परिवर्तन द्वारा रचना में कोई मूल परिवर्तन नहीं लाना चाहता परन्तु कुछ न कुछ तो परिवर्तन आ ही जाता है।

निश्चेष्ट विकृतियाँ

निश्चेष्ट विकृतियों को पुनः दो वर्गों में विभाजित किया जाता है—

(१) **दृष्टि भ्रमजनित** (Visual Errors)—जिसमें मुख्यतः लिपि संबंधी भूलें

आती हैं तथा वर्णसाम्य, शब्दसाम्य आदि के द्वारा हुई भूलें ।

(२) मानसिस भ्रमजनित (Psychological Errors)—इसके अन्तर्गत मानसिक भूलों आदि के कारण होने वाली भूलें आती हैं ।

ये सभी वर्गीकरण अपूर्ण हैं । पाठालोचन के बढ़ते हुए अनुभव, नयी-नयी पाठ विकृतियों के प्रकार प्रस्तुत करते हैं तथा सभी विकृतियों को इन वर्गीकरणों की सीमा में कसा भी नहीं जा सकता । डॉ० कात्रे ने जेब का उदाहरण देते हुये ठीक ही कहा है कि प्रतिलिप कार्य मशीनों द्वारा न होकर मनुष्यों द्वारा हुआ, अतः पाठ विकृतियों के कारणों की अंतिम सूची नहीं बनायी जा सकती ।[1]

पाठों में विकृतियाँ पाठ में चार प्रकार से आती हैं : (१) आगम—मूल पाठ में कुछ वृद्धि करना । (२) लोप—मूल पाठ में से कुछ कम कर देना । (३) विपर्यय—किसी पाठ के स्थान पर अन्य पाठ ला देना । (४) व्यत्यय—पाठ के क्रम में परिवर्तन ।

निश्चेष्ट विकृतियाँ पाठ संबंध निर्धारण करने में बड़ी उपादेय होती हैं तथा इस वर्ग की विकृतियाँ बहुत मिलती हैं । वे निम्नलिखित कारणों से संभव होती हैं :

(१) लिपि-भ्रम—किसी लिपि-विशेष में कुछ ध्वनि-चिह्न ऐसे होते हैं जिनमें परस्पर बड़ी समानता होती है और उनमें एक के स्थान दूसरे के भ्रम हो जाने की पूर्ण संभावना रहती है । नागरी लिपि के 'भ' और 'म', 'ध' और 'घ', 'छ' और 'ह' में अत्यन्त समानता मिलती है । इसी प्रकार अन्य लिपियों में भी ध्वनि-चिह्नों का पारस्परिक साम्य मिलता है । यदि हस्तलिपि बहुत स्पष्ट न हुई तो एक के स्थान पर दूसरे का भ्रम बड़ी सरलता से हो सकता है । इस प्रकार के उदाहरण भी पर्याप्त मात्रा में प्राप्त हुए हैं । 'अर्द्धकथा' में एक स्थान पर 'सहनशील' पाठ के स्थान पर 'सदनशील' पाठ प्राप्त हुआ । यह निश्चित रूप से द और ह की पारस्परिक समानता के कारण संभव हुआ होगा । उर्दू की प्रतियों में इस प्रकार के भ्रम होने की पर्याप्त संभावना रहती है। उसमें पेश, जबर, जेर के न रहने पर कुछ का कुछ पढ़ा जा सकता है । डॉ० माताप्रसाद गुप्त ने 'जायसी-ग्रन्थावली' का संपादन करते समय इस प्रकार की अनेक लिपि-साम्य के कारण संभव विकृतियों का उल्लेख किया है । इनमें विकृतियाँ दो प्रकार की मिलती हैं । कुछ नागरी लिपि के दो ध्वनि-चिह्नों के परस्पर साम्य के कारण हो गयी हैं और कुछ उर्दू लिपि के ध्वनि चिह्नों के साम्य के कारण हो गयी हैं ।

(अ) नागरी-लिपि साम्य—'पद्मावत' की कुछ पंक्तियों के निर्धारित पाठ हैं :

(१) भनु भुई चाल जगत मँह परा । कुरुँम पीठ टूटिहि हियँ डरा ।
॥२४१.७॥

---

१. It is impossible as Jebb remarks, to draw up a list of motives which might lead to wilful change, or of accidents which might lead to blunders, for the organs of tradition were not machines but men. —S. M. Katre; Introduction to Indian Textual criticism, page 54.

(२) तरहिं कुरुंभ बासुकि कै पीठी। ऊपर इन्द्र लोक पर दीठी।
॥४०.२॥

(३) कुरुंम टूट फन फूटे तिन्ह हस्तिन की चाल। ॥४५.८॥

इन सभी पाठों में 'कुरुम' का पाठ अधिकांश प्रतियों में 'कुरुभ' हो गया है।[1] यह विकृति नागरी लिपि के 'म' और 'भ' के परस्पर साम्य के कारण संभव हुई।

(आ) **उर्दू-लिपि साम्य**—इसी प्रकार उसी ग्रन्थ में उर्दू लिपि-चिह्नों के परस्पर साम्य के कारण भी अनेक पाठ-भेद हो गये हैं। इस प्रकार उर्दू में 'किलकिला' का 'गिलगिला', 'कुरहिं' का 'किरहिं', 'जाइ' का 'बाइ', 'रही' का 'अटी' बड़ी आसानी से हो सकता है। फलतः पदुमावति की प्रतियों में इस प्रकार की विकृतियाँ मिलती हैं।[1] डॉ० माताप्रसाद गुप्त द्वारा एक पंक्ति का स्वीकृत पाठ है—'कुंवलहि बिरह बिथा जसि बाढ़ी। केसरि बरन पियर हिय गाढ़ी।' २५२'४। इसमें 'गाढ़ी' पाठ का 'गुप्त जी' की प्रति नं० २ में 'काढ़ी' पाठ हो गया है। इस विकृति का कारण 'काफ़' और 'गाफ़' के लेखन में साम्य ही है। इस प्रकार के अनेक उदाहरण हमें जायसी की पदुमावति की प्रतियों में मिलते हैं। दो भिन्न लिपियों के समान लगने वाले भिन्न भिन्न ध्वनि-चिह्नों में भी समानता का भ्रम हो जाता है। पदुमावति छं० १८/६ का पाठ है: 'जा कहं अइस होहि कँडहारा।' पं० रामचन्द्र शुक्ल ने 'कँडहारा' का 'कंधारा' पाठ दिया है। प्रतियों में यह विकृति इन दो शब्दों के फारसी लिपि में लेखन साम्य के कारण हुई है।

(इ) **अन्य लिपियों के साम्य**—'बीसलदेव रास' की राजस्थानी लिपि में प्राप्त प्रतियों के आदर्श पर नागरी में जो प्रतियाँ हुईं, वे इस प्रकार की भूलों से भरी पड़ी हैं। डॉ० माताप्रसाद गुप्त ने 'बीसलदेव रास' की भूमिका में इस प्रकार के अनेक उदाहरण संगृहीत किये हैं। यथा—

थ : ध = चउथि > चउधि
द : ह = दीपइ > हीपइ
श्र : अ = श्रावण > आवण
ज : ड = भूल्योजी > भूल्योडी

उर्दू की प्रतियों के आदर्श से नागरी में जब प्रतिलिपि होती है, तो भी इस प्रकार की विकृतियाँ आ जाती हैं। उर्दू में 'ह' (दुचश्मी हे) का प्रयोग अल्पप्राण व्यंजन को महाप्राण बनाने के लिये स्पष्ट रूप से होता है। हिन्दी में यह लिपि चिह्न महाप्राण व्यंजनों में दिखायी नहीं देता, वह मात्र उच्चारण में होता है और महाप्राण व्यंजनों के अलग ध्वनि-चिह्न हैं। अतएव कभी-कभी कम जानकारी के कारण प्रतिलिपिकार

१. 'जायसी ग्रन्थावली'—भूमिका, पृ० २४, २७।
२. लीलाधर गुप्त, पाश्चात्य साहित्यालोचन के सिद्धान्त, पृ० १७।

अल्पप्राण व्यंजन को उसके रूप में तथा हकार को अलग से उद्धृत कर लेते हैं। यथा 'अर्द्धकथा' का एक पाठ था 'भर्‌यो'। उसका 'बहर्‌यो' हो गया।

लिपि-साम्य के कारण मिलने वाली विकृतियों का उदाहरण सभी भाषा और लिपि की प्राचीन हस्तलिखित प्रतियों में मिलता रहा है। जिससे पाठालोचकों को भी धोखा हो जाता है। अंग्रेजी भाषा की रोमन लिपि में भी वर्ग-साम्य के कारण विकृतियाँ हुई हैं। यथा—'बुक आव कामन प्रेयर्स' का एक विकृत पाठ है, 'टिल डेथ अस डूपार्ट'। यह अंग्रेजी इ और ओ के साम्य से हो गया। मूल पाठ था 'टिल डेथ अस डिपार्ट'।[1] इस प्रकार का दोष एक ही लिपि के प्राचीन तथा नवीन रूपों के दो भिन्न प्रकार के होने के कारण संभव होता है। जैसे नागरी लिपि में आजकल सामान्यतः अर्द्ध 'र' जब किसी वर्ग के पूर्व प्रयुक्त होता है तो उसमें उसके 'रेफ' लगता है परन्तु पहले इसके लिए पड़ी पाई (–) का प्रयोग होता था। इस प्रकार प्राचीन 'भर्‌यो' (भर-यो) को आज का पाठक 'भस्यो' पढ़ सकता है।

२. **वर्ण-साम्य** (Homography)—लिपि-चिह्नों के साम्य में हमने यह देखा है कि एक लिपि-चिह्न को अन्य समझकर प्रतिलिपिकार विकृतियाँ कर देते हैं, परन्तु इस विकृति-भेद में हम यह देखते हैं, कि यदि एक ही वर्ण का प्रयोग किसी छन्द आदि में दो स्थानों पर हुआ रहता है, तो प्रतिलिपिकार प्रथम वर्ण तक प्रतिलिपि करके, भूल से आगे उसी से मिलते-जुलते वर्ण को आगे लिखने लगता है। इन दो समान वर्णों के बीच का अंश लिखने से छूट जाता है। समान वर्ण को देखकर वह समझता है कि मैं यहाँ तक लिख चुका हूँ। इस प्रकार की भूल प्रायः छन्दबद्ध रचना की प्रतिलिपि में ही संभव होती है। इस भूल के कारण 'शब्द', 'शब्दांश', 'पंक्ति' और कभी-कभी सम्पूर्ण छन्द भी छूट जाते हैं। जैसे 'मानस' के बालकाण्ड का एक पाठ है :

'राम कृपा ते पारबति सपनेहुँ तव मन मांहि।'

इसमें दो रेखांकित 'पा' के साम्य के कारण बीच का 'पाते' छूट गया और कुछ प्रतियों में इसका पाठ मिला 'राम कृपारबति सपनेहुँ…।' इसी प्रकार मानस में ही दो अर्द्धालियों के तुक के साम्य के कारण दोनों की एक-एक पंक्ति छूट गयी। वह है,

'भरत बचन सब कहं प्रिय लागे।
राम सनेह सुधा जनु पागे॥
लोग वियोग विषम विष दागे।
मंत्र सबीज सुनत जनु जागे॥'

—अयोध्याकाण्ड, दोहा १८४

प्रतिलिपिकार ने तुकान्त साम्य के कारण प्रथम चरण को लिख कर अन्तिम को लिख गया और बीच के दो चरण छूट गये और विकृत पाठ हो गया :

१. लीलाधर गुप्त—'पाश्चात्य साहित्यालोचन के सिद्धान्त', पृष्ठ २६

'भरत बचन सब कहं प्रिय लागे।
मंत्र सबीज सुनत जनु जागे॥'

इस प्रकार के दोष रामचरित मानस की राजापुरवाली प्रति में पर्याप्त मात्रा में मिलते हैं जिसे बहुत दिनों तक तुलसीदास के हाथ का लिखा हुआ माना जाता रहा।

३. **शब्द साम्य**—कुछ शब्द एक दूसरे से इतने समान लगते हैं कि उनके रूप में एकाध मात्राओं का ही अंतर रहता है। परन्तु अर्थ में पर्याप्त अन्तर रहता है। उनके रूप साम्य के कारण कभी-कभी यह समझकर कि इसमें कोई मात्रा भूल से छूट गई होगी, एक के स्थान पर दूसरा शब्द अंकित कर दिया जाता है। मानस में कई स्थानों पर 'सरासुर' पाठ है। इस शब्द का प्रयोग बाणासुर के लिए हुआ है पर प्रतिलिपिकार को इसका अर्थ ज्ञान न हो सका और उसने यह सोचा कि हो सकता है यह पाठ 'सुरा-सुर' रहा हो और भूल से एक 'उ' की मात्रा छूट गयी हो और उसने वहाँ 'सुरासुर' पाठ प्रस्तुत कर दिया। तुलसी ने शब्दार्थ के आधार पर नाम में परिवर्तन करके कई स्थान पर उन्हें प्रस्तुत किया है यथा, शत्रुघ्न का रिपुदमन। स्वयं बाणासुर का ही उन्होंने 'सरासुर' के अतिरिक्त 'विषिषासुर' के रूप में प्रयोग किया है। अतः अन्तर्साक्ष्य और बहिर्साक्ष्य दोनों आधारों में 'सरासुर' पाठ ही ठीक है। इसका 'सुरासुर' पाठ इन दो शब्दों में परस्पर अधिकतम साम्य होने के कारण ही संभव हुआ।

४. **साधारण असावधानी** (Simple Negligence)—कभी-कभी साधारण असावधानी के कारण पंक्ति छूट जाने की आशंका रहती है। विशेषतः हिन्दी के प्राचीन काव्य-ग्रन्थों में एक-एक चरण ही एक पंक्ति में नहीं लिखे जाते थे प्रत्युत पूरी पंक्ति में जितने चरण या चरणांश संभव होते थे, लिखे जाते थे। ऐसी अवस्था में यदि पूर्ण सावधानी न रखी जाय तो एक भी पंक्ति के छूट जाने पर कई चरण और चरणांश छूट जाते हैं। 'अर्द्धकथा' का एक मूल पाठ है :

'आवहि जाहि करै अति खेद।
नहि समुझें (भावी के भेद॥
मोती हार दिए हुवै दै मुद्रा चालीस।
सो बच्यों सत्तरि उठे) मिले रुपैया तीस॥'

इसमें जो अंश कोष्ठक में घिरा है एक शाखा की प्रतियों में लिखने से छूट गया और पाठ रहा गया :

'आवहि जाहि करै अति खेद।
नहि समझे मिले रुपैया तीस।'

इस सामान्य असावधानी के कारण होने वाली भूल के कारण जो पाठ बच गया था, वह सन्देहास्पद था। अतः उस सन्देह को समाप्त करने के हेतु उस पर अनेक प्रकार के प्रक्षेपों की प्रक्रिया हुई। सामान्य असावधानी के कारण शब्द, शब्दांश, चरण आदि के छूट जाने और कभी-कभी उनकी पुनरावृत्ति हो जाने की भी संभावनाएँ रहती हैं।

५. संकेत-भ्रम—प्राचीन हस्तलिखित प्रतियों में विभिन्न प्रकार के संकेत भी मिलते हैं। शिलालेखों आदि पर तो स्वस्तिक, धन, गुणा आदि के चिह्न विरामादि के अर्थों में प्रयुक्त होते रहे हैं। यदि इन संकेतों को ठीक प्रकार से न समझा जाय तो प्रतिलिपि करते समय सामान्य-रूप से भूल का हो जाना संभव हो जाता है। पुराने में '३' का किसी स्वर के आगे प्रयोग संस्कृत प्लुत उच्चारण को बोध कराता था अर्थात् उसको तीन तक गिनने में जितना समय लगे उतनी देर में उच्चारित करना यथा, ओ३म्। परन्तु आगे चलकर जिस शब्द के आगे दो २ का प्रयोग होता था उसे दो बार पढ़ना अभिप्रेत समझा जाने लगा जैसे बार २ = बार-बार। 'मालतीमाधव' की एक प्रति के प्रतिलिपिकार ने प्लुत के संकेत को यह समझ कर कि यह अमुक शब्द के तीन बार लिखने का बोधक है, उसे तीन बार लिख दिया। इस प्रकार के भ्रम अन्य संकेतों के कारण भी संभव हो सकते हैं।

६. भ्रमपूर्ण-विश्लेषण—प्राचीन प्रतियों में शब्द एक दूसरे से इस प्रकार सटे हुए लिखे जाते थे कि अभ्यस्त पाठक ही उन्हें सरलतापूर्वक पढ़ सकता था। अन्य व्यक्ति जो अभ्यस्त न हों, यदि उनकी प्रतिलिपियाँ करने बैठें तो वे शब्दों के विश्लेषण में भूल कर सकते हैं। इस प्रकार की भूलें पर्याप्त मात्रा में प्रतिलिपिकारों द्वारा हुई। इस भूल के कारण मूल का सार्थक पाठ निरर्थक रूप में परिणत हो जाता है। कभी-कभी संपादक भी प्रतिलिपिकार की इस भूल से भ्रमित हो जाते हैं। इस प्रकार की भूल का एक रोचक उदाहरण हमें डॉ० श्यामसुन्दर दास संपादित 'कबीर ग्रन्थावली' के पाठ में मिलता है। उसका पाठ है :

'धौल मदलिया बैलर बावी, कउवा ताल बजावै।
पहिर चोल नागा दह नाचै, भैंसा निरित करावै॥'

इस पाठ में प्रथम ओर तृतीय चरण में गलत विश्लेषण के कारण पाठ दोष आ गया। वास्तव में इसका मूल पाठ इस प्रकार था जैसा डॉ० रामकुमार वर्मा ने सिद्ध किया :

'धौल मदलिया बैल रबाबी, कउवा ताल बजावै।
पहिर चोलना गादह नाचै, भैंसा निरति करावै॥'[1]

इस प्रकार की विकृतियाँ रामचरितमानस की प्रतियों में भी स्थान-स्थान पर मिलती हैं। जैसे, शिव के लिए 'सदाशिव' शब्द का भी प्रयोग होता है और इसी रूप में इसका प्रयोग 'मानस' की चौपाइयों में बहुधा हुआ है, पर प्रतिलिपिकारों ने तथा कभी-कभी संपादकों ने भी 'सदा' और 'शिव' को अलग-अलग पढ़ा है। यथा 'अब कृपाल तव भगति पावनी। देहु सदासिव हृदय भावनी।' इसके स्थान पर अनेक पाठों में 'सदा' और 'शिव' अलग-अलग दिया गया है। इसी प्रकार 'चाहहुँ सदासिवहि भरतारा' में भी हुआ है। इस भ्रमपूर्ण विश्लेषण का निर्देश पं० विश्वनाथ प्रसाद मिश्र

---

१. कबीर (संक्षिप्त)—भूमिका।

ने किया। इसी भाँति 'पद्मावत' के नवलकिशोर प्रेस वाले संस्करण में भ्रमपूर्ण-विश्लेषण के कारण एक अर्द्धाली का पाठ है, 'को वहि लागहि वंचल सीझा। काकहि लिखी ऐस को रीझा।' जब कि ठीक पाठ है, 'को वोहि लागि हिवंचल सीझा। का कहँ लिखी अैस को रीझा।'

सचेष्ट-निश्चेष्ट विकृतियाँ
(Semi-Voluntary Corruptions)

इस वर्ग में वे विकृतियाँ आती हैं जिनमें प्रतिलिपिकार का कोई विशेष उद्देश्य नहीं होता है किन्तु विकृति की प्रक्रिया वह जानबूझकर करता है। वैसे यह वर्ग बहुत वैज्ञानिक नहीं है किन्तु व्यावहारिक दृष्टि से इस वर्ग में आने वाली कुछ विकृतियों का अध्ययन किया जायगा।

(१) **पुनरावृत्ति**—कभी निश्चेष्ट भाव से भी आवृत्ति चरणों और छन्दों की हो जाती है किन्तु पाठालोचन के विद्वानों ने अपने अध्ययन द्वारा यह सिद्ध कर दिया है कि एक ही छन्द जब एक ही प्रति में एकाधिक स्थानों पर आ जाता है तो उसका कारण निश्चेष्ट नहीं होता, प्रत्युत उसके मूल में पाठ-मिश्रण की सचेष्ट प्रक्रिया होती है। पाठ-मिश्रण से तात्पर्य उस पाठ से होता है जो कई शाखाओं की प्रतियों के आदर्श पर तैयार किया जाता है। इस प्रकार के पाठ में यदि एक शाखा में एक ही छन्द प्रारम्भिक भाग में आया है और उसे कवि ने लिख लिया, पुनः वही छन्द अन्य शाखा के अन्तिम भाग में आया है तो वह प्रथम को भूल सा गया रहता है और दुबारा आये हुए इस छन्द को नवीन समझ कर उतार लेता है। इस प्रकार एक ही छन्द उसी रचना में दो भिन्न स्थान पर आ जाता है। एक ही छन्द की आवृत्तियाँ 'पृथ्वीराज रासो' में बहुतायत से मिलती हैं। 'बीसलदेवरास' में भी इसके उदाहरण मिलते हैं। डॉ० माताप्रसाद गुप्त संपादित 'रास' के पाठ में १२६वाँ छन्द 'टसकला मुसकला मोनइ न सुहाय' इस ग्रन्थ की तीन हस्तलिखित प्रतियों में कुछ सामान्य परिवर्तन के साथ तीन बार आया है।

(२) **स्मृति-विभ्रम** (False Recollection)—कभी-कभी प्रतिलिपिकार किसी प्रख्यात और प्रिय रचना की प्रतिलिपि करता होता है, जिसकी बहुत सी पंक्तियाँ उसे कंठस्थ होती हैं तो वह किसी पंक्ति को लिखने पर किसी अन्य स्थान की उसी तुक की पंक्ति की, जो उसे गलत ढंग से याद आने लगती है, लिख जाता है। अपनी इस गलत स्मृति पर दृढ़ विश्वास हो जाने के कारण वह 'आदर्श' को देखे बिना ही पंक्ति लिख जाता है और पाठ कुछ का कुछ और ही हो जाता है। 'पदुमावति' की दो प्रतियों में इसी प्रकार की पाठ विकृति मिलती है। सामान्य और स्वीकृत पाठ है :

डोलैं बोहित लहरैं खाहीं।
खिन तर खिनहिं होहिं उपराहीं।'

किन्तु दो प्रतियों में द्वितीय चरण का पाठ बदल गया और वह इस प्रकार हुआ :

'डोलैं बोहित तन उपराहीं।
सहस कोस एक पल मंह जाहीं।'

किन्तु यह बदला हुआ पाठ एक अन्य अर्द्धाली के एक चरण के रूप में अन्य सभी प्रतियों में आया है :

'धावहिं बोहित मन उपराहीं।
सहस कोस एक पल मँह जाहीं।'

निश्चय ही इन दोनों पाठों के तुक और वजन के साम्य के कारण प्रतिलिपिकार ने अपनी गलत स्मृति का प्रयोग करके पाठ-भ्रष्ट किया है। इसी प्रकार का एक उदाहरण लाला भगवानदीन के 'बिहारी सतसई' के संस्करण में भी मिलता है। दो दोहों में अन्तिम चरण का पाठ एक ही मिलता है जो निश्चय ही तुक साम्य के कारण संभव हुआ होगा। वे दोहे इस प्रकार हैं :

१. 'सटपटाति सी ससि मुखी, मुख घूंघट पट ढांकि।
पावक झर सी झमकि कै, गई झरोखे झांकि॥[1]

२. 'नावक सर से लायके, तिलक तरुनि इक ताकि।
पावक झर सी झमकि कै, गई झरोखे झाँकि॥[2]

निश्चय ही ये दोहे प्रतिलिपिकार को स्मरण रहे होंगे और गलत स्मृति से एक स्थान का पाठ भ्रष्ट हो गया। प्रतिलिपि परम्परा से यह पाठ चलता आया होगा और लाला जी ने इन्हें ग्रहण कर लिया।

(३) हासिए के पाठ का मिश्रण (Incorporation of Marginalia)—कभी-कभी किसी हस्तलिखित प्रति के संरक्षक जो साहित्य मर्मज्ञ होते थे, किसी अच्छे पाठ के समान मिलने वाले पाठ को तुलनार्थ हासिए में अंकित कर देते थे। आगे जब उस रचना से प्रतिलिपि होती थी तो प्रतिलिपिकार कभी-कभी उस पाठ को भी मूल का पाठ समझ कर रचना में मिश्रण कर देता है और कभी-कभी किसी मूल पाठ को छोड़कर हासिए के पाठ से उसको स्थानापन्न कर देता है। भुड़कुड़ा में भीखा साहब के छन्दों को देखने के हेतु मैं वहाँ की सुरक्षित एक हस्तलिखित प्रति का निरीक्षण करने गया। उसके पन्ने उलटते-उलटते मुझे उसमें मीराँ का एक पद मिल गया जो परवर्ती संतों की रचनाओं में संगृहीत था। सम्भव है यह पद पूर्ववर्ती प्रति के हासिए पर तुलनार्थ रहा हो और प्रतिलिपिकार ने इसे मूल पाठ में ले लिया हो। 'पदुमावति' में इस प्रकार के पाठ बहुतायत से मिलते हैं और उसकी हस्तलिखित प्रतियों के हासिए पर बहुत लिखा हुआ भी मिलता है। उदाहरणार्थ, निम्नलिखित पाठ 'पद्मावत' की चौदह प्रतियों में प्राप्त है :

१. बिहारी बोधिनी (लाला भगवानदीन), दोहा ७०
२. वही　　　　　　　　　　　　　दोहा ८०

'रानी उतर मान सों दीन्हा।
पंडित सुआ मझाली लीन्हा ॥२'
....
'रुहिर चुवै जब जब कह बाता।
भोजन बिनु भोजन मुख राता ॥७'

किसी आदर्श प्रति में हासिए में एक पाठ अंकित था :

'बेगि सुआ लै आवहु रानी।
नींद परै कछु कहौ कहानी।'

दो प्रतियों में से एक में द्वितीय अर्द्धाली के स्थान पर, एक में सातवीं के स्थान पर, यह पाठ स्थानापन्न मिलता है। कदाचित् हासिए में यह पाठ तिरछे लिखा हुआ था (जैसा 'पदुमावति' की प्रायः प्रतियों में मिलता है) जो पूरे छन्द की द्वितीय से सप्तम अर्द्धाली तक था। एक ने इसे दूसरी के स्थान पर तथा दूसरे ने सातवीं के स्थान पर इसकी संभावना समझ कर ले लिया। जबकि प्रसंग आदि की दृष्टि से चौदह प्रतियों में प्राप्त पाठ ही ठीक है।

इसी प्रकार एक अन्य रोचक उदाहरण इसी रचना में मिलता है। सामान्य पाठ है :

येहि ठाउँ कर गुरु सँग कीजै।
गुरु सँग होइ पार तब लीजै ॥ दूसरी अर्द्धाली
× × ×
तीस सहस्र कोस कै पाटा।
अस सांकर चलि सकै न चाँटा ॥ छठीं अर्द्धाली
खाँडै चाहि पैनि पैनाई।
बार चाहि पातर पतराई ॥ सातवीं अर्द्धाली

एक अन्य पाठ जो कदाचित् हासिए में था एक में छठीं के स्थान पर और दूसरी में सातवीं के स्थान पर आया है :

'एहि पंथ सब कँह है जाना।
होइ दुसरे बिसवास निदांना ॥'

और एक तीसरी प्रति में सामान्य पाठ की सातों अर्द्धालियाँ ज्यों की त्यों हैं और यह उपर्युक्त हासिए का पाठ आठवीं अर्द्धाली के रूप में ग्रहण कर लिया गया है। इसी प्रकार की पाठ-विकृति का निर्देश बाबा जगन्नाथदास रत्नाकर ने बिहारी-सतसई की अपने द्वारा प्रयुक्त प्रति नं० ४ में किया है। उसमें 'अमर चन्द्रिका' के कुछ दोहे सतसई के दोहों के साथ मिला दिये गये हैं। ये दोहे अन्य किसी प्रति में नहीं हैं। रत्नाकर जी का अनुमान है कि ये दोहे प्रति नं० ४ की 'आदर्श' प्रति के हासिए में तुलनार्थ अंकित कर दिये गये रहे होंगे जिसे प्रतिलिपिकार ने बिहारी का ही मान कर मूल पाठ में सम्मिलित कर लिया होगा।

(४) **क्रम-परिवर्तन** (Transposition)—क्रम परिवर्तन छन्द तथा पंक्तियों का तो होता ही है। कभी-कभी पत्रों का भी हो जाता था। पहले ग्रंथ अलग-अलग पत्रों पर लिखे जाते थे। यदि उनकी सिलन टूट जाती है और पत्रों पर संख्या नहीं होती है तो उनके क्रम को ठीक करने का कोई मार्ग नहीं रहता है और इस प्रकार उनके क्रम-परिवर्तन की संभावनाएँ रहती हैं। पदुमावति की प्रतियों में छन्दों से लेकर पत्रों तक का क्रम-परिवर्तन मिलता है। छन्दों का क्रम-परिवर्तन कभी-कभी हासिए में अंकित पाठ के कारण भी हो जाता है। यदि कोई छन्द भूल गया हो और उसे पुनः हासिए में लिख दिया गया हो तो आगे प्रतिलिपिकार उसे अपनी बुद्धि से जहाँ ठीक समझता है उतारता है, इस प्रकार क्रम-परिवर्तन की संभावना रहती है। मुल्लादाऊद कृत 'चंदायन' की एक प्राप्त प्रति इतने कलात्मक ढंग से लिखी गयी है कि उसमें क्रम-परिवर्तन की बड़ी संभावनाएँ हैं। यह परिवर्तन कभी-कभी रचना चारुता लाने के लिये सचेष्ट ढंग से भी किया जाता है। जैसे बिहारी सतसई के १४ क्रम मिलते हैं जो रचना को भिन्न-भिन्न ढंग से सजाने के हेतु किये गये। आजमशाही-क्रम विषय के अनुसार रचना के छन्दों को एक-एक स्थान पर संगृहीत करने के हेतु हुआ। इस प्रकार के क्रम-परिवर्तन की प्रक्रिया भी प्रक्षेप की प्रक्रिया है।

(५) **उच्चारण-सम्बन्धी विकृतियाँ**—कभी-कभी एक ही शब्द का लिखित रूप कुछ होता है और उच्चरित रूप कुछ और होता है। यदि प्रतिलिपिकार ऐसी दशा में किसी से पढ़वा कर प्रतिलिपि तैयार करता है तो इस प्रकार की बहुत-सी भूलें उससे संभव हो जाती हैं। भाषाविज्ञान की दृष्टि से अनुनासिक व्यंजनों के पूर्व के व्यंजन को भी हम अनुनासिक प्रयोग करते हैं पर यह भेद लिखने में नहीं दिखाया जाता परन्तु 'मानस' की एक प्रति में ऐसा लिखित रूप भी मिलता है यथा 'रांम', 'कांम', 'जांमवंत', 'अतिबलवांना' आदि।[1] यह स्थिति मूल उच्चारण के इस रूप के कारण ही संभव हुई होगी। इस प्रकार की उच्चारण संबंधी भूलें अंग्रेजी के पाठों में बड़ी सरलता से संभव हो सकती हैं क्योंकि उनमें शब्दों के उच्चरित और लिखित रूप में अधिकांशतः भेद रहता है।

सचेष्ट विकृतियाँ

सचेष्ट विकृतियों को सामान्यतः प्रक्षेप कहा जाता है। अंग्रेजी में इसका समानार्थी शब्द है—इन्टरपोलेशन। यह शब्द 'पालिस' धातु से निकला है जिसका अर्थ होता है चमत्कृत करना या चमकाना। वास्तव में प्रतिलिपिकार जब मूल पाठ में प्रक्षेप करता है तो उसका उद्देश्य उस पाठ को चमत्कृत करने या और चमकाने का ही होता है। संभव भी है कि प्रक्षेप के द्वारा मूल पाठ और सुन्दर बन जाय परन्तु वैज्ञानिक पाठालोचक इस प्रक्रिया को हस्तक्षेप मानता है। यह प्रक्रिया चार प्रकार से होती है—

---

१. हिन्दी भाषा का इतिहास—धीरेन्द्र वर्मा, पृ० १४०।

आगम, लोप, विपर्यय और व्यत्यय। इस वर्ग के अन्तर्गत आने वाली भूलों के कुछ उदाहरण इस प्रकार दिये जा सकते हैं :

(१) **अनधिकार सुधार करना**—यह सुधार कई प्रकार से किया जा सकता है। यदि किसी शब्द का व्याकरण रूप प्राचीन पड़ गया हो तो कभी-कभी प्रतिलिपिकार उसके नवीन रूप के द्वारा उसे स्थानापन्न कर देते हैं। इस प्रकार रचना के प्राचीन गौरव को समाप्त करने का प्रयास प्रतिलिपिकार द्वारा हो जाता है। इसी प्रकार प्रयोग से उठ गये शब्दों के स्थान पर वह नवीन प्रयोग में आने वाले शब्दों को ला खड़ा कर देता है। जैसे पदुमावति में एक पाठ है :

'सात समुद ज्यों कागर करई ।।'

इसमें 'कागर' शब्द अब प्रयोग में नहीं आता है, अतः प्रतिलिपिकारों ने इसके स्थान पर किसी-किसी प्रति में 'कागद' किया और किसी में 'कागज'। पर 'कागर' पुराना रूप है जो कागज के लिये प्रयोग में आता रहा है। इसी प्रकार एक अन्य पाठ है :

'गिरि पहार पब्बै गहि पेलहिं।'

इसमें 'पब्बै' पाठ पर्वत के लिये प्रयुक्त हुआ है जो बाद में प्रचलित नहीं था, अतः किसी-किसी प्रतिलिपिकार ने इसका 'पर्वत' पाठ कर दिया है।

(२) **अपनी ओर से पाठ बढ़ा देना**—यह प्रक्रिया कई कारणों से होती है। कभी-कभी मूल प्रति या आदर्श त्रुटित होती है तो प्रतिलिपिकार टूटे हुए अंशों के पाठ को अपने मन से बनाकर जोड देता है। इसी प्रकार यदि किसी रचनाकार की ख्याति का लाभ किसी सम्प्रदाय विशेष को पहुँचाने का मन्तव्य रहा तो उसकी रचना में उस सम्प्रदाय के सिद्धान्त संबंधी कुछ छन्द बनाकर अपनी ओर से जोड़ दिया गया। इसके अतिरिक्त किसी रचना को और जन-प्रिय बनाने तथा उसको विस्तृत बनाने के हेतु भी यह प्रक्रिया होती देखी जाती है। कबीर के पदों में उनके नाम से उनके कितने ही शिष्यों ने अपने पद जोड़ दिये। पृथ्वीराजरासो में युद्ध वर्णन, ऋतु-वर्णन, विवाह-वर्णन के कितने ही प्रसंग प्रतिलिपिकारों द्वारा किये गये प्रक्षेप हैं। इसी प्रकार 'रामचरित-मानस' में भी हमें प्रक्षेपों की एक वृहद् शृङ्खला मिलती है। संस्कृत के ग्रन्थों में भी यह प्रक्षेप पर्याप्त मात्रा में हुआ। 'रामायण' का प्रथम और अन्तिम काण्ड प्रक्षिप्त माना जाता है। वाल्मीकि ने राम को मानव-रूप में प्रस्तुत किया था पर इन दो काण्डों के प्रक्षेप ने उन्हें ईश्वरत्व देने की चेष्टा की। इसी प्रकार 'महाभारत' किस प्रकार 'जय काव्य' से 'भारत काव्य' और पुनः 'महाभारत' के रूप में पहुँचा यह भारतीय साहित्य के विद्यार्थी जानते हैं। यह प्रक्षेप का ही प्रसाद है।

(३) **छन्द-सुधार करना**—छन्द भंग को दूर करने के लिये तथा कभी-कभी उनके रूप परिवर्तन की लालसा से भी अनेक प्रकार की पाठ-विकृतियाँ हो जाती हैं। इस प्रकार के कुछ उदाहरण बनारसीदास जैन कृत 'अर्द्ध कथा' से दिये जायँगे।[1] एक पाठ था :

---

१. अर्द्ध कथा का पाठ—डॉ० माताप्रसाद गुप्त—हिन्दी अनुशीलन, अंक ३, वर्ष ११

'कही बात (जब) बनारसी ।
तब वे कहन लगे पारसी ।।
एक कहै ये ठग तहकीक ।
एक कहै व्योपारी ठीक ।।'

इसमें प्रथम चरण का 'जब' शब्द भूल से छूट गया और प्रतिलिपिकार को भात्रा के आधार पर प्रथम चरण दोहे की पंक्ति प्रतीत हुई और उसने इस पाठ को काट-छाँट कर दोहे में परिवर्तित कर दिया जो उसकी एक शाखा की प्रतियों में मिलता है :

'कही बात बानारसी, कहन लगे पर सीक ।
कहि ये ठग तहकीक हैं, कोउ कह व्यापारीक ।।'

इसी प्रकार की प्रवृत्ति के कारण उसी प्रतिलिपिकार ने एक स्थान पर दोहे की चौपाई के रूप में परिवर्तित कर दिया है । ऊपर एक स्थान पर 'आवहिं जाहिं करैं अति खेद' वाली असावधानी के कारण हुई भूल का उल्लेख हुआ है । जिसमें प्रथम अर्द्धाली के बाद तीन अर्द्धाली तथा दोहे के तीन चरण छूट गये थे । उसके प्रतिलिपिकार ने दोहे के एक बचे हुए छन्द को भी अर्द्धाली का एक चरण बनाकर पहले बचे हुए चरण के साथ मिला दिया :

'आवहिं जाहिं करै अति खेद ।
समुझे मिले न रुपये तेद ।।'

बिहारी सतसई में जो कुछ पाठ जो दोहे के रूप में मिलते हैं, किन्हीं-किन्ही प्रतियों में दोहे से सोरठे के रूप में बदल गये हैं, जो केवल कुछ चरणों के हेर-फेर से हो गये हैं :

१—'यह जग कांचों कांच सों, मैं समुझों निरधार ।
प्रतिबिम्बित लखियो जहाँ, एकै रूप अपार ।'

२—'जो अनेक पतितन दिये, मोहूँ दीजै मोष ।
तो बांधी अपने गुनन, जो बांधे ही तोष ।'

यह प्रक्रिया पाठ को भ्रष्ट कर देती है । यही प्रक्रिया हमें नाभादास के 'भक्त-माल' में तथा नारायणदास की 'मधुमालती' में भी मिलती है ।

पाठ-चयन

'पाठ-चयन' मूल पाठ के पुर्नानिर्माण की उस प्रक्रिया को कहते है जिसमें प्रतियों के तुलनात्मक साक्ष्य के आधार पर पाठ-ग्रहण किया जाता है। पाठ-निर्धारण करते समय यदि हमारे सामने रचना की केवल एक ही प्रति हो तो उस समय संपादन का कार्य प्रायः नगण्य सा हो जाता है। वहाँ सम्पादक, पत्रिकाओं आदि के सम्पादकों की भाँति, लेखक की शब्द, शब्दांश एवं मात्रा आदि की दृष्टिभ्रम या लेखन प्रमाद जैसी निश्चेष्ट भूलों का संशोधन मात्र प्रस्तुत कर सकता है, इससे अधिक नहीं। ऐसी स्थिति में यदि उसे प्राप्त प्रति में कहीं कोई छन्द या उसकी कोई पंक्ति छूट गई प्रतीत हो या पाठ त्रुटित हो जाने के कारण छूटा हुआ हो, तो संपादक उनका उल्लेख मात्र कर देता है, उनके स्थान पर अपनी ओर से कुछ स्थानापन्न नहीं करता। यदि किसी रचना की बहुत सी हस्तलिखित प्रतियाँ प्राप्त हों और उनमें पाठ-वैषम्य प्रभूत मात्रा में मिलता हो, तो पाठ-संपादन की वास्तविक समस्या खड़ी होती है और उसके समाधान हेतु पाठ-चयन की विधि का सहारा लेना पड़ता है।

पाठ-चयन का एक सामान्य सिद्धान्त यह है कि सभी प्रतियों में समान रूप से प्राप्त होने वाला पाठ किसी समान उद्‌गम की ओर संकेत करता है। संभव है वह समान उद्‌गम रचयिता का स्वहस्तलेख ही हो।[१] पर साथ ही पाठों की समानता का कारण यह भी हो सकता है कि उपलब्ध सभी प्रतियाँ एक ही आदर्श प्रति की प्रतिलिपियाँ हों। ऐसी दशा में उन प्रतियों के आधार पर प्रस्तुत पाठ उस विशिष्ट शाखा के मूलादर्श (Archetype) मात्र का पाठ होगा, रचना का मूल पाठ नहीं। रचना के मूल पाठ तक पहुँचने के लिये तो प्रायः कई शाखाओं की प्रतियों की आवश्यकता होती है। 'शाखा' से तात्पर्य प्रतियों की परस्पर-संबंध परम्परा से है जिसमें प्रतियाँ क्रमशः एक दूसरे की प्रतिलिपि होती हैं। इस प्रकार जब एक विशिष्ट वर्ग की प्रतियाँ जो निर्भ्रान्त रूप से निश्चेष्ट-विकृतियों में भी एकमत होती है, एक परिवार, एक समूह या एक शाखा की प्रतियाँ कही जाती हैं। पाठ-संपादक को उपलब्ध अनेक प्रतियों

---

१. Accident apart, identity of reading implies identity of source. The source of transmitted reading may, undoubtedly be, the authors autograph.

—Postgate : Encyclopaedia Britannica, Vol. 22.

के शाखागत वर्गीकरण के लिए प्रतियों के परस्पर पाठ-संबंधों की छानबीन करनी पड़ती है। प्रतियों में पाये जाने वाले पाठ-संबंध प्रायः दो प्रकार के होते हैं :—

१—मुख्य संबंध (Primary Relationship)

२—संकीर्ण संबंध (Secondary Relationship)।

मुख्य संबंध—मुख्य संबंध से तात्पर्य उस संबंध से होता है जो लेखक की मूल प्रति से प्रवाहित होने के कारण उस रचना की सभी उपलब्ध प्रतियों में प्राप्त होता है। जब सभी प्रतियों में कुछ पाठ समान रूप से प्राप्त हों और साथ ही वे सभी पाठ शुद्ध हों अर्थात् प्रसंग, अर्थ एवं प्रयोग आदि की दृष्टि से ठीक हों तो किसी न किसी रूप में उनका मूल पाठ होना प्रमाणित ही हो जाता है। इस प्रकार मूलपाठ से निःसृत पाठ के कारण स्थापित प्रतियों के परस्पर संबंध को 'मुख्य संबंध' कहा जाता है। इस संबंध के कारण पाये जाने वाले साम्य को 'शुद्धि साम्य' कहते हैं। प्रतियों का मुख्य-संबंध या शुद्धि-साम्य उनके पारिवारिक शाखा निर्धारण में बहुत सहायक नहीं होता।

संकीर्ण संबंध—लेखक की मूल प्रति से इतर, अन्य व्यक्तियों—प्रतिलिपिकार, प्रक्षेपकर्त्ता, संपादक या पाठक आदि—द्वारा संशोधित या स्थापित पाठ से प्रसूत होकर कुछ प्रतियों में आये हुए पाठ का परस्पर संबंध 'संकीर्ण संबंध' कहा जाता है। संकीर्ण संबंध का निर्धारण प्रमुख रूप से निश्चेष्ट-विकृतियों के साम्य के आधार पर होता है। निश्चेष्ट विकृतियाँ, जब किसी सिद्धहस्त व्यक्ति द्वारा होती हैं तो वे आगे उसकी प्रतिलिपियों में आ जाती हैं। साथ ही प्रतिलिपिकार अपनी भी कुछ विकृतियाँ उनमें जोड़कर उन्हें बढ़ा सकता है। इस प्रकार इन प्रतियों के एक समान उद्गम की बात प्रमाणित होती है। इतना निश्चय हो जाता है कि ये विशिष्ट पाठ समन्वित प्रतियाँ अवश्य एक परिवार या समूह की हैं।[1] इसी प्रकार जब विभिन्न प्रतियों में पाये जाने वाले कुछ पाठों में परस्पर विषमता हो, पर सभी अपने-अपने स्थान पर सामान्यतया शुद्ध प्रतीत हों तो भी उन विशेष पाठवाली प्रतियों का परस्पर संकीर्ण संबंध प्रमाणित होता है और शुद्ध लगने वाले पाठों की इस विषमता को 'शुद्धि वैषम्य' कहते हैं। इसके अतिरिक्त जब निश्चेष्ट विकृतियों की समानता विविध प्रतियों में मिलती है या अन्य अशुद्धियों की ऐसी ही समानता मिलती है तो भी उन प्रतियों का संकीर्ण संबंध निश्चित हो जाता है तथा इस प्रकार की समानताओं को 'अशुद्धिसाम्य' कहते हैं। इस प्रकार

---

१. The peculiar resemblance of two (or more) manuscripts, though not sufficient to warrant the derivation of either from the other, may be sufficient to establish more connection between them. From the axiom which has just been cited, it follows that this connection can only be due to community of source and we thus arrive at the idea of family of manuscripts.

—Postgate : Encyclopaedia Britannica, Vol. 22.

यह कहा जा सकता है कि निश्चेष्ट विकृतियों की समानता और सचेष्ट विकृतियों की विषमता से प्रतियों के संकीर्ण-संबंध पहचाने जाते हैं। डॉ० माताप्रसाद गुप्त का कथन है कि 'प्रतियों की पाठ-विषयक पारस्परिक संबंध स्थापना के लिये उनके पारस्परिक पाठ-साम्य एवं पाठ-वैषम्य का विश्लेषण आवश्यक हुआ करता है और यह विश्लेषण शुद्ध पाठों और अशुद्ध पाठों के आधार पर किया जाता है। पर 'अशुद्धि साम्य' इस विषय में जितना निश्चयात्मक हो सकता है उतना 'शुद्धि साम्य' नहीं और इसी प्रकार 'शुद्धि वैषम्य' जितना निश्चयात्मक हो सकता है उतना 'अशुद्धि वैषम्य' नहीं। 'अशुद्धि-शुद्धि वैषम्य' भी इस प्रकार की संबंध स्थापना में सामान्यतः निश्चयात्मक नहीं हुआ करता।'[१]

संकीर्ण संबंध के निर्धारण हेतु डॉ० कात्रे ने लिखा है[२] कि यह संबंध साधारणतः दो प्रमाणों के आधार पर निर्णीत होता है : (१) जब कुछ प्रतियाँ अपनी पाठगत विशेषताओं में प्रभूत मात्रा में साम्य रखती हैं तो उनका संकीर्ण संबंध प्रमाणित होता है। ये समानताएँ स्वल्प नहीं होनी चाहिये, प्रत्युत प्रभूत मात्रा में पाई जाने वाली विशिष्ट समानताएं ही संबंध निर्धारण में सहायक होती हैं। ये समानताएँ प्रायः दो प्रकार की होती हैं : पहली तो यह कि ऐसी विशेषताएँ, जो मूल प्रति या किसी शाखा विशेष के मूलादर्श में रही संभव नहीं प्रतीत होतीं, यदि कई प्रतियों में समान रूप से मिलें, तो उन प्रतियों में परस्पर सम्बन्ध होना प्रमाणित होता है। इस प्रकार की कई विशेषताओं का उल्लेख डॉ० माताप्रसाद गुप्त ने रामचरित मानस की प्रतियों में किया है। मानस की १७२१ और १७६२ की प्रतियों में इस प्रकार की प्रभूत समानताएँ मिलीं जिनके आधार पर उनका परस्पर संकीर्ण संबंध सिद्ध हुआ। १७२१ वाली प्रति में बालकाण्ड में दोहा सं० २२६ के स्थान पर प्रमादवश दोहा संख्या २२८ लिख गया। इस प्रकार वास्तविक दोहों की संख्या से ३ संख्या बढ़ गई क्योंकि २२६ के स्थान पर २२८ लिख गया और क्रम उसी से आगे बढ़ता गया। चूंकि १७६२ की प्रति १७२१ की प्रति की प्रतिलिपि हैं, अतः उसमें भी भूल ज्यों की त्यों उतार ली गई है। यह विशेषता मानस की अन्य शाखाओं की प्रतियों में नहीं मिलती है और न ही इस प्रकार की विशेषताओं का मूल पाठ में होना स्वीकार किया जा सकता है। अतः इस प्रकार की अनेक विशेषताएँ भूल के कारण छूटे हुए अथवा प्रक्षेप के कारण बढ़े हुए अंशों की समानता के कारण दृष्टिगत होती हैं। इनमें भी प्रक्षेप के कारण बढ़े हुए अंशों की समानता संकीर्ण-सम्बन्ध निर्धारण में उतनी निश्चयात्मक नहीं होती, जितनी भूल के कारण छूटे हुए अंशों की समानता होती है। रामचरितमानस की जिन दो प्रतियों का एक उदाहरण ऊपर प्रस्तुत किया गया है, उन्हीं में इस प्रकार की भूलों की भी अनेक

१. 'अर्द्धकथा का पाठ'—हिन्दी अनुशीलन (प्रयाग), वर्ष ३ अंक १।
२. S M. Katre : Introduction to Indian Textual Criticism, page 76.

समानताएँ प्राप्त होती हैं जिनसे उनके संकीर्ण-सम्बन्ध का निश्चय और दृढ़ हो जाता है। पाठ विकृतियों के अध्ययन के समय हमने वर्णसाम्य के कारण हुई भूल के अंतर्गत जो उदाहरण प्रस्तुत किया है कि मूल पाठ था 'राम कृपाते पारबति', भूल से एक प्रति में लिख गया 'रामकृपारबति'। ठीक यही पाठ दूसरी प्रति में भी उतार लिया गया। छूटे हुए अंशों की कई समानताएँ जब मिलती हैं तो प्रतियों के परस्पर संकीर्ण-सम्बन्ध से सम्बन्धित होने की धारणा दृढ़ होती है : (२) प्रतियों के परस्पर संकीर्ण-सम्बन्ध से सम्बन्धित होने के निराकरण के हेतु प्रस्तुत किये गये इन प्रथम कोटि के साक्ष्यों के अतिरिक्त उनके संकीर्ण-सम्बन्ध की स्थिति एकदम दृढ़ हो जाती है जब उनमें अधिक मात्रा में छोटी-छोटी स्थूल बातों की समानताएँ मिलती हैं तथा वे शब्दशः एक दूसरे के समान होती हैं।

संकीर्ण सम्बन्ध का निराकरण करते समय 'मिश्रपाठ' की सम्भावनाओं से सदैव सतर्क रहना चाहिए। संकीर्ण सम्बन्ध जहाँ मूल या एक शाखा के मूलादर्श से चलने वाले मूल स्रोत के प्रवाह के साथ प्रतिलिपिकार की सचेष्ट या निश्चेष्ट भूलों के कारण उत्पन्न होते हैं, वहाँ 'मिश्रपाठ' की प्रतियों में दो भिन्न शाखाओं के पाठ को मिलाकर प्रस्तुत करने के कारण संकीर्ण सम्बन्ध उत्पन्न होते हैं। 'मिश्रपाठ' के निराकरण के उपरान्त ही संकीर्ण सम्बन्धों की छान-बीन उपयोगी है। पाठ-मिश्रण के समय दो या दो से अधिक शाखाओं की प्रतियों की विकृतियाँ सम्मिलित हो सकती हैं पर इससे उस प्रति का सीधे किसी शाखा के साथ संकीर्ण सम्बन्ध से सम्बन्धित होना नहीं प्रमाणित होता।

शाखा-विभाजन

विशिष्ट प्रकार के पाठों को धारण करने वाली प्रतियाँ, जो परस्पर संकीर्ण सम्बन्ध से सम्बन्धित होती हैं, एक शाखा, एक परिवार या एक वंश की प्रतियाँ कही जाती हैं। जिस प्रकार एक वंश-परम्परा के व्यक्तियों में परस्पर रक्त-सम्बन्ध होता है है और इस सम्बन्ध का वस्तुगत प्रतीक उनके रूप, रंग, गुण तथा धर्म आदि की समानता के रूप में प्रकट होता है, उसी प्रकार परस्पर प्रतिलिपि-सम्बन्ध से सम्बद्ध हस्तलेख एक परिवार के होते हैं और उनकी निजी विशेषताएँ भी परस्पर बहुत कुछ समान होती हैं। संकीर्ण-सम्बन्ध के निराकरण के सिद्धान्त प्रस्तुत करते समय यह देखा जा चुका है कि परस्पर सम्बन्ध निर्धारण में 'अशुद्धि साम्य' एवं 'शुद्धि वैषम्य' विशेष सहायक होते हैं। इस प्रकार के 'अशुद्धि साम्यों' एवं 'शुद्धि वैषम्यों' की प्रभूत मात्रा में प्राप्ति, प्रतियों के परस्पर प्रतिलिपि-सम्बन्ध की द्योतक होती हैं।

कल्पना कीजिए कि किसी रचना की सात प्रतियाँ हमें प्रात हैं जिन्हें हम क्रमशः अ, ब, स, द, य, र, फ, नामों से अभिहित करते हैं। इनके परस्पर संकीर्ण-सम्बन्धों की परीक्षा करने पर ज्ञात हुआ कि अ, ब, स में अशुद्धियों का परस्पर साम्य प्रभूत मात्रा में मिलता है। इसी प्रकार के साम्य के कारण द, य, र का भी परस्पर संकीर्ण

सम्बन्ध प्रमाणित होता है। 'फ' प्रति अपनी स्वतन्त्र अशुद्धियों से युक्त है और उसका किसी अन्य प्रति से साम्य नहीं है। इस स्थिति में इतना तो अत्यन्त सरलता से निश्चित हो जायगा कि प्राप्त प्रतियाँ तीन समूहों में विभक्त की जा सकती हैं और वे तीन शाखाओं की प्रतियाँ हैं। पर पाठों के आधार पर प्रतियों का समूह निर्धारण ही पर्याप्त नहीं होता बल्कि उनके परस्पर सम्बन्धों की छान-बीन करके उनके परस्पर सम्बन्ध का निर्देश तथा उनके प्रतिलिपि-सम्बन्धों का वंश-वृक्ष तैयार करना पड़ता है। इस वंश-वृक्ष के तैयार करने में एक शाखा की सभी प्रतियों के परस्पर प्रतिलिपि-संबंध को ढूंढ़ना पड़ता है। दो प्रतियों का एक शाखा या समूह में होना जब निश्चित हो जाता है तो उनके परस्पर सम्बन्ध निर्धारण में हमारे सम्मुख प्रायः तीन प्रश्न खड़े होते हैं :—

१—क्या वे दोनों प्रतियाँ किसी सामान्य आदर्श की प्रतिलिपियाँ हैं ?

२—यदि नहीं तो क्या उनमें से प्रथम प्रति दूसरे की प्रतिलिपि है ?

३—यदि यह भी नहीं तो क्या दूसरी प्रति प्रथम की प्रतिलिपि है ?

इनमें से पहली स्थिति तो तब मानी जायगी जब उन दोनों ही प्रतियों में कुछ विकृतियाँ ऐसी मिलती हों जो समान हों, पर इसके अतिरिक्त दोनों में अपनी कुछ विशेष विकृतियाँ भी हों, तो वे दोनों किसी सामान्य 'आदर्श' की प्रतिलिपियाँ मानी जायेगी। क्योंकि इस स्थिति के निर्माण का मूल कारण यह होता है कि समान मिलने वाली विकृतियाँ प्रायः सामान्य आदर्श से ग्रहण कर ली जाती हैं और विशेष मिलने वाली विकृतियाँ उन दोनों प्रतियों के प्रतिलिपिकारों के कारण उत्पन्न होती हैं। दूसरी स्थिति तब मानी जाती है जब द्वितीय प्रति में मिलने वाली सम्पूर्ण विकृतियाँ प्रथम प्रति में ज्यों की त्यों उतार ली गयी हों या प्रायः यह स्थिति देखी जाय कि द्वितीय प्रति में कोई भी ऐसी विकृति नहीं है जो प्रथम में न आ गई हो। साथ ही द्वितीय प्रति की विकृतियों के अतिरिक्त प्रथम में अपनी कुछ विशेष विकृतियाँ भी मिलती हों जो उस प्रति के प्रतिलिपिकार के दृष्टिभ्रम तथा लेखन-प्रमाद आदि के कारण प्रसूत हों। तीसरी स्थिति इसके प्रतिकूल प्रमाण प्राप्त होने पर मानी जाती है। जब प्रथम की सम्पूर्ण विकृतियाँ द्वितीय में आ गई हों तथा द्वितीय में प्रथम में प्राप्त विकृतियों के अतिरिक्त अपनी कुछ विशेष विकृतियाँ भी हों तो यह प्रमाणित होता है कि द्वितीय प्रथम की प्रतिलिपि है। इन तीनों स्थितियों को उदाहरण द्वारा इस प्रकार देखा जा सकता है :—

(१) प्र० = ५ + (३)	(२) द्वि० = ५	(३) प्र० = ५
द्वि० = ५ + [२]	प्र० = ५ + [३]	द्वि० = ५ + [३]

इनमें से प्रथम स्थिति के उदाहरण में ५ विकृतियाँ तो प्र० और द्वि० दोनों में समान हैं, पर प्र० की (३) उस प्रति की विशेष विकृतियाँ हैं तथा द्वितीय की [२] उस प्रति की अपनी विशेष विकृतियाँ हैं इसीलिए इन्हें भिन्न आकार के कोष्ठकों द्वारा दिखाया गया है। इसी प्रकार दूसरी स्थिति में द्वि० की ५ और प्र० की ५ समान

विकृतियाँ हैं और प्र० की [३] उस प्रति की विशेष विकृतियाँ हैं तथा तृतीय स्थिति में प्र० की ५ और द्वि० की ५ समान विकृतियाँ हैं तथा द्वि० की [३] उस प्रति की अपनी विशेष विकृतियाँ हैं। इन तीनों स्थितियों की प्रतियों को हम वंश-वृक्ष के रूप में इस प्रकार प्रस्तुत करेंगे :—

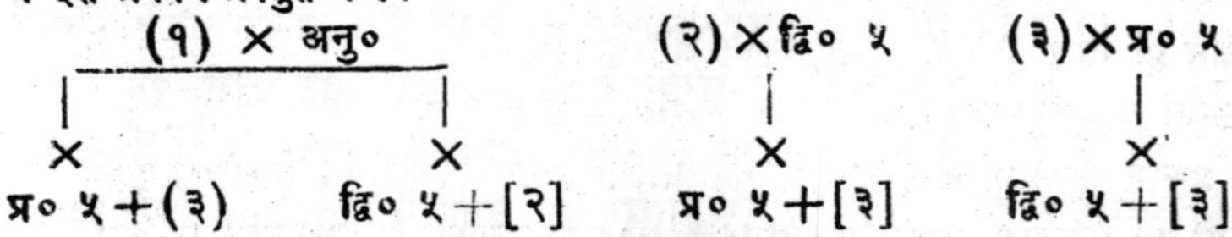

इनमें प्रथम स्थिति में 'आदर्श' के स्थान पर (अनु०) संकेत अनुपलब्ध प्रति के लिये दिया गया है। यही अनुपलब्ध प्रति इस शाखा की इन दोनों प्रतियों की कल्पित आदर्श प्रति अनुमित है। प्रथम स्थिति में हमने जिस प्रकार का काल्पनिक उदाहरण प्रस्तुत किया है, ठीक इसी प्रकार की वंश-परम्परा की 'छिताई वार्ता' की दो प्रतियों की प्राप्ति डॉ० माताप्रसाद गुप्त को हुई थी जिन्हें उन्होंने क्रमशः क० एवं श्री० संकेतों से अभिहित किया है। इनके परस्पर प्रतिलिपि-सम्बन्ध की छानबीन ऊपर उल्लिखित ढंग से कर डॉ० गुप्त ने उनका पाठ-सम्बन्ध इस प्रकार प्रस्तुत किया है :

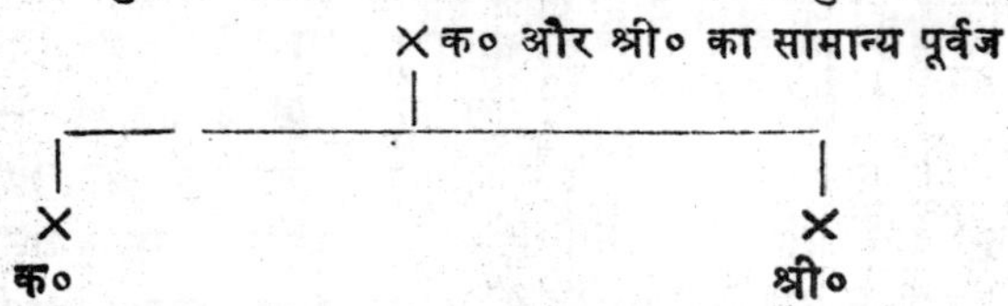

प्रतियों के परस्पर सम्बन्ध निर्धारण का यही सामान्य सिद्धान्त है। इन सिद्धान्तों के प्रयोग में इस बात की सावधानी अनिवार्य होती है कि पाठ-विकृतियों में विशेष रूप से निश्चेष्ट पाठ-विकृतियाँ सम्बन्ध निर्धारण में सहायक होती हैं। साथ ही जब प्रतिलिपिकार अत्यन्त प्रामाणिकता-पूर्वक 'मक्षिका स्थाने मक्षिका' के सिद्धान्त का पालन करता हुआ न चलेगा और वह अपनी सूझ-बूझ के प्रयोग द्वारा पूर्व प्रतिलिपिकार की भूलों का सुधार करता चलेगा तो सम्बन्ध-निर्धारण में कुछ कठिनाई हो सकती है। फिर भी इन सम्भावनाओं को दृष्टि में रखकर पाठालोचक सम्बन्ध-निर्धारण का कार्य करता है और प्रतियों की सूक्ष्म परीक्षा करने पर उनके परस्पर प्रतिलिपि-संबंध स्थापित करने वाले प्रमाण मिल ही जाते हैं चाहे प्रतिलिपिकार ने कितनी ही निजी सूझबूझ का प्रयोग किया हो या प्रस्तुत पाठ में कितना ही परवर्ती संशोधन हुआ हो। इतना निश्चय है कि ये सिद्धान्त सामान्य निर्देश मात्र हैं। विविध रचनाओं की पाठ-समस्याओं के अध्ययन द्वारा विविध प्रकार की अद्भुत समस्याएं सम्मुख आती हैं जिन्हें इन्हीं मूल सिद्धान्तों के आधार पर पाठालोचक अपनी सूझ-बूझ द्वारा हल किया करते हैं। उदाहरणार्थ, 'पृथ्वीराज रासउ' की पाठशोध करते समय डॉ० माताप्रसाद गुप्त को एक विशिष्टता दिखलाई दी कि 'रासो' के अन्दर कुछ स्थलों पर उक्ति-श्रृङ्खला सी चलती हुई दीख पड़ती है जिसमें प्रथम छन्द की अन्तिम पंक्ति में जो शब्द प्रयुक्त होते हैं

उन्हीं में से कुछ के प्रयोग द्वारा आगामी छन्द का प्रारम्भ होता है। इस प्रकार की उक्ति-शृङ्खला की अत्यन्त प्रशस्त परम्परा 'रासो' में दीख पड़ती है। इन शृङ्खलाओं के बीच भी प्रतिलिपिकारों ने प्रक्षिप्त छन्दों को प्रविष्ट कर दिया है। इस प्रकार के छन्दों की प्रक्षिप्तता एक तो पाठानुसंगति से सिद्ध है, दूसरे विषयानुसंगति अथवा अर्थानुसंगति से भी वे प्रक्षिप्त ही सिद्ध होते हैं। इस प्रकार की शृङ्खलाओं को एक विशेष प्रकार से तोड़ने वाले छन्दों से युक्त प्रतियों के परस्पर प्रतिलिपि-सम्बन्ध होना सिद्ध होता है।

इसी प्रकार की अन्य जानकारियों की प्राप्ति द्वारा पाठ-संबंध निर्धारण करने वाली विकृतियों का विस्तार बढ़ता जा सकता है और पाठ-सम्बन्धी विकटतम गुत्थियों को भी सूझबूझ द्वारा सुलझाया जा सकता है।

अब तक हमने दो बातें देख लीं। पहली समान विकृतियों के आधार पर समूहों का विभाजन करना और दूसरी दो प्रति के परस्पर प्रतिलिपि-सम्बन्ध का निराकरण करना। अब हम उन्हीं दोनों सिद्धान्तों के आधार पर, 'शाखा विभाजन' में लिये गये सात प्रतियों अ, ब, स, द, य, र, फ को शाखाओं के अनुसार वंशानुक्रम में प्रस्तुत करेंगे। हमने देख लिया है कि ये सातों प्रतियाँ अपनी समानताओं और विषमताओं के आधार पर तीन वर्गों में विभाजित की जा चुकी हैं। प्रथम वर्ग अ, ब, स, द्वितीय वर्ग द, य, र तथा तृतीय वर्ग फ का है। सर्व प्रथम हम इन तीनों वर्गों की प्रतियों के आदर्शों की कल्पना करते हैं। तथा साथ ही सभी शाखाओं के एक मूलादर्श की भी कल्पना करते हैं। इस उदाहरण में मान लीजिए इन वर्गों के कल्पित आदर्श क्रमशः 'आ', 'ओ' तथा 'ई' हैं और सभी शाखाओं का मूल पाठ 'अ' है। अब हम एक-एक वर्ग की प्रतियों का परस्पर सम्बन्ध निर्धारण करेंगे। प्रथम वर्ग की प्रतियों अ, ब, स में कल्पना कीजिए कि 'अ' में मिलने वाली सभी अशुद्धियाँ 'ब' में मिलती हैं, साथ ही ब में अ से प्राप्त अशुद्धियों के अतिरिक्त कुछ अपनी निजी अशुद्धियाँ भी हैं। इसी भाँति 'स' में ब में प्राप्त सम्पूर्ण अशुद्धियाँ प्राप्त हैं तथा उनके अतिरिक्त अपनी कुछ निजी अशुद्धियाँ भी हैं। तो इस दशा में ब अ की और स ब की प्रतिलिपि हुई। इनका पाठ सम्बन्ध इस प्रकार प्रस्तुत किया जा सकता है:

अ = १० ×अ

ब = १० + ५ |

स = १० + १५ + ३ ×ब

|

×स

इसी ढंग से कल्पना कीजिए कि द, य, र के परस्पर सम्बन्धों पर विमर्श करते हुए हम इस निष्कर्ष पर पहुँचते हैं कि द की सम्पूर्ण अशुद्धियाँ य तथा र दोनों में आ गई हैं। पर साथ ही य तथा र में अपनी-अपनी निजी अशुद्धियाँ भी हैं। इस दशा

में य तथा र दोनों की प्रतिलिपियाँ हैं और इनका यह पाठ सम्बन्ध इस प्रकार प्रस्तुत होगा :

द = १५

य = १५ + (३)

र = १५ + [५]

फ तो अपनी शाखा की एकमेव प्रतिनिधि है। अतः उसके किसी अन्य के साथ अशुद्धि साम्य वा विकृति साम्य का होना संभव ही नहीं। यदि फ का स्वतंत्र शाखा का निर्भ्रान्त रूप से प्रमाणित होने पर भी कुछ अशुद्धियाँ उसकी अन्य शाखाओं के समान मिलें तो यह विचार उठता है कि उसकी पूर्वज प्रतियों का पाठ अन्य शाखा के पाठ के साथ किसी न किसी स्तर पर अवश्य मिश्रित हुआ रहा होगा।

इस ढंग से इन सातों प्रतियों के परस्पर पाठ सम्बन्ध का निराकरण कर लेने के उपरान्त इन कल्पित प्रतियों का वंश-वृक्ष इस प्रकार प्रस्तुत किया जा सकता है :

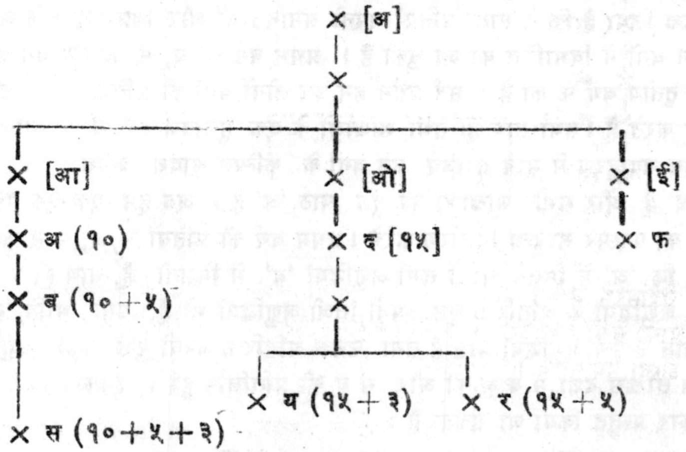

नोट—इस वंश वृक्ष में दिखलाई गई संख्याएं पाठ-विकृतियों या अशुद्धियों की द्योतक हैं तथा बड़े कोष्टक [ ] अप्राप्त कल्पित आदर्शों के सूचक हैं।

प्रतियों के शाखानुसार परस्पर पाठ-सम्बन्ध के अतिरिक्त दो या दो से अधिक शाखाओं की प्रतियों को आदर्श बनाकर उनके मिश्रित पाठ के आधार पर जो प्रतियाँ तैयार होती हैं उन्हें मिश्र-पाठ की प्रतियाँ कहते हैं। मिश्र पाठ की प्रतियों का निराकरण तब होता है जब उनमें स्वतंत्र शाखाओं के पाठों में पाई जाने वाली अशुद्धियाँ सम्मिलित कर ली गयी हों। इस प्रकार की प्रतियाँ प्रायः पाठ-निर्धारण में उपयोगी नहीं होती हैं। विशेष रूप से उस दशा में तो इनका उपयोग प्रायः नहीं ही होता है, जब उन दो शाखाओं की शुद्ध पाठ की प्रतियाँ उपलब्ध हों जिन शाखाओं के पाठ का

मिश्रण उस प्रति में हुआ हो। जब उस प्रति में मिश्रित दो शाखाओं में से किसी एक शाखा की कोई प्रति उपलब्ध न हो तो इनसे अनुपलब्ध शाखा के पाठ की जानकारी कुछ-कुछ अवश्य हो सकती है। अपने निर्धारित वंश-वृक्ष में इन प्रतियों का भी अस्तित्व निर्देश करना पाठालोचक के लिये अनिवार्य होता है। मानलीजिए ऊपर जिन सात प्रतियों का उदाहरण लिया गया है, उनके अतिरिक्त, च और छ, दो और प्रतियाँ प्राप्त हैं। इसमें च प्रति की परीक्षा करने पर यह विदित होता है कि उसके अन्दर कुछ 'आ' समूह की तथा कुछ 'ओ' समूह की विकृतियाँ दिखलाई पड़ती हैं। इस प्रकार यह निश्चय हुआ कि च प्रति इन दोनों समूहों के मिश्र पाठ की प्रति है। इसी भाँति यदि छ प्रति में 'ई' और 'ओ' समूह की प्रतियों की विकृतियाँ एकत्र मिलती हों तो यह इन दोनों शाखाओं के मिश्र-पाठ की प्रति होगी। उपर्युक्त वंश-वृक्ष में इन प्रतियों का स्थान इस प्रकार दिखाया जा सकता है :

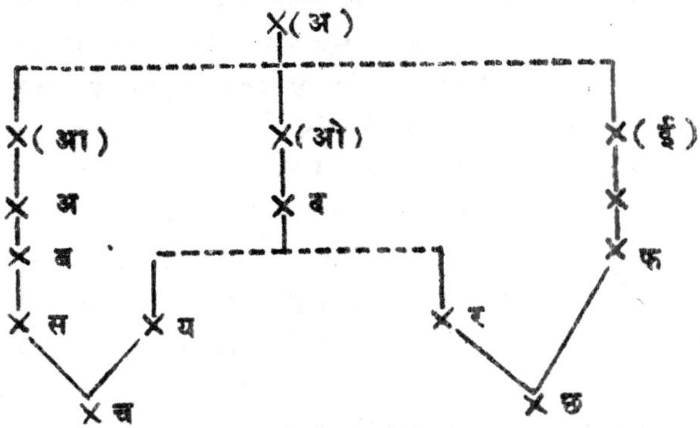

उदाहरण स्वरूप प्रस्तुत किये गये इन पाठ-सम्बन्धों की भाँति सीधे और सरल सम्बन्ध प्रायः सभी रचनाओं की प्रतियों में नहीं मिलते हैं। पर मूलसिद्धान्तों को समझने के लिये इतना पर्याप्त है।

पाठ-चयन के नियम

पाठ-चयन की सामान्य विधि—पाठ-चयन की सामान्य विधि के विवेचन के पूर्व हम पाठालोचकों के सम्मुख चेतावनी के रूप में पाठ-चयन के लिये स्वीकृत कुछ प्राचीन नियमों का विवेचन कर देना चाहते हैं ?

(१) पाठानुसंगति तथा अर्थानुसंगति—पाठ-चयन करते समय हम एक निर्धारित विधि से क्रमशः प्राप्त पाठ से अप्राप्त पाठ की ओर बढ़ते हैं और इसी क्रम से हम धीरे-धीरे रचयिता के मूल पाठ तक पहुँचते हैं। इस विधि के प्रयोग के समय हमें विभिन्न शाखाओं में प्राप्त होने वाले पाठों की समानता मात्र का ही ध्यान नहीं देना होता है, प्रत्युत उसकी पाठ-संगति के साथ उसकी संगति, अर्थ एवं प्रसंग आदि की दृष्टि से भी, ठीक बैठनी चाहिये। इन संगतियों का विस्तृत विवेचन आगे

'पाठ सुधार' के अन्तर्गत किया जायगा क्योंकि उसी प्रसंग में इनकी विशेष आवश्यकता भी पड़ती है। यहाँ पर इतना ही उल्लेख पर्याप्त है कि पाठ की दृष्टि से मूल का लगने वाला पाठ अर्थ तथा प्रसंग की दृष्टि से भी उपयुक्त होना चाहिये।

(२) **कठिनतर पाठ की स्वीकृति**— जहाँ पर भिन्न-भिन्न शाखाओं में ही पाठ उपलब्ध हों, दोनों ही सार्थक एवं संगत प्रतीत हों, और उनमें से कठिन पाठ को सरल की अपेक्षा वरीयता देकर ग्रहण कर लेना चाहिये।[1]

प्रतिलिपिकारों की यह सामान्य प्रवृत्ति देखी जाती है कि वे कठिन तथा असूझ लगनेवाले भाषा के प्राचीन रूप के शब्दों को उसी अर्थ एवं मात्रा या वर्ण के शब्दों द्वारा स्थानापन्न कर देते हैं। उदाहरणार्थ रामचरित मानस बालकाण्ड के २७५ वें दोहे का स्वीकृत पाठ है :

गाधि सूनु कह हृदय हँसि मुनिहिं हरिअरइ सूझ।
अयमय खांड न ऊखमय अजहुं न बूझ अबूझ।

इसमें द्वितीय पक्ति के प्रारम्भ का पाठ कुछ प्रतियों में 'अयमय खंडेउ ऊख जिमि' मिलता है। यह सरलतर पाठ है और कठिन पाठ के स्थान पर प्रतिलिपिकार द्वारा लिखा गया है। कभी-कभी तो कठिन शब्दों के समानार्थी सरल शब्द अर्थ समझने की सुविधा से प्रति के हासिए में अंकित कर दिये गये होते हैं और प्रतिलिपिकार उन्हीं सरल शब्दों को मूल पाठ के स्थान पर उतार लेता है। विभिन्न प्राप्त पाठों में, जो अन्य दृष्टियों से समान रूप से संगत लगते हों, वे पाठ जो भाषा के प्राचीन रूप को अभिव्यक्त करते हों या जिनकी वर्तनी वर्तमान रूप से पर्याप्त प्राचीन हो वे अधिक ग्रहण करने योग्य होते हैं।

यह सिद्धान्त अधिकांशतः सत्य सिद्ध होता है, पर इसके अपवाद भी होते हैं। कभी-कभी भाषा पर प्राचीनता की कलई करने की चेष्टा प्रतिलिपिकारों द्वारा भी की जाती है। जब अन्य दृष्टियों से किसी शाखा के नीचे के स्तर की प्रतियों में पाठ कठिनतर मिलता हो तो सम्भावना इस बात की अधिक रहती है, कि उसकी भाषा प्रतिलिपिकार के सचेष्ट प्रयत्न द्वारा कठिन हो गई हो सकता है। इस प्रकार कठिनतर होना ही मूल-पाठ का प्रमाण नहीं है, प्रत्युत यह एक संभावना मात्र है जिसके अपवाद भी हो सकते हैं।

(३) **संक्षिप्त पाठ की स्वीकृति**—कभी-कभी यह देखा जाता है कि एक ही रचना की भिन्न-भिन्न शाखाओं की प्रतियों में पाठ कम और अधिक मिलता है। ऐसी दशा में प्रायः यह संभावना रहती है कि वृहद पाठ प्रक्षेपों के प्रभाव के कारण बढ़ गया और संक्षिप्त पाठ मूल के अधिक निकट है। यह एक सामान्य प्रवृत्ति देखी जाती है कि

---

१. One of the most commonly recognized maxims is 'prefer the harder reading' or what is technically called 'Lectio difficilior'.
—S. M. Katre : Introduction to Indian Textual Criticism, p. 72

प्रतिलिपिकार अपनी ओर से प्रक्षेप करते समय वर्णन आदि के प्रसंगों को और विस्तृत रूप में प्रस्तुत करने के लोभ से प्ररित होते हैं। इस प्रकार प्रक्षेपों द्वारा बढ़ते-बढ़ते मूल के संक्षिप्त पाठ विस्तृत आकार धारण कर लेते हैं। इसी प्रकार की प्रवृत्ति पृथ्वी-राज रासो की प्रतियों में मिलती हैं। रूप के आधार पर उसके चार रूपान्तर मिलते हैं। इस ग्रन्थ की पाठ शोध के सदर्भ में डॉ० माताप्रसाद गुप्त ने यह सिद्ध कर दिया है कि इनमें से सबसे छोटा रूपान्तर 'रासो' के मूल पाठ के सर्वाधिक निकट है। यह नियम भी उसी भाँति अपवादयुक्त है जैसा इसके पूर्व वर्णित नियम है। पाठ की संक्षिप्तता प्रतिलिपिकार की चयन-वृत्ति की भी द्योतक हो सकती है पर ऐसा प्रायः कम ही होता है। रासो के सबसे छोटे रूपान्तर में 'रासउ-रसाल' शब्द का प्रयोग पुष्पिका में हुआ था जिसे देखकर प्रारम्भ में डॉ० गुप्त की यह धारणा हुई थी कि यह रूपान्तर 'रासो' के मूल पाठ से एक चयन मात्र है, पर परीक्षा करने पर यह सिद्ध हुआ कि वह चयन नहीं है, प्रत्युत मूल के सर्वाधिक निकट का पाठ है। 'पद्मावत' की मोहम्मद शाह रंगीले के दरबार की संक्षिप्त सचित्र प्रति डॉ० भगवती प्रसाद सिंह (गोरखपुर वि० वि०) के पास है, जो अपने में पूर्ण प्रतीत होती है पर यह मूल पाठ की संक्षिप्त प्रति ही है। बृहद पाठ संक्षिप्त की अपेक्षा नवीन होता है, यह एक सामान्य सिद्धान्त है पर इसके अपवाद भी होते हैं।

(४) **प्रतियों की संख्या का नहीं, उनके मूल्य का महत्व** (Manuscripts are to be weighed, not counted)—अधिकतम प्रतियों में मिलने वाला पाठ आवश्यक रूप से मूल का पाठ नहीं हो सकता। यदि किसी रचना की दस प्रतियों में एक पाठ मिलता है और दो प्रतियों में दूसरा और परीक्षा करने पर यदि यह सिद्ध हो कि प्रथम दस प्रतियाँ एक शाखा की हैं और शेष दो प्रतियाँ दो भिन्न-भिन्न शाखाओं की हैं तो इन दो प्रतियों में मिलने वाले पाठ का अधिक महत्त्व होगा, अपेक्षाकृत प्रथम दस प्रतियों में मिलने वाले पाठ के। विभिन्न शाखाओं की प्रतियों में समान मिलने वाले पाठों का तो मूल्य होता ही है, साथ ही विश्वसनीय प्रतियों में उपलब्ध पाठ अधिक मूल्यवान होता है। जिन प्रतियों में विकृतियाँ कम हुई हों तथा प्रक्षेप की प्रवृत्ति प्रायः कम देखी जाय, वे प्रतियाँ विश्वसनीय प्रतियों की कोटि में आती हैं। किन्हीं प्रतियों को विश्वसनीय मानने के पूर्व उनकी बार-बार परीक्षा होनी चाहिये। यह कार्य न्यायकर्ता के समान होता है जो निर्णय देने पूर्ण विश्वसनीय लक्ष्यों को ध्यान पूर्वक सुनता है।

प्रतियों का सापेक्षिक महत्त्व

प्रतियों के शाखागत वर्गीकरण और पाठालोचक के सामान्य नियमों को जान लेने के उपरान्त प्रतियों के सापेक्षिक महत्व का आकलन करना पड़ता है। आदर्श प्रति से उसकी प्रतिलिपि हुई रहती है, पर आदर्श प्रति में बराबर सुधार और संशोधन होते रहने के कारण वह उस प्रतिलिपि से भी बाद के स्तर का पाठ प्रस्तुत करती है। इसी

प्रकार की स्थिति रामचरित मानस की १७६२ तथा १७२१ वाली प्रतियों के संबंध में देखी जाती है। यों तो १७२१ की प्रति १७६२ की प्रति की आदर्श है, पर १७२१ की प्रति में १७६२ वाली प्रति की प्रतिलिपि हो जाने के बाद भी संशोधन होता रहा है। अतः मानस के सम्पादन में डॉ० गुप्त ने १७२१ वाली प्रति में संशोधन के पूर्व के पाठ का पता लगाने के निमित्त १७६२ वाली प्रति का भी पर्याप्त उपयोग किया।

इसी प्रकार जहाँ मिश्र-पाठ की प्रतियाँ उपलब्ध हों और साथ ही वे प्रतियाँ भी उपलब्ध हों जिनके पाठों का मिश्रण उस प्रति में हुआ हो तो मिश्र-पाठ की प्रतियों का उपयोग प्रायः नहीं होता है। यदि वे प्रतियाँ जिनके पाठ का मिश्रण मिश्र-पाठ की प्रति में हुआ हो, उपलब्ध न हों, पर उन्हीं शाखाओं की अन्य प्रतियाँ उपलब्ध हों, तो भी मिश्र पाठ की प्रतियाँ उपयोगी नहीं होतीं। किन्तु इसके साथ एक बात अवश्य ध्यान रखनी चाहिये कि उन शाखाओं की प्रतियाँ पाठ-मिश्रण की प्रतियों से पूर्व के स्तर की होनी चाहिये। पाठ मिश्रण के स्तर के बाद की उन्हीं शाखाओं की प्रतियां उतनी उपयोगी नहीं होगी तथा केवल उन्हीं के प्राप्त होने पर मिश्र-पाठ की प्रतियाँ भी उनके पूर्ववर्ती स्तर के पाठ का पता लगाने में सहायक होती हैं, जिन शाखाओं के पाठ का मिश्रण हुआ हो, उनमें से यदि किसी शाखा की प्रतियाँ तो उपलब्ध हों और अन्य शाखा की कोई प्रति उपलब्ध न हो तो मिश्र-पाठ की प्रतियों से दूसरी शाखा के पाठ का भी कुछ अनुमान किया जा सकता है। मान लीजिये किसी रचना की अ, ब, स तीन प्रतियाँ प्राप्त हैं। परीक्षा करने पर यह विदित होता है कि अ और ब तो स्वतंत्र शाखाओं की प्रतियाँ हैं, पर स में ब तथा किसी अन्य शाखा की एक प्रति का पाठ-मिश्रण हुआ है और उस शाखा की कोई भी प्रति उपलब्ध नहीं है। इनका वंश-वृक्ष इस प्रकार होगा :

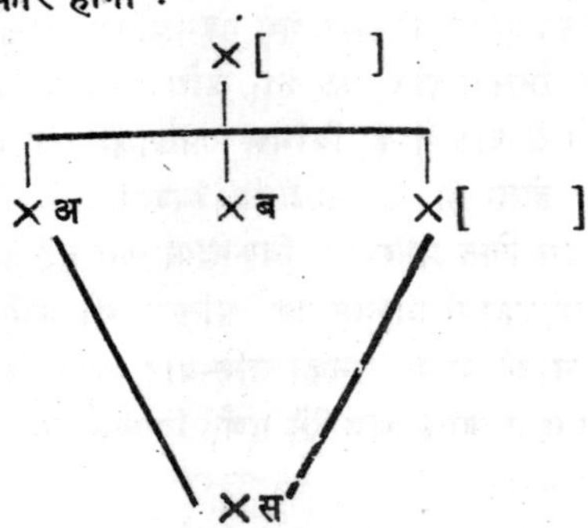

इस चित्र से स्पष्ट होगा कि स जो मिश्रपाठ की प्रति है उसकी दो आदर्श प्रतियों में से एक तो उपलब्ध है, पर दूसरी अनुपलब्ध है। स और ब के पाठ की तुलना करने पर जो पाठाधिक्य या अन्य विशेषताएँ स प्रति में मिलेंगी उनसे अनुपलब्ध प्रति तथा उस शाखा के पाठ का अनुमान किया जा सकता है और ऐसी दशाओं में मिश्र-पाठ की प्रतियाँ भी पाठ-निर्णय में उपयोगी होती हैं। कल्पना कीजिये कोई पाठ अ

और ब प्रति में मिलने वाले पाठ समान न हों और अ का पाठ स से मिलता हो। स प्रति में मिलने वाला यह पाठ जो ब प्रति के पाठ से भिन्न है, अवश्यमेव तीसरी अनुपलब्ध शाखा के स्रोत से आया होगा। इस प्रकार अ शाखा तथा अनुपलब्ध शाखा के इन दो शाखाओं में मिलने वाला पाठ केवल एक ही शाखा ब में मिलने वाले पाठ की अपेक्षा अधिक स्वीकार्य होगा। इस विवेचन से यह स्पष्ट होता है कि सामान्यतया अपने पूर्वजों के प्राप्त होने पर मिश्र-पाठ की प्रतियाँ उपयोगी नहीं होती हैं, पर किन्हीं-किन्हीं परिस्थितियों में उनकी भी उपयोगिता होती है।

इस प्रकार पाठ-चयन प्रारम्भ करने के पूर्व सम्पूर्ण उपलब्ध सामग्रियों में से उन सामग्रियों को चुन लिया जाता है जिनके आधार पर पाठ-चयन करके रचयिता के मूल-पाठ तक पहुँचा जा सकता है। जिस प्रकार खेत में फसल बोने के पूर्व उपलब्ध बीज को साफ-सुधरा कर लिया जाता है और उसमें सम्मिलित अनावश्यक तत्त्वों तथा रुग्ण एवं निर्बल बीजों को निकाल कर अलग कर दिया जाता है, उसी प्रकार पाठ-चयन प्रारम्भ करने के पूर्व संपादन-सामग्री में से अविश्वसनीय तत्त्वों एवं निर्बल प्रमाणों को सबल प्रमाणों एवं विश्वसनीय तत्त्वों से छाँटकर अलग कर दिया जाता है।

पाठ-चयन के सामान्य सिद्धान्त

संकीर्ण सम्बन्धों के आधार पर प्रतियों के शाखागत वर्गीकरण कर लेने के उपरान्त तथा उनमें से अपेक्षाकृत विशेष महत्त्वपूर्ण प्रतियों के चुन लिये जाने के उपरान्त पाठ-चयन की मूल प्रक्रिया प्रारम्भ होती है। पाठ चयन का कार्य ज्ञात से अज्ञात की ओर अग्रसर होने का कार्य होता है। ज्ञात प्रतियों के पाठों के आधार पर इस विधि द्वारा हम अज्ञात मूल प्रति के पाठ को प्राप्त करने की चेष्टा करते हैं। इस 'ज्ञात' से 'अज्ञात' की ओर अग्रसर होने की प्रवृत्ति को हम 'उपलब्ध' से 'अनुपलब्ध' की ओर बढ़ने की प्रवृत्ति भी कह सकते हैं। इस ढंग से सबसे पहले, यदि प्रत्येक शाखा की आदर्श प्रतियाँ प्राप्त नहीं होती हैं, तो उन शाखाओं के कल्पित आदर्शों का पाठ प्राप्त किया जाता है। उस शाखा की सम्पूर्ण उपलब्ध प्रतियों के ऊपर पाठ चयन के इन 'सामान्य सिद्धान्तों' के उपयोग द्वारा हम उस शाखा के अनुपलब्ध कल्पित आदर्श पाठ प्राप्त करते हैं। सभी शाखाओं के आदर्श का पाठ, या तो उपलब्ध आदर्श प्रति के रूप में या अनुपलब्ध कल्पित आदर्श की पाठ-प्राप्ति द्वारा मिल जाता है, तो पाठालोचक अपने कार्य की दिशा में और आगे बढ़ता है। वह अब सभी शाखाओं के प्राप्त आदर्शों के पाठ के तुलनात्मक अध्ययन एवं विवेचन द्वारा 'कल्पित मूलादर्श' के पाठ को प्राप्त करने की चेष्टा करता है। इस प्रकार प्राप्त किया गया 'कल्पित मूलादर्श' का पाठ यदि रचयिता का आदि पाठ नहीं होता, तो कम से कम उसके सर्वाधिक निकट का पाठ तो अवश्य ही होता है। पाठ चयन के इन सामान्य सिद्धान्तों को क्रमशः इस प्रकार प्रस्तुत किया जा सकता है :

(१) जो पाठ किसी रचना की प्राप्त प्रतियों की सभी शाखाओं और प्रत्येक शाखाओं की सभी प्रतियों में मिलते हैं, वे निश्चित रूप से मूल पाठ से प्रवाहित हुये रहते हैं। भिन्न-भिन्न शाखाओं में परस्पर किसी प्रकार का प्रतिलिपि-सम्बन्ध या संकीर्ण-सम्बन्ध नहीं होता, अतः इस प्रकार का विस्तृत साम्य मूल रचना के पाठ के अतिरिक्त अन्य किसी कारण से नहीं हो सकता। इस साम्य में प्रायः 'शुद्धि साम्य' को ही लिया जाता है, 'अशुद्धि-साम्य' तो संकीर्ण सम्बन्ध के प्रारम्भिक प्रमाण होते हैं। मुख्य-सम्बन्ध का निर्धारण सभी शाखाओं में मिलने वाले समान पाठ के आधार पर ही होता है। अतएव इस प्रकार समान मिलने वाले पाठों को मूल पाठ के रूप में स्वीकृत कर लेना चाहिये। इस सम्बन्ध में एक प्रश्न अवश्य खड़ा हो सकता है कि यदि कोई पाठ-निर्भ्रांत रूप से अशुद्ध हो किन्तु वह सभी शाखाओं की सभी प्रतियों में समान रूप से प्राप्त हो रहा हो, तो बहुत संभावना इस बात की होती है कि वह अशुद्धि इतनी गहराई से आ रही है कि उसका संशोधन समीचीन नहीं अर्थात् वह लेखक की मूल प्रति की अशुद्धि है। हाँ, यदि यह अशुद्धि निश्चेष्ट भूल है तो वह लेखक की भूल होने पर भी सुधारी जा सकती है।

(२) जो पाठ सभी शाखाओं में समान रूप से न प्राप्त हो रहे हों, उनमें से वे पाठ जो दो या दो से अधिक शाखाओं में समान रूप से प्राप्त हों, उनके भी मूल पाठ होने की संभावना होती है और उन्हें मूल पाठ के रूप में स्वीकार कर लेना चाहिये। इस दशा में पाठ-मिश्रण की सतर्कता सदैव रखनी चाहिये, क्योंकि किन्हीं दो शाखाओं में यदि किसी स्तर पर पाठ-मिश्रण हुआ होगा, तो इन प्रतियों के भिन्न-भिन्न शाखाओं के होने पर भी वह समानता रचयिता के मूलपाठ से आने के कारण न होकर पाठ-मिश्रण के कारण संभव हो सकती है और वह समानता मूल पाठ के लिये प्रमाण नहीं मानी जा सकती।

(३) जो पाठ सभी शाखाओं में भिन्न-भिन्न ढंग से मिलता हो और किसी भी शाखा की सभी प्रतियों का पाठ दूसरी शाखा की सभी प्रतियों के पाठ से न मिलता हो, पर एक शाखा की कुछ प्रतियाँ उस पाठ के सम्बन्ध में अन्य शाखा की कुछ प्रतियों के समान हों, तो इस समान पाठ के मूलपाठ होने की सम्भावना होती है। ऐसे समान पाठों को भी, मिश्र पाठ की सम्भावना से बचते हुए, मूल पाठ में स्वीकार कर लेना चाहिए।

(४) जो पाठ सभी शाखाओं में भिन्न-भिन्न रूप में मिलते हों और सभी अपने अपने स्थल पर शुद्ध प्रतीत हों या किन्हीं दो शाखाओं में एक पाठ समान रूप से मिलता हो और अन्य दो शाखाओं में दूसरा पाठ समान रूप से उसी स्थल पर मिलता हो और दोनों ही पाठ समान रूप से शुद्ध हों, तो ऐसी दशा में पाठालोचक को उन प्रतियों को अधिक महत्त्व देना चाहिये जो विश्वसनीय हों और ऐसी प्रतियं. में मिलने वाले पाठों को ग्रहण कर लेना चाहिए। जब दो समान विश्वसनीय शाखा की प्रतियों में कोई शुद्ध पाठ भिन्न-भिन्न ढंग से मिले तो उसमें पाठालोचक को अपने बुद्धि-वैभव के प्रयोग

द्वारा उत्कृष्टतर पाठ को मूल में ग्रहण कर लेना चाहिए। ऐसे पाठों के सम्बन्ध में यह भी सम्भावना रहती है कि मूल रचना के निर्माण के बाद रचयिता पर्याप्त काल तक जीवित रहा हो और उसने अपने पूर्व मूल पाठ में कुछ संशोधन प्रस्तुत कर दिया हो। इस प्रकार उसके पाठ की प्रतिलिपियों की दो परम्परा चल सकती है, एक संशोधन के पूर्व के पाठ की और दूसरी संशोधन के पश्चात् के पाठ की। दोनों ही पाठ परम्पराएँ लेखककृत होंगी। पर ऐसी स्थिति में उत्कृष्टतर पाठ ही रचयिता का अभीष्ट पाठ होता है। अतः उसी पाठ का मूलपाठ में ग्रहण समीचीन होता है। स्वयं रचयिता द्वारा मूलपाठ में साधारण पाठ द्वारा उत्कृष्ट पाठ को संशोधित करने की एक प्रतिशत भी कल्पना नहीं की जा सकती। इस प्रकार के संशोधन की प्रवृत्ति रामचरितमानस की प्रतियों में तो देखी ही जाती है, आधुनिक काल में पं० अयोध्यासिंह उपाध्याय 'हरिऔध' ने भी अपने महाकाव्य 'प्रिय प्रवास' की रचना के बाद पर्याप्त काल तक जीवित रहे उसके भिन्न-भिन्न संस्करणों में स्वेच्छानुसार संशोधन किया। इस कारण उनके 'प्रिय प्रवास' के प्रारम्भिक संस्करणों और परवर्ती संस्करणों में पाठ-भेद मिलते हैं। 'प्रिय प्रवास' के प्रथम छन्द में पूर्ववर्ती संस्करणों में पाठ था :

तरु शिखर पर थी अब राजती,
कमलिनी-कुल-बल्लभ की प्रभा।

पर बाद के संस्करणों में 'अब राजती' के स्थान पर स्वयं कवि ने उत्कृष्टतर संशोधन करके 'अवराजती' कर दिया। यद्यपि ये पाठ-भेद कविकृत ही हैं, पर इसमें भी अंतिम और उत्कृष्टतर पाठ उसका अभीष्ठ पाठ होने के नाते ग्राह्य होगा।

(५) जो पाठ सभी शाखाओं में भिन्न-भिन्न मिलते हों, पर पाठानुसंगति से कुछ पाठ भ्रष्ट हो, तो भ्रष्ट पाठ सब से पहले छोड़ दिये जाते हैं और शेष पाठों में से यदि किसी एक ही शाखा का पाठ शुद्ध हो और पाठानुसंगत हो तो उसे अन्य भ्रष्ट पाठों की तुलना में ग्रहण कर लेना चाहिये।

(६) जो पाठ सभी शाखाओं का विशेष पाठ हो और वह अन्य शाखाओं में प्राप्त न हो, वह प्रायः प्रक्षित पाठ होता है। प्रसंग की आवश्यकतानुसार पाठ में विस्तार लाने के लिये, किसी विशेष धार्मिक सिद्धान्त या मत प्रतिपादन के लिये या रचना में और चमत्कार लाने के लिये ऐसे पाठों की अवतारणा होती है। ऐसे पाठों के संबंध में इतना ही पर्याप्त प्रमाण नहीं माना जा सकता कि वे सभी शाखाओं के विशेष पाठ हैं, इसलिये प्रक्षिप्त हैं। प्रत्युत रचयिता की स्वीकृत भाषा, शैली एवं अन्य काव्यगत प्रयोगों से तुलना करने पर ये अंश प्रक्षित प्रतीत होते हों तथा इनके अलग कर देने पर भी रचना (विशेषतः प्रबन्ध-रचना) के सुगठित स्वरूप में कोई अन्तर न आवे। इसके लिये पाठालोचक को विषयानुसंगति एवं पाठानुसंगति के साथ प्रक्षेपकर्ता के मन्तव्य का विमर्श करते हुए निर्णय करना पड़ता है।

(७) प्रमाण के आधार पर स्वीकृत तथा प्रमाण के आधार पर अस्वीकृत पाठों के अतिरिक्त संदिग्ध पाठों की भी स्थिति पाठालोचक के सम्मुख आती है। ऐसी स्थिति

प्राय: उन स्थलों पर होती है, जहाँ पाठानुसंगति से तो पाठ प्रक्षिप्त प्रतीत हो, पर प्रसंग आदि की अनिवार्यता से वह मूल का प्रतीत हो। इस प्रकार 'प्रमाण' और 'प्रक्षिप्त' के बीच 'संदिग्ध' स्थिति के पाठों को यदि संदेह के साथ स्वीकृत किया जाय तो मूल-पाठ में उन्हें रखते हुए भी पाद-टिप्पणी में इस संदेह का उल्लेख कर देना चाहिये और यदि वे संदेह पूर्वक अस्वीकृत हों तो उन्हें रचना के परिशिष्ट में संगृहीत कर देना चाहिये। अच्छा तो यह रहता है कि मूल के अतिरिक्त सभी शाखाओं के विशेष पाठों को परिशिष्ट में संगृहीत कर दिया जाय।

(८) अन्त में एक स्थिति यह भी आ सकती है कि जितने भी पाठ विभिन्न शाखाओं की प्रतियों में मिलते हों, वे सभी भ्रष्ट पाठ हों। ऐसी दशा में उन पाठों का संशोधन पाठालोचक प्रस्तुत करता है, जिसका विस्तृत विवेचन 'पाठ सुधार' के अन्तर्गत किया जायगा।

जिन सामान्य सिद्धान्तों का विवेचन यहाँ किया गया है, उनके प्रयोग का एक काल्पनिक उदाहरण लेना समीचीन होगा। इस दृष्टि से हम कल्पना कर लें कि हमारे पास अ, ब, स, द, य, र, ल, व, श, ह नाम की १० प्रतियाँ प्राप्त हैं और इनकी सूक्ष्म परीक्षा करने के उपरान्त हम इस निष्कर्ष पर पहुँचते हैं कि इनमें से अ, ब, स, द एक शाखा की य, र, ल, व, श एक शाखा की तथा ह अकेली एक शाखा की प्रति है। इन प्रतियों का परस्पर पाठ-संबंध इस प्रकार है :

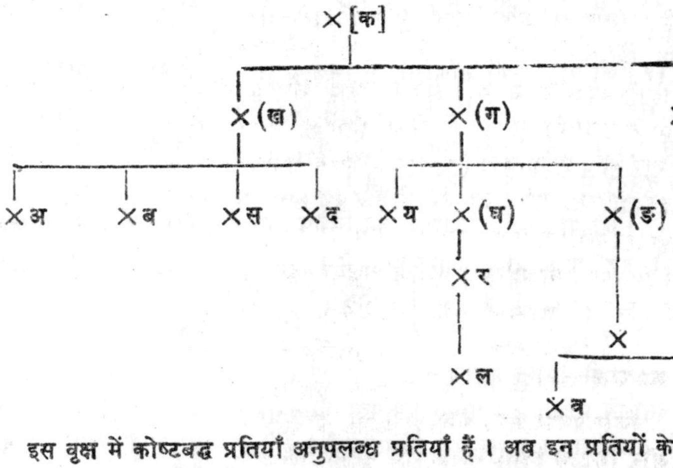

इस वृक्ष में कोष्टबद्ध प्रतियाँ अनुपलब्ध प्रतियाँ हैं। अब इन प्रतियों के शाखागत वर्गीकरण के उपरान्त हमें पाठ चयन द्वारा [क] प्रति, जो कल्पित मूलादर्श है, का पाठ-निर्माण करना है। हम कह चुके हैं कि पाठ-चयन की प्रक्रिया में हम उपलब्ध से अनुपलब्ध प्रतियों का पाठ प्राप्त करते हैं। इस निमित्त हमें नीचे से ऊपर की ओर अग्रसर होना पड़ता है। इस उदाहरण में हमें सर्वप्रथम नीचे की ओर से अप्राप्त आदर्शों के पाठ-निर्माण के हेतु अग्रसर होते समय (ङ) और (घ) का पाठ निर्माण करना होगा।

(ङ) का पाठ—

(१) जो पाठ ब और श में समान रूप से मिलता हो वह (ङ) का पाठ होगा।

(२) जो पाठ व और श में से किसी एक में हो, पर इस शाखा की किसी अन्य प्रति से मिलता हो, वह भी (ङ) का पाठ होगा।

(३) जो पाठ व और श में से किसी में हो, पर इस शाखा की किसी अन्य प्रति में न मिलता हो और किसी अन्य शाखा की किसी प्रति में या किन्हीं प्रतियों में मिलता हो तो वह भी (ङ) का पाठ होगा।

(४) शेष पाठों में जहाँ दोनों परस्पर विरोधी पाठ प्रस्तुत करें और उनमें से कोई भी पाठ अन्य शाखाओं की प्रतियों से न मिलें तो वे पाठ संदेहात्मक होंगे। उनमें से जो पाठ उन प्रतिलिपियों के, स्पष्ट रूप से, विशेष पाठ प्रतीत हों, वे प्रक्षिप्त होने के नाते त्यक्त होंगे और जिनके बारे में आदर्श प्रति (ङ) से आने की कुछ भी संभावना परिलक्षित हो उनमें से लेखानुसंगति और विषयानुसंगति के आधार पर [ङ] के संभावित पाठ को चुन लिया जायगा।

(घ) का पाठ—

अनुपलब्ध आदर्श प्रति (घ) के पाठ को प्राप्त करने के लिये प्रायः हम उसी विधि को प्रयोग में लाएँगे, जिसका प्रयोग (ङ) का पाठ प्राप्त करने के लिये किया गया है। इसमें 'ल' प्रति 'र' की प्रतिलिपि है। अतः र के रहते हुए ल का कोई विशेष उपयोग नहीं होगा। ल का उपयोग केवल उन्हीं स्थलों पर होगा जहाँ र त्रुटित हो या अन्य किसी कारण से उसका पाठ स्पष्ट न हो रहा हो अथवा र से ल की प्रतिलिपि हो जाने के उपरान्त भी र प्रति में प्रतिलिपिकारों या पाठकों द्वारा संशोधन और सुधार होता रहा हो। इसके बाद (घ) का पाठ प्राप्त करते समय र के अलावा य प्रति की भी सहायता उसी भाँति ली जायगी जैसे (ङ) का पाठ प्राप्त करते समय अन्य प्रतियों की सहायता ली गई है तथा समय-समय पर अन्य शाखाओं की प्रतियों के पाठों से भी उसका मिलान उसी भाँति करते हुए चलना पड़ेगा। इस प्रकार हम अविद्यमान कल्पित आदर्श प्रति (घ) का पाठ प्राप्त कर लेंगे।

(ग) का पाठ—

जिस प्रकार (ङ) और (घ) का पाठ प्राप्त किया गया है, उसी प्रकार य, (घ) और (ङ) के निर्धारित पाठ के तुलनात्मक अध्ययन के सहारे (ग) का पाठ प्राप्त कर लिया जायगा। इस दिशा में जहाँ कहीं भी आवश्यकता होगी, अन्य शाखाओं की प्रतियों से भी पाठ की तुलना कर ली जायगी। इस प्रकार हम एक शाखा के कल्पित मूलादर्श (ग) का पाठ प्राप्त कर लेंगे। इसी भाँति अन्य शाखाओं के भी मूलादर्शों का पाठ निर्मित करना होगा।

(ख) का पाठ—

(१) अ, ब, स, द का समान पाठ (ख) का पाठ होगा।

(२) जो पाठ इन चारों प्रतियों में समान रूप न मिलता हो, पर किन्हीं दो या दो से अधिक प्रतियों में मिलता हो, वह (ख) का पाठ होगा।

(३) जो पाठ इन चारों में पृथक-पृथक मिलता हो, पर उनमें से कोई पाठ अन्य शाखा अर्थात् (ग) या ह शाखा के पाठ से मिलता तो वह पाठ (ख) का पाठ होगा।

(४) जो पाठ सभी प्रतियों में पृथक-पृथक मिले तथा वह किसी अन्य शाखा की भी किसी प्रति में न मिले तो वह उन प्रतियों का विशेष पाठ होगा और उसके प्रक्षिप्त होने की अधिकतम संभावना होगी। जहाँ कहीं इस स्थिति में किसी पाठ के बारे में सन्देह हो तो उसका निर्णय पाठानुसंगति तथा विषयानुसंगति को ध्यान में रखकर किया जा सकता है।

इस प्रकार हम इस शाखा के कल्पित मूलादर्श (ख) का पाठ प्राप्त कर लेते हैं। दूसरी शाखा के कल्पित मूलादर्श (ग) का पाठ प्राप्त ही कर लिया गया है। तीसरी शाखा की एकमेव प्रतिनिधि प्रति ह है। अब इन तीनों प्राप्त पाठों की मीमांसा द्वारा हमें सभी शाखाओं के मूलादर्श (क) का पाठ प्राप्त करना है।

(क) का पाठ—

(१) तीनों शाखाओं के आदर्शों का समान पाठ (क) का पाठ होगा।

(२) जो पाठ दो शाखाओं में समान मिलता हो और तीसरी में भिन्न, तो दो शाखाओं का समान पाठ (क) का पाठ होगा।

(३) जब तीनों शाखाओं का पाठ भिन्न-भिन्न हो, तो वह उन शाखाओं के विशेष पाठ के रूप में त्याज्य होंगे। यदि पाठ एवं प्रसंग की आवश्यकतानुसार उनमें से किसी का होना अनिवार्य होगा तो वह संदेहपूर्वक स्वीकृत होगा।

(४) जब तीनों शाखाओं में प्राप्त पाठ किन्हीं स्थलों पर भ्रष्ट हो तो पाठानुसंगति तथा लेखानुसंगति को ध्यान में रखते हुए 'पाठ सुधार' करना पड़ता है।

इस प्रकार जहाँ कई शाखाओं की प्रतियाँ उपलब्ध होती हैं, वहाँ मूलपाठ के चयन में सुविधा रहती है, चाहे भले ही प्रत्येक शाखा की एक-एक प्रति ही उपलब्ध हो। कई शाखाओं की प्रतियों के आधार पर चयन किया हुआ पाठ यदि रचयिता का मूल पाठ नहीं है, तो कम से कम मूल के सर्वाधिक निकट अवश्य होता है। इसके प्रतिकूल जहाँ बहुत-सी प्रतियाँ प्राप्त हो, पर सभी एक ही शाखा की हों, तो केवल उसी शाखा के आदर्श का पाठ-निर्माण हो सकता है, मूल पाठ का निर्माण संभव नहीं होगा। अतएव जब तक प्रतियों का शाखागत विभाजन न कर लिया जाय, उनके आधार पर पाठ चयन करना निश्चयात्मक नहीं होता।

पाठ-चयन के सम्बन्ध में जिन सीधी पाठ-परम्पराओं तथा पाठ-समस्याओं का उदाहरण लिया गया है, उससे अत्यन्त विकट एवं असूझ पाठ-सम्बन्ध एवं पाठ समस्याएँ कार्यक्षेत्र में सम्मुख आती हैं। विशेषतः मिश्र-पाठ की अधिकांश प्रतियों के प्राप्त होने पर तो पाठ-निर्णय में और भी दुरूहता आ जाती है। पर इन मूल सिद्धान्तों को ध्यान में रखकर पाठालोचक, अपने कार्य की आवश्यकतानुसार, अपने सिद्धान्त और मानदण्ड निर्धारित करते चलते हैं और उनके नित नवीन प्राप्त होने वाले अनुभव इस विषय की सीमा को बढ़ाते चलते हैं।

पाठ-सुधार

पाठ-चयन के पूर्व ही सामग्री की समग्र परीक्षा करने के उपरान्त पाठालोचक विभिन्न पाठों के सम्बन्ध में चार बातें सोच सकता है —(१) पाठ की स्वीकृति, (२) पाठ के सम्बन्ध में सन्दिग्धता, (३) पाठ का त्याग (४) पाठ-सुधार।

कभी-कभी पाठालोचक के सम्मुख जितनी भी शाखाओं की प्रतियाँ उपलब्ध होती हैं, सभी में भिन्न-भिन्न पाठ मिलते हैं तथा सभी पाठ असंगत होते हैं। ऐसी दशा में वह यह विचार करता है कि यह पाठ रचयिता का नहीं हो सकता और काल-व्यवधान में कुछ कारणों से यह अपने मूल रूप से परिवर्तित होकर इस असंगति की दशा में पहुँच गया है। इस प्रकार, वह रचयिता के मूल पाठ को ढूंढ़ता है और निश्चयात्मक निष्कर्ष पर पहुँच जाने पर सभी प्राप्त प्रतियों के पाठों को छोड़कर वह अपनी ओर से ढूंढ़े गये रचयिता के संभव-पाठ को प्रस्तुत करता है। इस प्रकार के सम्भावित पाठ को प्रस्तुत करने के पूर्व पाठालोचक को उस पाठ की उपयुक्तता एवं यथार्थता की परीक्षा अन्तरंग तथा बहिरंग सम्भावनाओं के आधार पर भली-भाँति कर लेनी चाहिए और इस द्विविध परीक्षा के उपरान्त यदि उस पाठ की संगति बैठ जाय, तभी उसे प्रस्तुत करना चाहिए, अन्यथा नहीं। यदि विभिन्न शाखाओं की प्रतियों में उपलब्ध सभी पाठ उपयुक्त न हों तो यह प्रश्न उठता है कि इस पाठ के स्थान पर लेखक क्या लिख सकता है? इस संदर्भ में लेखक की शैली, उसकी विचारधारा और प्रस्तुत संदर्भ की संगति का विचार करना पड़ता है। प्राप्त पाठों में यदि सभी पाठ अर्थहीन हों, अथवा इन पाठों में स्पष्ट विरोध अथवा निकटवर्ती पाठों से इसका विरोध हो, अथवा कोई दृश्यमान स्पष्टीकरण से परे रचना के रूप में रचयिता के व्यक्तिगत प्रयोग या शब्द प्रयोग में व्यतिक्रम, अथवा अनावश्यक पुनरुक्ति, अथवा छन्द या गीत की लय में लेखक के प्रयोग से भिन्न नियम भंग अथवा कोई स्पष्ट और अकारण संदर्भ का क्रमभंग अथवा विचारमाला में कोई अक्षम्य असंगति दीख पड़े तो उपर्युक्त प्रश्न उठता है।[१] इस स्थिति में पाठ-भ्रष्टता मानी जाती है। इस भ्रष्ट पाठ को ठीक करने में केवल अंतरंग सम्भावना का विचार किया जाय तो हम लेखक की शैली, विचारधारा और संदर्भ के सम्बन्ध में अपने निजी विचारों से परिचालित होते हैं। अतः ऐसी दशा

१. S. M. Katre : Introduction to Indian Textual Criticism, Page 63-64.

में विभिन्न समान योग्यता वाले व्यक्ति यदि पाठ सुधार प्रस्तुत करें तो उन सबके निष्कर्ष भिन्न-भिन्न हो सकते हैं।[१] अतः पाठ सुधार में बहिरंग सम्भावना का विचार भी आवश्यक होता है।

पाठ-सुधार प्रतिलिपि-परम्परा में प्राप्त होने वाले सभी अविश्वसनीय तत्त्वों को दूर करने का प्रयास है। यह अन्तरंग और बहिरंग सम्भावनाओं पर आधृत होता है। इन सम्भावनाओं को क्रमशः लेखानुसंगति तथा पाठानुसंगति भी कहा जाता है। पाठालोचकों को इसके सम्बन्ध में जानकारी अनिवार्य है। लेखानुसंगति और पाठानुसंगति का विचार विभिन्न शाखाओं के पाठों के कल्पित आदर्श का पाठ-चयन करते समय भी करना पड़ता है। इसी प्रकार विभिन्न शाखाओं के आदर्श या कल्पित आदर्श प्रतियों के पाठ के तुलनात्मक अध्ययन में विभिन्न पाठ मिलने की दशा में इन दोनों संगतियों की कसौटी पर जो पाठ खरा उतरता है उसे ग्रहण किया जाता है।

पाठ-चयन में सभी शाखाओं की समस्त प्रतियों में प्राप्त पाठ अर्थबोध, प्रसंग, रचनाकार के प्रयोग आदि के दृष्टि से अग्राह्य हों तो वहाँ अनुमित या कल्पित पाठ सुधार करना पड़ता है। यहाँ भी लेखानुसंगति और पाठानुसंगति का सम्यक् विनियोग आवश्यक होता है। पाठ-चयन में उन पाठों का ग्रहण होता है जो पाठ उपलब्ध पाठों में सबसे अधिक लेखानुसंगति और पाठानुसंगत हो, पर पाठ-सुधार में प्रस्तुत कल्पित पाठ को पूर्णतः इन दोनों संगतियों की कसौटी पर खरा उतरना चाहिए। इस कल्पना का औचित्य केवल सम्भावना से निश्चितता या निश्चितता के निकट होने पर ही नहीं माना जा सकता, प्रत्युत इसका औचित्य कल्पित पाठ के सटीक और सर्वशुद्ध होने पर ही माना जाता है।[२] इस प्रकार डॉ० कात्रे ने पाठ-सुधार की परिभाषा देते हुए कहा है कि पाठ-सुधार शाब्दिक अर्थ में पाठ संशोधन नहीं होता जो प्रतियों में अर्थहीन अथवा असन्तोषजनक अर्थयुक्त पाठों से उत्कृष्टतर अर्थ निकालने के लिए किया जाय, प्रत्युत यह परस्पर विरोधी पाठों को सहमति के एक विन्दु पर मिलाने का एक काल्पनिक प्रयास होता है।[३]

---

१. The appeal is to our own conception of auther's style of mind and of context. Different conclusions may be reached in such cases by equally competent judges.—Ibid, Page 63.

२. We accept the varient which best satisfies the tests; but we require the conjectural emendation shall satisfy them well. The conjecture does not arise from probability to certainity or approximate certainty, unless its fitness is exact and perfect.

—S. N. Katre : Introduction to Indian Textual Criticism, Page 65-66.

३. The emendations are not thus the emendations of the text in

अन्तरंग सम्भावनाएँ

प्रस्तुत पाठ के अन्तर्गत जिन बातों की परीक्षा करके पाठ की उपयुक्तता का पता लगाया जा सकता है, उन्हें अन्तरंग सम्भावनाएँ कहते हैं। इस दृष्टि से निम्न-लिखित बातों की परीक्षा की जानी चाहिए :—

(१) **प्रसंग**—जो पाठ मिलता है, वह यदि मूल से भिन्न कोई विकृत पाठ होगा; चाहे वही भ्रष्ट पाठ सभी प्रतियों में क्यों न मिले, वह निश्चय ही प्रस्तुत प्रसंग में ठीक नहीं बैठ सकता है। इस प्रसंग में सम्भावित पाठ को प्रस्तुत करते समय पाठा-लोचक को प्रसंग का ध्यान अवश्य रखना चाहिए। शब्द-साम्य अथवा तुकान्त-साम्य के कारण होने वाली विकृतियों से पाठ कुछ छूट जाता है और प्रस्तुत प्रसंग में व्यवधान पड़ जाता है। यदि पाठालोचक को यही विकृत पाठ सभी प्रतियों में मिले, तो उसे समझ जाना चाहिए कि सम्पूर्ण प्रतियाँ एक ही शाखा की है। भिन्न-भिन्न शाखा की प्रतियों के मिलान से इस प्रकार के प्रसंगावधान का परिहार हो जाता है। किन्तु, जहाँ अपनी-अपनी विशेष विकृति के कारण एक ही पाठ भिन्न-भिन्न प्रतियों में अलग-अलग मिले और सभी पाठ प्रसंगानुकूल न हों, तो पाठालोचक उस पाठ के सुधार की बात सोच सकता है।

(२) **सार्थकता**—पाठ की सार्थकता का प्रसंग से अनन्य सम्बन्ध है। निरर्थक पाठ कभी प्रसंग के अनुकूल नहीं हो सकता। किन्तु पाठ की सार्थकता का निराकरण होने के साथ-साथ पाठालोचक के लिए विशेष ज्ञान तथा सतर्कता की अत्यन्त आव-श्यकता होती है। कभी-कभी अधिकांश प्रतियों में मिलने वाले उपयुक्त पाठ को भी निरर्थक समझकर पाठ सुधार करने की भूल सम्पादकों से हो जाया करती है। जैसा 'जायसी-ग्रन्थावली' में 'पद्मावत' के सम्पादक पं० रामचन्द्र शुक्ल ने किया। पाठ था —"कतहुँ 'छरहटा' पेखन्ह लावा", जो प्रतियों में मिलता था तथा शुक्ल जी के पूर्व-वर्ती सम्पादक डॉ० ग्रियर्सन ने जिसे स्वीकृत भी किया था, किन्तु उन्हें यह पाठ निर-र्थक लगा और बिना किसी अन्य सम्भावना पर विचार किये और बिना किसी परीक्षा के उन्होंने इस एक अर्धाली के एक चरण में ही दो पाठों का सुधार किया। 'छरहटा' के स्थान पर 'चिरहटा' तथा 'पेखन्ह' के स्थान पर 'पंखिन्ह' पाठ प्रस्तुत किया। डॉ० माता प्रसाद गुप्त ने जायसी-ग्रन्थावली के सम्पादन में शुक्ल जी की इस भूल की ओर निर्देश किया तथा यह बताया कि प्रतियों में प्राप्त पाठ सार्थक एवं प्रसंगानुकूल है। छरहटा का अर्थ इन्द्रजाल (छल + हट्ट) तथा पेखन्ह का अर्थ खेल-तमाशा है। इस प्रकार

---

the ordinary sense of the word, made in order to eke out a better sense when the manuscripts yield no sense or an unsatisfactory sense; they are rather an effort to find, so to say, a hypothetical focus towards which the discordant reading converge. —Ibid, Page 67.

के अशुद्ध पाठ-सुधार शुक्ल जी की ही जायसी-ग्रन्थावली के अन्तर्गत कई प्रसंगों में मिलते हैं। निरंकुश पाठ-सुधार द्वारा रचयिता के अभीष्ट पाठ तक पहुँचने के स्थान पर सम्पादक स्वयं अपना पाठ प्रस्तुत कर देता है।

एक बात और ध्यान देने की है कि प्रतियों में प्राप्त पाठ की उपयुक्तता को मानते हुए भी कभी-कभी सम्पादक पाठ को उससे भी उपयुक्त रूप में अपनी ओर से प्रस्तुत करने का लोभ करते हुए देखा जाता है। यह कार्य तो पाठालोचन की सीमा के बिल्कुल ही बाहर पड़ता है।

(३) **छन्द की गति**- प्रत्येक कवि की अपनी व्यक्तिगत मान्यताएँ होती हैं। वह छन्दोविधान में भी प्रायः एक निश्चित नियम से परिचालित होता है। कभी-कभी इन नियमों में शिथिलता पाई जाती है। इन बातों की जानकारी के साथ पाठ की परीक्षा करनी चाहिए। जो पाठ छन्द की गति के प्रतिकूल पड़े, वहाँ अन्य सम्भावनाओं पर विचार करके देखना चाहिए कि वहाँ पर क्या उपयुक्त पाठ रहा। यदि छन्द-सम्बन्धी शिथिलता रचयिता की अपनी विशेषता है और वह पाठ उसके अनुकूल पड़ता है, तो कोई समस्या ही नहीं उठती है। पर, यदि वह उसके प्रयोगों के अनुकूल न हो, तो पाठ की अनुपयुक्तता की ओर ध्यान जाता है। इसी प्रकार पाठ-सुधार में प्रस्तुत किया जाने वाला पाठ भी कवि-प्रयोग-सिद्ध छन्दोविधान के अनुकूल पड़ना चाहिए। कभी-कभी एक ही कवि छन्दोविधान के नियमों में शिथिल दीख पड़ता है। जैसा, मानस और पद्मावत दोनों में अर्धाली और दोहों के संख्यानुसार क्रम के सम्बन्ध में देखा जा सकता है। इस बात की परीक्षा सुधार से पूर्व ही हो जानी चाहिए।

(४) **व्याकरण-शैली**—यदि प्राप्त प्रतियों में किसी स्थान पर प्रयोग रचयिता के काल के व्याकरण के अनुकूल न पड़कर परवर्ती काल के व्याकरण के अनुकूल पड़ता हो, तो उसके प्रक्षिप्त होने की सम्भावना होती है। इसी प्रकार, पाठ-सुधार में भी ध्यान रखना चाहिए कि प्रस्तुत पाठ कहीं परवर्ती व्याकरण के प्रयोग के अनुकूल तो नहीं है। उसे तो रचनाकाल के प्रयोगों के अनुकूल होना चाहिए। कभी-कभी जान-बूझकर प्रक्षेप द्वारा कृति की भाषा एवं उसके व्याकरण पर प्राचीनता की कलई की जाती है, इसको भी ध्यान में रखना चाहिए।

(५) **रचयिता के व्यक्तिगत प्रयोग**—प्रत्येक लेखक के अपने कुछ व्यक्तिगत प्रयोग होते हैं, जिनकी जानकारी पाठालोचक के लिए अनिवार्य होती है। इस जानकारी के हेतु उस लेखक की सम्पाद्य रचना के अतिरिक्त अन्य रचनाओं के अध्ययन की भी आवश्यकता होती है। कभी-कभी कुछ प्रयोग सामान्यतः अशुद्ध होते हैं, किन्तु लेखक उनका प्रयोग करने में अभ्यस्त होता है। ऐसी दशा में पाठालोचक उनका सुधार नहीं कर सकता। इसके प्रतिकूल जहाँ रचना में ऐसे पाठ आ गये हों, जो लेखक के सिद्ध प्रयोगों के बिल्कुल प्रतिकूल पड़ते हों, तो उनके सम्बन्ध में अत्यन्त सतर्क रहने की आवश्यक होती है।

व्यक्तिगत प्रयोग के उदाहरण स्वरूप तुलसी को प्रस्तुत किया जा सकता है।

जिन्होंने नामों को उसी अर्थ के पर्याय शब्दों से सम्बोधित किया है। जैसे—शत्रुघ्न को शत्रु-हनन, रिपुदमन आदि शब्दों से तथा बाणासुर को बिसिषासुर तथा सुरासुर आदि शब्दों से भी सम्बोधित किया है।[1]

इन संगतियों की सम्पूर्ण परीक्षा को अन्तरंग परीक्षा कहते हैं। हाल महोदय के अनुसार पाठ-सुधार अन्तरंग सम्भावना-सम्मत होना चाहिए, अर्थात् यह वही पाठ हो, जो रचयिता लिखना चाहता था।[2] अंतरंग संभावना का सम्बन्ध केवल उन्हीं पाठों से होता है जो मूल लेखक के होते हैं। इनका सम्बन्ध प्रतिलिपिकारों द्वारा प्रस्तुत प्रक्षिप्त पाठ नहीं होता।[3]

बहिरंग सम्भावनाएँ

मूल पाठ के ऊपर बाह्य प्रभावों के कारण पाठ कुछ का कुछ बन जाता है। ये कारण साधारणतया लिपि-सम्बन्धी ही हुआ करते हैं। प्रत्येक लिपि में कुछ वर्ण एक दूसरे से मिलते-जुलते रहते हैं। उनके इस साम्य के कारण एक शब्द के स्थान पर दूसरा हो जाना अत्यन्त सरल हो जाता है। उर्दू-लिपि की प्रतियों में इस प्रकार की सम्भावना अधिक रहती है। नागरी में भी 'भ' और 'म', 'क' और 'फ' तथा 'ज' और 'व' में अति समता है और यह समता प्रतिलिपिकारों को एक शब्द की भूल से दूसरा बना देने में सहायक होती है। इस प्रकार की सम्भावनाओं पर भी भली-भाँति विचार करना अनिवार्य होता है। यदि कोई भी उपयुक्त पाठ प्रतियों में न मिले, तो उस समय पाठालोचक को यह विचार करना चाहिए कि ये पाठ किसी संगत पाठ से लिपि-भ्रम के कारण परिवर्तित होकर तो नहीं बन सकते हैं। यदि ऐसा सम्भव हो तथा वह अनुमित शब्द अन्तरंग सम्भावनाओं के भी अनुकूल पड़ता हो, तो वहाँ पाठ-सुधार किया जा सकता है। इस प्रकार, लिपि-भ्रम या लेखन-प्रमाद से हुई विकृतियों की परीक्षा को बहिरंग-सम्भावनाएँ कहते हैं। इन विकृतियों का सीधा सम्बन्ध प्रतिलिपिकार से होता है, लेखक से नहीं।[4]

---

१. 'प्रतिलिपिकार और पाठ विकृतियाँ' भाग १ : अध्याय ४, पृ० ३७

२. The emendation must be intrinsically probable, that is, it must be something that the author is likely to have written. —Hall

३. The intrinsic probability of a reading is relative simply to the original author of the text, it has nothing to do with the Transcriber of the Manuscript.

४. The documental probability of a reading is relative simply to the transcriber of the manuscript and has nothing to do with the author.
—S. M. Katre, Introduction to Indian Textual Criticism, Page 64.

अन्य बातों के समान रहने पर जो पाठ कवि प्रयोग-सिद्ध, छन्द के नियमानुकूल, सार्थक और प्रसंगानुकूल होगा तथा एकाधिक शाखा की प्रतियों में प्राप्त होगा, तो वह स्वीकृत होगा। इसके विपरीत स्थिति में वह त्याज्य होगा। यदि वह एक शाखा में प्राप्त पाठ होगा तथा कुछ सीमा तक अन्तरंग सम्भावनाओं के अनुकूल होगा और कुछ सीमा तक प्रतिकूल, तो वह सन्देहास्पद होगा। जहाँ निश्चित प्रमाणों के आधार पर, अर्थात् अन्तरंग सम्भावनाओं से, जो पाठ अशुद्ध हो तथा जिसकी बहिरंग संभावना से संगति मिल जाय, वहाँ पाठ-सुधार द्वारा पाये जाने वाले पाठ को स्थानापन्न किया जा सकता है। यहाँ यह उल्लेखनीय है कि पाठ-सुधार वहीं प्रस्तुत किया जा सकता है, जहाँ प्रस्तुत किया जानेवाला पाठ अन्तरंग तथा बहिरंग दोनों सम्भावनाओं के अनुकूल पड़ता हो। पाठ सुधार में इन दोनों सम्भावनाओं का समान महत्व है। यदि कोई पाठ अन्तरंग सम्भावना से तो उपयुक्त हो, किन्तु उसकी बहिरंग सम्भावना की कोई संगति न मिले, तो उसे पूर्व पाठ के स्थान पर सुधार के रूप में नहीं प्रस्तुत किया जा सकता है। इसी भाँति जिस प्रस्तुत किया जाने वाला पाठ की बहिरंग सम्भावना तो पूरी-पूरी सम्भव हो जाय, किन्तु अन्तरंग सम्भावनाओं की दृष्टि से वह निरर्थक हो, तो उसे भी सुधार के रूप में प्रस्तुत नहीं किया जा सकता है।

यहाँ अंतरंग और बहिरंग सम्भावना के आधार पर पाठ-निर्णय का यह उदाहरण प्रस्तुत है। यद्यपि यह पाठ-सुधार नहीं बल्कि पाठ चयन ही है। जायसी ग्रंथावली के सम्पादन में डॉ० माता प्रसाद गुप्त को कई ऐसे स्थल, 'पद्मावत' की प्रतियों में प्राप्त हुए, जिनका उपयुक्त पाठ किसी भी महत्त्वपूर्ण प्रति में न मिला। पाठालोचक ने किस प्रकार अन्तरंग और बहिरंग सम्भावनाओं का ध्यान रखकर पाठ-चयन किया, यह देखा जा सकता है।

(१) जायसी के 'पद्मावत' के निम्नलिखित दोहे के रिक्त स्थान के पाठ के लिए भिन्न-भिन्न प्रतियों में डॉ० गुप्त को ग्यारह पाठान्तर मिले :

दोहा :—'बेधि रहा जग बासना, परिमल मेद सुगंध।
तेहि अरधान भंवर सब लुबधे, तजहिं न...बंध॥'[1]

पाठान्तर :—१—तर्जाहं न तेहि सनमंध।
२—तर्जाहं न पीवी बंध।
३—तर्जाहं नीमी बंध।
४—तर्जाहं न तिनवै बंध।
५—तर्जाहं न तेहिसंग बंध।
६—वार बुध तरनौ बंध।
७—तर्जाहं न सोई बंध।
८—तर्जाहं न नीवी बंध।

---

१. डॉ० माताप्रसाद गुप्त : जायसी ग्रन्थावली (पद्मावत), छन्द ११७।

९—तजहि न देई बंध ।
१०—तजहि न अपने बंध ।
११—तजहि न ताकर रंध ।

इनमें से एक प्रति को छोड़कर कोई भी पाठ संगत नहीं है । प्रसंग, सार्थकता आदि कई दृष्टियों से ये पाठ भ्रष्ट हैं । पाठालोचक ने अपनी सूझ से देखा कि यहाँ 'नीवी' पाठ रहा होगा । पाठान्तर के पाठों में कई तो स्पष्टतः बहिरंग सम्भावना, अर्थात् लिपि-भ्रम के कारण उत्पन्न हो गये हैं । यह स्पष्ट है, क्योंकि फारसी तथा उर्दू लिपि की प्रतियों में 'नीवी' से परिवर्तित होकर 'पीवी', 'तीवी' और 'सीवी' आदि पाठ अत्यन्त सरलता से हो सकते हैं । इनके परिवर्तन में केवल कुछ बिन्दुओं की असावधानी पर्याप्त थी ।

इनके अतिरिक्त वे पाठ, जिनकी संगति लिपि-भ्रम से नहीं बैठाई जा सकती, वे प्रतिलिपिकारों की कृपा से हो गये होंगे । उन्होंने देखा कि इन बिगड़े हुए पाठों का कोई अर्थ नहीं निकलता; तो उन्होंने मनमाने सुधार कर दिये, जिससे शब्द तो सार्थक रहा, पर प्रसंग में उसका कोई अर्थ ही न रहा ।

इस प्रकार इस पाठ की बहिरंग सम्भावना पर विचार करने पर जब डॉ० गुप्त को यह निश्चित हो गया कि यहाँ 'नीवी' पाठ ही रहा होगा और उसी से लिपि-भ्रम के कारण और कुछ प्रक्षेप के कारण पाठान्तर सम्भव हुए, तो उन्होंने पुनः उस पाठ की परीक्षा अंतरंग संभावनाओं के आधार पर की । उन्होंने देखा कि 'नीवी' शब्द का प्रयोग जायसी ने अन्य प्रसंगों में भी बहुतायत से किया है । यह शब्द प्रसंग एवं अर्थ की दृष्टि से अत्यन्त सार्थक है तथा उसके स्थानापन्न होने पर छन्द की गति एवं मात्रा आदि में कोई ऐसा व्यवधान नहीं पड़ता जो जायसी के छंदोविधान के प्रतिकूल हो । इस प्रकार, डॉ० गुप्त ने यह निश्चित रूप से मान कर 'नीवी' पाठ स्वीकार किया । इस प्रकार प्रस्तुत पाठ है :

'तेहि अरधान भँवर सब लुबधे, तजहि न नीवी बंध ।'

(२) डॉ० गुप्त सम्पादित 'पद्मावत' के पाठ-सुधार का एक अन्य उदाहरण लीजिए ।

प्रस्तुत पाठ है—'नीवी कमल कली जनु बाँधी ।
बिसा लंक जानहुँ दुई आधी ।।'[1]

इस पाठ में ग्यारह महत्त्वपूर्ण प्रतियों में 'नीवी' पाठ नहीं था, प्रत्युत इसके स्थान पर निम्नलिखित पाठान्तर मिले :

१—तरुनी कमल कली जनु बाँधी ।
२—बिनवै कमल कली जनु बाँधी ।
३—तरविन कमल कली जनु बाँधी ।

---

१. डॉ० माताप्रसाद गुप्त : जायसी ग्रंथावली (पद्मावत) छंद २९९ ।

४—तरई कमल कली जनु बाँधी ।
५—वरनी कमल कली जनु बाँधी ।
६—करनी कमल कली जनु बाँधी ।

पाठालोचक ने देखा कि इन पाठों में कोई भी पाठ अन्तरंग संभावना से उचित नहीं है, प्रत्युत इसके स्थान पर 'नीवी' पाठ रहा होगा जो कुछेक प्रतियों में प्राप्त भी था, यह अधिकतम संभावित पाठ है । 'नीवी' पाठ के होने की बहिरंग संभावना भी मिल जाती है, क्योंकि इससे लिपिभ्रम के कारण पाठान्तर में प्रस्तुत पाठों का होना सम्भव था तथा प्रसंगादि अन्तरंग संभावनाओं की दृष्टि से यह पाठ अत्यन्त उपयुक्त भी है । अतः यही पाठ ग्रहण किया गया ।

अंतरंग और बहिरंग संभावनाओं के साक्ष्य से उपर्युक्त जिन दो पाठों का उदाहरण दिया गया है, वे विभिन्न शाखाओं में प्राप्त पाठों में से किसी एक के पाठ के ग्रहण में प्रयुक्त हुए हैं ।

अब पाठ-सुधार के सम्बन्ध में कुछेक उदाहरण लेना समीचीन होगा ।

१—डॉ० माताप्रसाद गुप्त द्वारा स्वीकृत पाठ है :

जनु मुंइचाल जगत महँ परा ।
कुरुम पीठि टूटहि हियँ डरा ।।

इसमें 'कुरुम' के स्थान पर सभी प्राप्त प्रतियों में 'कुरुभ' पाठ मिलता है जिसकी संगति इस प्रसंग में कदापि नहीं है और बहिरंग संभावना से नागरी लिपि की प्रतिलिपि में 'म' का 'भ' पढ़-लिख जाना स्वाभाविक है । अतः यहाँ संपादक ने पाठ-सुधार करके 'कुरुभ' पाठ को सुधारा है पर पूर्ववर्ती संपादकों ने अंतरंग और बहिरंग संभावनाओं का पूर्ण सामंजस्य न करने के कारण क्रमशः निम्नलिखित पाठ प्रस्तुत किया :

१—जनु भुइंचाल चलत महि परा । टूटी कमठ पाठि हिय डरा ।।
—रामचन्द्र शुक्ल

२—जनु भोचाल चलत महि परा । कुर्महि पीठ टूटि हिय डरा ।।
—रामजसन मिश्र

२—'पद्मावत' में ही प्रस्तुत पाठ है :

'रातिहुँ दिवस इहै मन मोरे ।
लागहुँ कन्त छार जेउँ तोरे ।।'[1]

किसी भी प्रति में 'छार' पाठ नहीं मिला, प्रत्युत उसके स्थान पर निम्नलिखित पाठान्तर मिले :

१—लागहुँ कन्त थार जेउँ तोरे ।
२—लागहुँ कन्त ठार जेउँ तोरे ।।

प्रस्तुत प्रसंग में संपादक की दृष्टि से इन पाठों की कोई संगति नहीं थी । बहिरंग संभावना से उर्दू लिपि-भ्रम से 'छार' का 'ठार' और 'थार' होना सम्भव है ।

---

१. डॉ० माताप्रसाद गुप्त : जायसी ग्रन्थावली (पद्मावत), छन्द २५२ ।

'छार' पाठ अन्तरंग संभावनाओं की दृष्टि से भी ठीक लगा, अतः पाठालोचक ने इस पाठ को सुधार के रूप में प्रस्तुत किया।

आचार्य चन्द्रबली पाण्डे का मत है कि प्रतियों में प्राप्त पाठ तक ही पाठालोचक को अपने को सीमित रखना चाहिए। उनकी दृष्टि में पाठ-सम्पादन की वैज्ञानिक विधि यही कहती है। निश्चय ही पाण्डे जी की यह मान्यता प्राचीन वर्ग के पाठालोचकों के सम्बन्ध में सार्थक हो सकती है, नवीन वर्ग के पाठालोचकों के लिए नहीं। प्राचीन वर्ग के पाठालोचकों की ही भाँति उन्होंने एक प्रति में प्राप्त 'थार' पाठ की सार्थकता का समर्थन अर्थानुसंगति से किया है। उन्होंने 'जेउँ' के स्थान पर 'कब' पाठान्तर माना है। अर्थ है, 'हे कन्त, रात दिन यही भावना मन में बनी रहती है कि जैसे हो सके आपके थाल का प्रसाद मुझे प्राप्त हो सके।'[1] पाण्डे जी के इस तर्क में वजन है और संभव है यही मूल पाठ हो। डॉ० वासुदेव शरण अग्रवाल ने अपने 'पद्मावत' में 'थार' पाठ ही माना है और इसका 'थाल' अर्थ किया है। डॉ० भगवती प्रसाद सिंह ने भी स्व-संपादित 'पदुमावति' में 'थार' पाठ रखा है और अर्थ किया है, थाला = वृक्ष लगाने का स्थान।

३—रामचरित मानस के काशिराज संस्करण का स्वीकृत पाठ है :

चले मत्त गज घटा विराजी। मनहुँ सुभग सावन घनराजी।

—बाल० ३००-२१

इसमें 'घटा' पाठ किसी प्रति में नहीं था। सभी प्रतियों में 'घंट' और 'घंटि' पाठ है। श्रावणकुंज की १६६१ की प्रति में 'घय' पाठ है तथा १७०४ की प्रति, जिसका संकेत 'रघु' पं० विश्वनाथ प्रसाद मिश्र ने रखा है, में यही पाठ है। वस्तुतः 'घंट' और 'घंटि' पाठ व्याकरण और रचना विरुद्ध हैं। 'घय' पाठ निरर्थक है। अतः बहिरंग संभावना से 'घटा' का ट + ा के सट जाने से प्रतिलिपि परम्परा में 'घय' होना सम्भव है। यह 'घटा' पाठ प्रसंगानुमोदित भी है। अतः पं० शम्भुनारायण चौबे ने अपने सभा वाले संस्करण में यही पाठ-सुधार किया और यही कार्य पं० विश्वनाथ प्रसाद मिश्र ने भी किया।

इस प्रकार, उदाहरणों को देखने से यह निश्चय हो जाता है कि पाठ-सुधार एक ही दशा में होना चाहिए, जब सुधारवाला पाठ लेखानुसंगति (बहिरंग सम्भावना) तथा विषयानुसंगति (अन्तरंग सम्भावना) दोनों दृष्टियों से ठीक हो।

कभी-कभी यह स्थिति भी उत्पन्न हो सकती है कि प्रतियों में दो या दो से अधिक पाठ ऐसे मिलते हों, जो एक से अधिक शाखा की प्रतियों में मिलते हैं तथा वे सभी विषयानुसंगत हों, तो उस दशा में पाठालोचक को क्या करना चाहिए ? सामान्य नियम यह है कि उसे ऐसी दशा में सर्वाधिक सुन्दर पाठ ग्रहण करना चाहिए। इस स्थिति में यह सम्भावना रहती है कि भूतकाल में ही पाठ सुधार किया गया हो अथवा

---

१. नागरी प्रचारिणी पत्रिका, वर्ष ६२, अंक ३-४, पृष्ठ ४६३।

रचयिता अपनी कृति के निर्माण के बाद भी जीवित रहा हो और उसने उसमें समय-समय पर संशोधन प्रस्तुत किये हों जिनकी परम्पराएँ प्रतियों के माध्यम से चल पड़ीं।

पाठालोचकों के दो वर्ग

पाठ-सुधार होना चाहिए अथवा नहीं, इस प्रश्न पर पाठालोचकों के दो वर्ग हो जाते हैं। कभी-कभी भ्रम से इन दो वर्गों को हिन्दी-पाठालोचन की परिसीमा के भीतर समझने में लोग भूल कर बैठते हैं। वे प्राचीन वर्ग के अन्तर्गत उन सम्पादकों को मान लेते हैं, जो बिना किसी वैज्ञानिक विधि के प्रयोग के स्वेच्छानुसार उपयुक्त लगने वाले पाठों को ग्रहण करके प्रस्तुत करने में ही अपने कार्य की सार्थकता समझते थे। जहाँ प्रतियों के बाहुल्य का साक्ष्य भी वे ग्रहण करते थे, वह भी भ्रामक होता था; क्योंकि जब तक उनका शाखागत वर्गीकरण न हो जाय, उनके बहुमत के साक्ष्य की कीमत नहीं समझी जा सकती। इस प्रकार, हिन्दी के प्राचीन सम्पादक तो सही अर्थ में पाठालोचक थे ही नहीं। उनका कार्य वैज्ञानिक न होकर स्वरुचि से प्रेरित कलात्मक अधिक था। इस वैज्ञानिक विधि का अनुसरण करने वाले पाठालोचकों को हम दो वर्गों में बाँट सकते हैं;

(१) प्राचीन वर्ग (Conservative School)।

(२) नवीन वर्ग (Liberal School)।

प्राचीन वर्ग—इस वर्ग के पाठालोचक अपनी कार्य-सीमा को पाठचयन तक ही सीमित रखना चाहते हैं। इनकी दृष्टि से पाठ-सुधार करना पाठालोचक का कार्य नहीं है। तर्क यह है कि जब हम पाठ-सुधार प्रस्तुत करते हैं, तब वह रचयिता का पाठ न होकर पाठालोचक का पाठ हो जाता है और हम सही अर्थ में लेखक के अभीष्ठ पाठ के पुनर्निर्माण करने के कार्य से विरत हो जाते हैं। कितना ही भ्रष्ट पाठ प्रतियों में क्यों न मिले, उसे ही प्रस्तुत करना चाहिए, क्योंकि यदि वह रचयिता का पाठ नहीं होता है, तो भी कम से कम उसका निकटतम पाठ होता है। इसका सामान्य सिद्धान्त है कि ऐसे पाठों को, जो प्रसंगानुमोदित न भी हों, (बिना सुधार के) प्रस्तुत कर देना चाहिए; क्योंकि यदि ये मूल पाठ नहीं होते हैं, तो भी कम से कम मूल पाठ के अवशेष होते हैं।

(What, if not the original reading, is at least the remains of it.)[1]।

इस वर्ग के पाठालोचक पाठ-सुधार न प्रस्तुत करके[2] प्रतियों के माध्यम से

---

१. Postgate—Encyclopaedia Britannica, Vol. 22.

२. Now the traditional critic's chief concern is for the safety of the traditional and by preference the transmitted text. He urges very rightly that if alteration is carried beyond a certain point, it cuts away its own foundation and so all certainty is destroyed. His objective is minimum of change.

—Postgate : Encyclopaedia Britannica, Vol. 22.

प्राप्त भ्रष्ट पाठ को भी खींच-तानकर उसका अर्थ निकालने का प्रयास करते हैं, चाहे वह अर्थ उस पाठ में विद्यमान हो अथवा नहीं। किन्तु अपनी क्लिष्ट कल्पना द्वारा वे दूर की कौड़ी लाने का प्रयास करते हैं। इस प्रकार अर्थ की संगति बैठा देने से पाठ-समस्या हल नहीं हो जाती बल्कि उचित शब्द जब अन्यत्र पाठक को प्रयुक्त मिलता है तो वह संदेह पूर्ण हो जाता है। इस सम्बन्ध में डॉ० पोस्टगेट का कथन है कि वह अन्य संदर्भों को खींच-तान कर प्रस्तुत पाठ का अर्थ निकालता है, यद्यपि वे अर्थ उस पाठ में नहीं होते हैं। बहुत अच्छा अर्थ प्राप्त हो गया है किन्तु इसके मूल्य भी चुकाने पड़ेंगे। इसका मूल्य यह होता है कि पाठक इन शब्दों का अर्थ अत्यन्त धुंधले तथा भ्रष्ट रूप में ग्रहण करता है तथा जब वह उन्हीं शब्दों को अन्य प्रसंग में प्रयुक्त पाता है वह भ्रम तथा संदेह से परिपूर्ण हो जाता है।[1] इस पर भी यदि वे समर्थ नहीं होते हैं, तो वे इसे रचयिता का असाधारण प्रयोग कहकर टाल देते हैं या उक्त पाठ का अशुद्ध प्रयोग कहकर पाठ का दोष रचयिता के सिर पर डाल देते हैं। कात्रे महोदय के अनुसार तो इन पाठालोचकों का सिद्धान्त-वाक्य ही है, 'स्थितस्य गतिश्चिन्तनीया'। अर्थात् जो पाठ स्थित है उसकी गति चिन्तनीय है, इतना ही कहकर वह संतुष्ट हो जाता है और पाठ सुधार नहीं करता।[2]

इनके अनुसार कितने ही अदृष्ट और असंगत पाठ का भी सुधार करके प्रस्तुत नहीं करना चाहिए। यदि वे संदेहपूर्वक स्वीकृत हों या संदेहपूर्वक त्यक्त हों, तो उनका उल्लेख पाद-टिप्पणी में करके, पाठालोचक चाहे तो पाठ के सम्बन्ध में अपना सुझाव प्रस्तुत कर सकता है।

यह निश्चित रूप से कहा जा सकता है कि पाठालोचकों का यह वर्ग अधिक

---

१. He will obtain the required sense by distorting the meaning of the other constituents of the context, until they furnish it, so far so good : the requisite sense is obtained, but the price has now to be paid. And the price is that of the reader's perception of a word or words, so wrested in, bedimmed and impaired and his power of disseminating and understanding them when it meets them again is shot with doubt and error.

—Ibid, Vol. 22.

२. It is the weakness of the conservative critic to extol interpretation or exegesis at the expense of emendation, some even go to the length of saying that a successful defence of a passage in the text is greater service than its successful correction.

—S. M. Katre : Introduction to Indian Textual Criticism, Page 69.

रचयिता अपनी कृति के निर्माण के बाद भी जीवित रहा हो और उसने उसमें समय-समय पर संशोधन प्रस्तुत किये हों जिनकी परम्पराएँ प्रतियों के माध्यम से चल पड़ीं।

पाठालोचकों के दो वर्ग

पाठ-सुधार होना चाहिए अथवा नहीं, इस प्रश्न पर पाठालोचकों के दो वर्ग हो जाते हैं। कभी-कभी भ्रम से इन दो वर्गों को हिन्दी-पाठालोचन की परिसीमा के भीतर समझने में लोग भूल कर बैठते हैं। वे प्राचीन वर्ग के अन्तर्गत उन सम्पादकों को मान लेते हैं, जो बिना किसी वैज्ञानिक विधि के प्रयोग के स्वेच्छानुसार उपयुक्त लगने वाले पाठों को ग्रहण करके प्रस्तुत करने में ही अपने कार्य की सार्थकता समझते थे। जहाँ प्रतियों के बाहुल्य का साक्ष्य भी वे ग्रहण करते थे, वह भी भ्रामक होता था; क्योंकि जब तक उनका शाखागत वर्गीकरण न हो जाय, उनके बहुमत के साक्ष्य की कीमत नहीं समझी जा सकती। इस प्रकार, हिन्दी के प्राचीन सम्पादक तो सही अर्थ में पाठालोचक थे ही नहीं। उनका कार्य वैज्ञानिक न होकर स्वरुचि से प्रेरित कलात्मक अधिक था। इस वैज्ञानिक विधि का अनुसरण करने वाले पाठालोचकों को हम दो वर्गों में बाँट सकते हैं;

(१) प्राचीन वर्ग (Conservative School)।

(२) नवीन वर्ग (Liberal School)।

प्राचीन वर्ग—इस वर्ग के पाठालोचक अपनी कार्य-सीमा को पाठचयन तक ही सीमित रखना चाहते हैं। इनकी दृष्टि से पाठ-सुधार करना पाठालोचक का कार्य नहीं है। तर्क यह है कि जब हम पाठ-सुधार प्रस्तुत करते हैं, तब वह रचयिता का पाठ न होकर पाठालोचक का पाठ हो जाता है और हम सही अर्थ में लेखक के अभीष्ठ पाठ के पुनर्निर्माण करने के कार्य से विरत हो जाते हैं। कितना ही भ्रष्ट पाठ प्रतियों में क्यों न मिले, उसे ही प्रस्तुत करना चाहिए, क्योंकि यदि वह रचयिता का पाठ नहीं होता है, तो भी कम से कम उसका निकटतम पाठ होता है। इसका सामान्य सिद्धान्त है कि ऐसे पाठों को, जो प्रसंगानुमोदित न भी हों, (बिना सुधार के) प्रस्तुत कर देना चाहिए; क्योंकि यदि ये मूल पाठ नहीं होते हैं, तो भी कम से कम मूल पाठ के अवशेष होते हैं।

(What, if not the original reading, is at least the remains of it.)।

इस वर्ग के पाठालोचक पाठ-सुधार न प्रस्तुत करके[२] प्रतियों के माध्यम से

---

१. Postgate—Encyclopaedia Britannica, Vol. 22.

२. Now the traditional critic's chief concern is for the safety of the traditional and by preference the transmitted text. He urges very rightly that if alteration is carried beyond a certain point, it cuts away its own foundation and so all certainty is destroyed. His objective is minimum of change.

—Postgate : Encyclopaedia Britannica, Vol. 22.

प्राप्त भ्रष्ट पाठ को भी खींच-तानकर उसका अर्थ निकालने का प्रयास करते हैं, चाहे वह अर्थ उस पाठ में विद्यमान हो अथवा नहीं। किन्तु अपनी क्लिष्ट कल्पना द्वारा वे दूर की कौड़ी लाने का प्रयास करते हैं। इस प्रकार अर्थ की संगति बैठा देने से पाठ-समस्या हल नहीं हो जाती बल्कि उचित शब्द जब अन्यत्र पाठक को प्रयुक्त मिलता है तो वह संदेह पूर्ण हो जाता है। इस सम्बन्ध में डॉ० पोस्टगेट का कथन है कि वह अन्य संदर्भों को खींच-तान कर प्रस्तुत पाठ का अर्थ निकालता है, यद्यपि वे अर्थ उस पाठ में नहीं होते हैं। बहुत अच्छा अर्थ प्राप्त हो गया है किन्तु इसके मूल्य भी चुकाने पड़ेंगे। इसका मूल्य यह होता है कि पाठक इन शब्दों का अर्थ अत्यन्त धुंधले तथा भ्रष्ट रूप में ग्रहण करता है तथा जब वह उन्हीं शब्दों को अन्य प्रसंग में प्रयुक्त पाता है वह भ्रम तथा संदेह से परिपूर्ण हो जाता है।[1] इस पर भी यदि वे समर्थ नहीं होते हैं, तो वे इसे रचयिता का असाधारण प्रयोग कहकर टाल देते हैं या उक्त पाठ का अशुद्ध प्रयोग कहकर पाठ का दोष रचयिता के सिर पर डाल देते हैं। कात्रे महोदय के अनुसार तो इन पाठालोचकों का सिद्धान्त-वाक्य ही है, 'स्थितस्य गतिश्चिन्तनीया'। अर्थात् जो पाठ स्थित है उसकी गति चिन्तनीय है, इतना ही कहकर वह संतुष्ट हो जाता है और पाठ सुधार नहीं करता।[2]

इनके अनुसार कितने ही अदृष्ट और असंगत पाठ का भी सुधार करके प्रस्तुत नहीं करना चाहिए। यदि वे संदेहपूर्वक स्वीकृत हों या संदेहपूर्वक त्यक्त हों, तो उनका उल्लेख पाद-टिप्पणी में करके, पाठालोचक चाहे तो पाठ के सम्बन्ध में अपना सुझाव प्रस्तुत कर सकता है।

यह निश्चित रूप से कहा जा सकता है कि पाठालोचकों का यह वर्ग अधिक

---

१. He will obtain the required sense by distorting the meaning of the other constituents of the context, until they furnish it, so far so good : the requisite sense is obtained, but the price has now to be paid. And the price is that of the reader's perception of a word or words, so wrested in, bedimmed and impaired and his power of disseminating and understanding them when it meets them again is shot with doubt and error.

—Ibid, Vol. 22.

२. It is the weakness of the conservative critic to extol interpretation or exegesis at the expense of emendation, some even go to the length of saying that a successful defence of a passage in the text is greater service than its successful correction.

—S. M. Katre : Introduction to Indian Textual Criticism, Page 69.

ईमानदार है और वह, प्रतियों के प्रमाण पर ही किसी पाठ के प्रस्तुत किये जाने की मान्यता देता है। फिर भी, वह पाठालोचक के कर्त्तव्यों का पूर्णतः पालन नहीं करता है, जैसा पोस्टगेट का कथन है: 'उसकी दुनिया एक ईमानदार व्यक्ति की दुनिया होती है, वह प्राचीन पाठ का रक्षकमात्र होता है, पाठालोचक नहीं। वह पाठ को उसके संभव मूल रूप में पुनर्निमित करने के कर्त्तव्य को स्वीकार नहीं करता।'

(His world will be of a honest man, but of a textual antiquarian, not a textual critic, since he declines the duty of restoration of text as far as possible to its original form.)[1]

इस प्रकार के प्रस्तुत किये गये पाठ में बड़ी कठिनाइयाँ उत्पन्न हो सकती हैं। पाठक को ऐसे स्थलों के अर्थ की संगति बैठाने के लिए पद-पद पर रुकना पड़ता है तथा एक-आध इस प्रकार के शब्द, उस सम्पूर्ण छंद या प्रसंग के पाठ के रसास्वाद से वंचित कर देते हैं।[2]

यहाँ पर एक बात को ध्यान में रखना अनिवार्य होता है, जिसका निर्देश पहले भी हो चुका है कि जहाँ पर यह निश्चय हो जाय कि रचयिता द्वारा प्रस्तुत पाठ दोष पूर्ण अथवा असंगत था, वहाँ पाठालोचक को उसके पाठ का सुधार करने का अधिकार नहीं है, प्रत्युत उसे उसी रूप में छोड़ देना चाहिए।

नवीन वर्ग—प्रथम पद्धति के विपरीत नवीन वर्ग के आलोचक भ्रष्ट तथा असंगत पाठों का उस स्थिति में स्वच्छन्दतापूर्वक पाठ-सुधार प्रस्तुत करने के पक्ष में रहते हैं, जहाँ सुधार किये हुए पाठ का लेखानुसंगति तथा विषयानुसंगति दोनों ठीक-ठाक बैठ जाय। इस प्रकार प्रस्तुत किये गये पाठ के सम्बन्ध में वह पाद-टिप्पणी अथवा भूमिका में पूर्ण विवरण के साथ अपने तर्क प्रस्तुत कर देता है, ताकि पाठ अर्थ और प्रसंगावधान आदि की कठिनाइयों से मुक्त हो जाय तथा पाठक पाठालोचक के कार्य के औचित्य पर विचार कर सके। इस वर्ग के पाठालोचकों का सामान्य सिद्धान्त है कि उस पाठ को प्रस्तुत करना अधिक उचित है, जो रचयिता लिख सकता है, अपेक्षाकृत उस पाठ के, जो वह कदापि नहीं लिख सकता। साथ ही, जहाँ भ्रष्ट पाठ हो, यानी टूटा-फूटा अंश हो और पाठ-निर्णय न हो सके, तो उसके स्थान पर कोई पाठ अस्थायी रूप से स्थानापन्न किया जा सकता है। (Stopgap should be prefered to debris)।

वस्तुतः, ये दोनों पद्धतियाँ अतिवादी हैं। वास्तविक मार्ग मध्य मार्ग है। जहाँ

---

१. Postgate : Encyclopaedia Britannica, Vol. 22.

२. The great words of classical literature are not studied as a pathological specimen and they will be studied the less, the more they continue to repel and disquiet the reader.

—Ibid, Vol. 22.

तक सम्भव हो, पाठालोचक को पाठ-सुधार के कार्य से परहेज ही करना चाहिए। उसे अपने कार्य को पाठ चयन तक ही सीमित रखने का प्रयास करना चाहिए। जहाँ किसी पाठ का निर्णय पाठ-चयन के अन्तर्गत न हो पावे, वहाँ पर बहिरंग तथा अन्तरंग सम्भावनाओं से सम्मत पाठ-सुधार प्रस्तुत किया जा सकता है। टूटे-फूटे अंश को स्थायी काम चालाऊ पाठों से स्थानापन्न कर देना चाहिए।

अब भी एक महत्त्वपूर्ण प्रश्न शेष रह जाता है कि पाठालोचक प्रतिलिपिकार तथा लेखक द्वारा पाठ-प्रमाद या लेखन-प्रमाद तथा लिपिभ्रम के कारण हुई छोटी-मोटी निश्चेष्ट विकृतियों का कहाँ तक सुधार कर सकता है। यदि यह निश्चय हो जाय कि यह निश्चेष्ट विकृति ही है, तो चाहे वह प्रतिलिपिकार को हो या लेखक की, वह उसका सुधार कर सकता है।

जो अशुद्धि स्पष्ट रूप से और लगातार कई स्थलों पर आई हो, तो उसके सम्बन्ध में अधिकांशतः यही सम्भावना रहती है कि वे लेखक द्वारा हुई अशुद्धियाँ हैं। व्याकरण के रूप, छन्द की अनियमितता, अस्पष्ट तथा तोड़े-मरोड़े हुए शब्दों का प्रयोग स्थल-स्थल पर हुआ हो, तो उसके सम्बन्ध में भी यह समझने की आवश्यकता है कि ये अशुद्धियाँ लेखक की अशुद्धियाँ हैं और वह निश्चेष्ट विकृतियाँ नहीं हैं, अतः उनका सुधार नहीं किया जा सकता है।[१] इस सम्बन्ध में कात्रे महोदय का मत है कि यदि कोई दोष इतने प्राचीन काल से मिलते हैं जितनी प्राचीन उस ग्रंथ की हमारी मूलादर्श प्रति हो, तो इन दशाओं में साधारणतः लेखानुसंगतियों का सहारा लेना संभव नहीं होता है। इन स्थानों पर पाठ-सुधार एक संभावित अनुमान मात्र होता है। नवीन प्रमाणों के प्राप्त होने पर ऐसी गोताखोरी कभी-कभी ठीक सिद्ध से जाती है।[२]

इस ढंग की समस्यायें जायसी के 'पद्मावत' तथा तुलसी के 'मानस' के पाठों में भी प्राप्त हुई। डॉ० माताप्रसाद गुप्त की मान्यता है कि छन्द के नियमों की शिथिलता मूलतः इन दोनों ही कवियों में मिलती है अतः उन पाठों को दोषपूर्ण (Corrupt) मानकर उनके सुधार के लिए प्रयत्न करना उचित नहीं है। कुछ विद्वान् जायसी और

---

१. If the number of instances where there is faultiness which is hard to remove, it is probable that evil lies too deep for emendation. The author's own carelessness may be to blame or he may not have been allowed to put finising touch to his work. —Postgate : Encyclopaedia Britannica, Vol. 22.

२. If the faulty readings have been in possession of the text in the period anterior to Archetype dating from a period very near to autograph, it may not be possible to have recourse to transcriptional probability in ordinary sense. Emendation in his case shall be little more than a forturate guess.

तुलसी में किसी भी प्रकार के दोष की कल्पना ही नहीं करते और वे उनके व्यक्तिगत दोषों या प्रयोगों को भी प्रतिलिपिकारों के सिर डाल देना और उसका सुधार प्रस्तुत करना चाहते हैं। ये सुधार तब तक मान्य नहीं हो सकते जब तक वे अंतरंग और बहिरंग दोनों ही संभावनाओं से सिद्ध न हो जायँ। मूल लेखक के दोष प्रायः रचनाओं में रह जाते हैं और आगामी सम्पादकों द्वारा उनके सुधार का अनधिकारी प्रयत्न भी देखा जाता है। 'शैली' की मूल कविताओं के पाठ में इसी प्रकार छन्द सम्बन्धी दोष विद्यमान थे जिन्हें प्रतिलिपिकारों के सिर मढ़ने का प्रयास अंग्रेजी के कुछ पाठ-मीमांसक कर रहे थे।[१] अंग्रेजी के इतने सिद्धहस्त कवि में इस प्रकार के दोष प्रायः असूझ से प्रतीत होते, यदि पाठ-शोध की इस विधि से उसके पाठों की परीक्षा न की जाती और सुगठित पाठ प्रस्तुत करने के लोभ में उसके दोषों का परिहार करके एक सुन्दरतर पाठ प्रस्तुत करना उपयुक्त समझा गया होता। लेखक में इस प्रकार की भूलों की संभावना पर डॉ० कात्रे का कथन अत्यन्त तर्कपूर्ण है।[१] इस प्रकार की भूलों से अंग्रेजी आदि भाषाओं के पाठ मुक्त हो गए हैं। हिन्दी में भी यह कार्य बड़ी तेजी से आगे बढ़ रहा है।

पाठ सुधार की समस्या पर विचार करते समय पाठ की अर्थानुसंगति कितनी अनिवार्य है, यह कहने की आवश्यकता नहीं। पर इतना कहना उचित ही होगा कि जिन भ्रष्ट-पाठों के सम्बन्ध में लेखानुसंगति ऐसा पाठ प्रस्तुत करती है जो किसी भी प्रकार सार्थक नहीं है और अर्थानुसंगति से दूसरा ऐसा पाठ निकलता है जो प्रसंग के अनुकूल तो है, पर उसके सम्बन्ध में कोई लेखानुसंगति नहीं मिलती, ऐसे पाठों की स्थिति संदिग्ध होती है। पर पाठालोचन के सामान्य सिद्धान्तानुसार काम चलाऊ पाठ (Stop gap) के रूप में सार्थक पाठ का ग्रहण करना ही समीचीन होता है।[3] यह

---

१. We may detect occassional laxity also in the handling of his (Shelley's) verse, Lines are left unrhymed, or the same word is used in place of another rhyming word.

—Postgate : Encyclopaedia Britannica, Vol. 22.

२. The dictum that 'even Homer nods sometimes', explains the nature of error in antograph. Even the best authors do not always write worthily of themselves. Lapses from the felicity of style, from clearness, from consistancy or even through carelessness from correct grammer may occur now and then in the best writings.

—S. M. Katre : Introduction to Indian Textual Criticism, Page 22.

३. An emendation that violates documentary probability, while it satisfies intrinsic probability may possibly be true, though

निर्विवाद सत्य है कि अर्थानुसंगति अथवा विषयानुसंगति पर विचार करने के लिए अगाध पाण्डित्य, निर्णय शक्ति तथा सूझ-बूझ की आवश्यकता होती है। पाठालोचन की प्रक्रिया का प्रयोग कोई सामान्य व्यक्ति करके कभी भी मूलपाठ के निर्णय में सफलता नहीं प्राप्त कर सकता है। अर्थानुसंगति के प्रयोग के सम्बन्ध में पं० विश्वनाथ प्रसाद मिश्र के ये शब्द बड़े महत्त्वपूर्ण हैं कि 'साहित्यिक सरणि में सबसे बड़ा दोष यह है कि इसमें यदि कोई सूझ अपने ढंग की हो गई, कवि या कर्ता की पद्धति पर न हो सकी तो वह कुछ की कुछ हो जायेगी। 'गणेश' के स्थान पर 'बानर' हो जायेगा। चेतना में विशेषता होनी चाहिए 'परकाय प्रवेश' की, कवि के या लेखक के अन्तःकरण से जो तादात्म्य नहीं कर सकता वह ठीक पाठ का निर्णय नहीं कर सकता।'[1] वास्तव में पाठालोचन की सम्पूर्ण प्रक्रिया ही असिधार-व्रत के समान है। उसमें भी पाठ-सुधार और पाठ-सुधार में भी निरे अर्थ की संगति पर पाठ निर्णय तो और भी कठिन कार्य है। पर कभी-कभी अर्थ ढूंढ़ने का प्रयत्न इतना बढ़ जाता है कि प्राप्त पाठ को न समझने के कारण उसे निरर्थक कहकर अन्य पाठ अपनी ओर से स्थानापन्न कर दिया जाता है और कभी-कभी प्राप्त पाठ से भी उत्कृष्टतर पाठ अपनी सुझ-बूझ से निकाल कर उसे कवि-कृत होने की दलील दी जाती है। ये दोनों ही क्रियाएँ पाठालोचन के उद्देश्य पर कुठाराघात करती है। 'ओल्ड टेस्टामेण्ट' के सम्पादकों ने इस प्रकार के अवैज्ञानिक अर्थ प्रेमियों से पाठालोचकों को सावधान रहने को कहा है। उनका कहना है कि 'ओल्ड-टेस्टामेण्ट' का जब आलोचनात्मक संस्करण निकला तो प्राचीन अवैज्ञानिक पाठ ने प्रतिक्रिया की और इस प्रतिक्रिया को अतर्कपूर्ण तथा अशक्त अर्थ-परंपराओं से बल मिला।[2]

महाभारत के आदिपर्व के संपादक डॉ० सुकथांकर ने कम से कम पाठ-सुधार किया है। उन्होंने ७०००-८००० श्लोकों के आदि पर्व में केवल ३६ पाठ-सुधार किया। वह भी उन्हीं स्थानों पर जहाँ यह अत्यावश्यक था। नेपाल में प्राप्त महाभारत की प्राचीनतम प्रति के प्राप्त होने पर इनमें से पचास प्रतिशत पाठ-सुधार ठीक निकली।[3]

---

we have no right to presume its truth, an emendation on the other hand which satisfies documentary probability and yet violates intrinsic probability is wholly valueless. Hence the dictum that a good critic must be something more that a mere palaeographer. —Ibid, Page 66.

१. विश्वनाथ प्रसाद मिश्र : केशव-ग्रन्थावली भाग २ (भूमिका), पृष्ठ १८

२. Thus the uncritical text of the original and the common use, not of original, but of a version reacted upon it. And this was aggravated by unsound methods of interpretations, legal or dogmatic or illogical.

—Encyclopaedia Britannica. Vol. 3, Page 506.

३. S. M. Katre : Introduction to Indian Textual Criticism, Page 67.

डॉ० सुकथाकांर ने इस सब सम्बन्ध में अपनी मान्यता प्रकट करते हुए स्वयं कहा है कि मैंने अच्छी हस्तलिखित प्रतियों के पाठ को त्याग करने और सुधारने में झिझक से काम लिया है। उपलब्ध पाठ की व्याख्या को पाठ सुधार पर आद्योपान्त वरीयता दी गयी है।[१]

१. P. K. Gode : Sukthankar Memorial Edition (foreward) Page 7.

उच्चतर आलोचना

पाठ की सम्पूर्ण समस्याओं को सुलझा लेने के उपरान्त पाठालोचक उस कृति की रूप रेखा तैयार कर लेता है और उसका मुख्य कार्य यहीं समाप्त हो जाता है किन्तु उसे भूमिका के रूप में प्राप्त संपादन-सामग्री, सहायक-सामग्री तथा संपादन सम्बन्धी स्वीकृत मानदण्डों का पूर्ण रूप से उल्लेख करना होता है। संपादन कार्य एक वैज्ञानिक प्रक्रिया पर अवश्य आधारित होता है, फिर भी सामग्री की उपलब्धि तथा उसके रूप की सीमाओं से यह कार्य सीमित होता है तथा जो पूर्वकल्पना (Hypothesis) सम्पादक अपने कार्य के लिए स्थान-स्थान पर निर्धारित करके चलता है, आगे उपलब्ध होने वाली अन्य सामग्रियों के आधार पर खण्डित हो सकती है और शोध की जिस सीमा तक वह पाठालोचक पहुँचा है उसके आगे शोध कार्य बढ़ सकता है। अतः इस प्रकार शोध कार्य को आगे बढ़ने के दृष्टिकोण को ध्यान में रखकर अपनी सामग्री तथा अपने सम्पादन सिद्धान्तों का पूर्ण विवरण भूमिका में करना चाहिये, ताकि आगे आनेवाला शोधकर्ता उन सामग्रियों का उपयोग कर सके और पूर्व पाठ-शोधक के कार्यों की परीक्षा कर सके और उसकी प्रामाणिकता पर अपने खोज की मुहर लगा सके अथवा उसे वैज्ञानिक ढंग से अप्रामाणिक सिद्ध कर सके। इसके अतिरिक्त भी इस प्रकार की भूमिकाओं का यह भी उपयोग होता है कि आलोचनात्मक ढंग से पाठ का अध्ययन करने वाले पाठक की जिज्ञासा की तुष्टि हो सके और जिस कृति का वह अध्ययन कर रहा है उसके प्रति उसके हृदय में विश्वसनीयता का भाव जाग सके। उच्चतर आलोचना के अन्तर्गत पाठालोचक को साधारणतया किन बातों का उल्लेख करना चाहिए इस सम्बन्ध में श्री जी० बी० ग्रे का यह कथन उल्लेख्य है :

उच्चतर आलोचना में रचना की विभिन्न प्रतिलिपियों के महत्त्व, उद्देश्य एवं उनकी प्रकृति का निर्णय होना चाहिए। उनके लेखन-काल एवं लेखन की परिस्थितियों पर विचार, वे पृथक-पृथक एक व्यक्ति की या एकाधिक व्यक्तियों की कृतियाँ हैं, किस समय वे अपने वर्तमान रूप में पहुँची हैं, क्या वे पूर्वकालीन स्रोतों के पाठों से युक्त हैं और यदि ऐसा है तो उन पाठों का पुनर्निर्माण तथा उनकी तिथि का निर्धारण आदि कार्य उच्चतर आलोचना के क्षेत्र का निर्धारण करते हैं।[1] इसका विवरण संक्षेप में इस प्रकार दिया जा सकता है :

---

१. The attempt must be made to determine the scope, purpose and character of various books (Manuscripts), the time in and

(१) सामग्री परिचय—संपाद्यरचना की सभी ज्ञात प्रतियों का उल्लेख करने के पश्चात् पाठालोचक को अपनी सम्पूर्ण उपलब्ध सामग्री का विस्तार पूर्वक परिचय देना अपेक्षित होता है। जैसा कहा जा चुका है कि यह सामग्री दो प्रकार की होती है (१) मुख्य सामग्री (२) सहायक सामग्री। पहले तो मुख्य सामग्री के रूप में प्राप्त उस रचना की सम्पूर्ण हस्तलिखित पोथियों का परिचय देना चाहिये। इस परिचय में उन प्रतियों के प्राप्ति स्थान, उसके संरक्षण-कर्ता तथा उनकी प्रतिलिपि तिथि आदि का परिचय देना चाहिये। प्रतिलिपि काल देते समय—अत्यन्त सतर्क दृष्टि से—उसका कर्तव्य यह भी हो जाता है कि वह उन तिथियों की प्रामाणिकता के सम्बन्ध में भी अपना मन्तव्य प्रकट करें। कहने का तात्पर्य यह है कि उसे भली-भांति निरीक्षण एवं परीक्षण करके देखना चाहिए कि उक्त प्रति में दी हुई तिथियां प्रामाणिक हैं या नहीं। कहीं ऐसा तो नहीं हुआ है कि प्रतिलिपिकार ने अपनी प्रति को प्राचीन सिद्ध करने के प्रलोभन में कोई गलत तिथि दे दी है अथवा किसी अन्य व्यक्ति ने बाद में सत्य तिथि पर लीपापोती तो नहीं की है। प्रति की प्राचीनता के निर्धारण में उसकी लेखन-सामग्री तथा उसकी रूप रेखा को देखकर भी सहायता ली जा सकती है। जो प्रतियाँ सुरक्षित होती हैं और जिनका कोई भी अंश खण्डित नहीं होता है उनमें से तो प्रारम्भ में अथवा अन्त में पुष्पिका के रूप में उस प्रति के संबंध में कुछ परिचय प्राप्त होता है। उस परिचय को भी पाठालोचक अपनी उच्चतर आलोचना में समाविष्ट करता है परन्तु इन पुष्पिकाओं के संबंध में भी प्राचीन काल से ही पर्याप्त जाल होता रहा है। अतः इनकी परीक्षा भी अत्यन्त सतर्क दृष्टि से होनी चाहिये। इनके अतिरिक्त वे प्रतियाँ जो पूर्ण सुरक्षित नहीं होती हैं और उनके प्रारंभ और अन्त के कुछ पन्ने खंडित रहते हैं तो इस समस्या का सुलझाव पाठालोचक की विवेक दृष्टि पर ही पूर्णतया निर्भर करता है। उसे प्रति की लेखन सामग्री या उसकी अन्य अन्तरंग परीक्षाओं द्वारा उसकी प्राचीनता का पता लगाना पड़ता है। किन्हीं-किन्हीं प्रतियों में तो प्रत्येक सर्ग या अध्याय के अन्त में पुष्पिका देने की प्रथा देखी जाती है। इसके अतिरिक्त उसे यह भी चाहिए कि वह प्रत्येक हस्तलिखित प्रति के परिचय में इसका पूर्णतया उल्लेख करे कि वह प्रति कितनी सुरक्षित थी, किस लिपि में लिखी गई थी, कितना हस्तक्षेप उस

---

the conditions under which they were written, whether they are severally the work of one or more authors; at what date they reached at their present form, whether they embody earlier sources and if so, to reconstruct these and assign dates to them. This is the province of Higher Criticism, so called to distinguish it from the lower criticism.

—G. B. Grey : Encyclopaedia Britannica, Vol. 13, Page 506-507.

पर परवर्ती काल में हुआ था और उसमें छन्द आदि की कितनी संख्या है। यदि हो सके तो इसी परिचय में उसे यह भी उल्लेख करना चाहिये कि उसने उक्त प्रति के ऊपर कितना विश्वास किया है, उससे अपने कार्य में कितनी सहायता ली है तथा इस समय वह प्रति कहाँ पर रखी हुई है। प्रतियों के संकेत निर्दिष्ट करना सुविधाजनक होता है। जैसे कलाभवन से यदि प्रतियाँ प्राप्त हों तो उन्हें क^{1}, क^{2}, क^{3} कहा जा सकता है। इसी प्रकार नागरी प्रचारिणी सभा से यदि दो प्रतियाँ प्राप्त हो तो उन्हें ना^{1}, ना^{2} कहा जा सकता है। ये संकेत पाठान्तर उल्लेख तथा आलोचनात्मक विश्लेषण में सहायक होते हैं।

मुख्य सामग्री के इस प्रकार पूर्ण विवरण के उपरान्त, सहायक सामग्री का भी परिचय दे देना चाहिए, यदि उनसे संपादन कार्य में सहायता मिली हो। उस सहायक सामग्री की प्रामाणिकता, प्राचीनता आदि की आलोचनात्मक परीक्षा भी उसी प्रकार प्रस्तुत की जानी चाहिये जिस प्रकार मुख्य सामग्री की प्रस्तुत की जाती है।

परीक्षा-विवरण—प्रतियों के सामान्य परिचय के उपरान्त उनकी परीक्षा और शाखागत वर्गीकरण में प्रयुक्त विधियों का सोदाहरण संक्षिप्त परिचय देना अपेक्षित होता है। सर्वप्रथम उन प्रतियों की तुलना के द्वारा जो साम्य और वैषम्य के उदाहरण मिले हैं उनके कुछ उदाहरणों को प्रस्तुत करके यह बताना चाहिये कि उस प्रकार के कितने उदाहरणों के प्राप्त होने पर पाठालोचक ने उनके परस्पर प्रतिलिपि संबंध का निर्धारण किया है। इस प्रकार के समूह के रूप में उनके वर्गीकरण की अवस्था तक का परिचय देने के उपरान्त किन विशेषताओं के कारण उनके शाखानुसार परस्पर प्रतिलिपि संबंध का निर्धारण किया गया है, उसका भी विवरण देना आवश्यक होता है। इन विवरणों को समाप्त करने के उपरान्त प्रतियों के शाखागत वर्गीकरण को चार्ट द्वारा प्रस्तुत कर देना चाहिए ताकि पाठक सहज ही पाठालोचक के निष्कर्षों का पता चला सके।

सिद्धान्त विवेचन—प्रतियों के वर्गीकरण के उपरान्त वह जिन सामान्य सिद्धांतों का निर्धारण करता है, उनका उल्लेख उसे अवश्य करना चाहिए। उनमें यह भी उल्लेख होना चाहिये कि उसने किन-किन प्रतियों पर अपने कार्य को आधारित किया है और किनको अनावश्यक समझ कर छोड़ दिया है, साथ ही उसने किन सिद्धान्तों का निर्धारण किया है और उसने उन सिद्धान्तों का किस सीमा तक पालन किया है, कहाँ तक उसने पाठ चयन करने में सफलता प्राप्त की है और किस सीमा पर जाकर उसे पाठ सुधार करना पड़ा है? इसका भी उल्लेख स्पष्टतया होना चाहिये कि जहाँ उसने पाठ सुधार किया है, वहाँ पर किन लेखानुसंगतियों एवं विषयानुसंगतियों ने उसे उक्त पाठ को स्थानापन्न करने को बाध्य किया।

अन्य संपादन—संपादन रचना के यदि अन्य सम्पादित संस्करण भी प्रकाशित हुये हों तो उनका भी परिचय तथा उनके तुलनात्मक गुणावगुण का विवेचन भी भूमिका में आवश्यक और उपयोगी होता है।

मूल रचना की भाषा तथा लिपि—कभी-कभी ऐसा होता है कि सम्पाद्य

रचना की प्रतियाँ एक से अधिक लिपियों में मिलती हैं। ऐसी दशा में कभी-कभी यह निश्चय करना कठिन हो जाता है कि रचना की मूल प्रति किस लिपि में रही होगी। साथ ही पाठ निर्धारण में रचना की मूल लिपि के सम्बन्ध में भ्रम हो जाने पर अनेक गलतियों की सम्भावना शेष रह जाती है। इसी प्रकार भाषा के भी आदि रूप का ज्ञान न होने के कारण पाठ-निर्धारण में सम्पादकों ने बड़ी भ्रान्तियाँ की हैं। अतएव आदि प्रति की भाषा और लिपि का निर्धारण भी पाठालोचक को करना चाहिए तथा उस निर्धारण को तर्कों द्वारा सिद्ध करना चाहिये।

रचयिता का समय—भाषा और लिपि के निर्धारण के साथ ही साथ कभी-कभी रचयिता के समय का निर्धारण करना अनिवार्य हो जाता है। पाठ-सम्पादक का यह कर्त्तव्य होता है कि वह प्राप्त सामग्री की भाषा, लिपि तथा उसमें उल्लिखित संदर्भों द्वारा रचयिता के समय का निर्धारण करे। इस निर्धारण में भी उसे अपनी वैज्ञानिक मर्यादा का सदैव ध्यान रखना चाहिए। इस बात के लिये सतर्क रहना चाहिये कि कहीं भावुकता-वश वह किसी मत विशेष का समर्थन तो नहीं करने जा रहा है। लेखक के द्वारा रचना में उल्लिखित ऐतिहासिक संदर्भों का विवेचन भी होना चाहिये। यदि उसने किसी शासक या किसी शासकीय वंश या किसी ऐतिहासिक महत्त्व के अन्य व्यक्ति का उल्लेख अपनी रचना में किया है तो उस ऐतिहासिक संदर्भों की संगति का विचार भी ऐतिहासिक साक्ष्यों से करना चाहिये।

रचना तथा रचयिता का नाम—कभी-कभी खंडित प्रतियों के प्राप्त होने पर न तो रचना का और न ही रचयिता के नाम का उल्लेख मिलता है, ऐसी दशा में पाठालोचक अंतरंग एवं बहिरंग सम्भावनाओं के आधार पर इनकी शोध करता है। जायसी की रचना 'महरी-बाईसी' का नाम उस रचना में नहीं दिया गया था और इसी प्रकार की स्थिति 'छिताई-वार्ता' की भी है। इन दोनों रचनाओं का संपादन डा० माता प्रसाद गुप्त ने किया और इनके इन नामों का सुझाव दिया। बाद में 'महरी बाईसी' की पूर्ण प्रति प्राप्त हुई और श्री अमर बहादुरसिंह अमरेश ने उसका संपादन किया और इसका वास्तविक नाम 'कहरानामा' सिद्ध किया। 'छिताई वार्ता' की दो उपलब्ध प्रतियों में से एक की पुष्पिका में 'छिताई वार्ता' और दूसरी की पुष्पिका में 'छिताई चरित' लिखा है। डा० गुप्त ने 'छिताई वार्ता' को उपयुक्त नाम माना है। ऐसी स्थिति में पाठालोचक जो रचना या रचयिता के नामों का निर्धारण करता है, उसके सम्बन्ध में अपने तर्कों के साथ विवरण प्रस्तुत करता है कि उसने यही नाम क्यों निर्धारित किया ? सही नाम का पता जब तक नहीं लग जाता स्थानापन्न पाठ (Stop gap) के रूप में रचना का संभावित नाम दे देना चाहिए। महरी-बाईसी तथा छिताई-वार्ता ऐसे ही नाम हैं। इस प्रकार के विस्तारपूर्ण उल्लेखों द्वारा उच्चतर आलोचना का कार्य पूर्ण होता है। उच्चतर आलोचना वास्तव के सम्पादन विधा का मूल अंग नहीं है। प्रत्युत सम्पादक सम्पादन की प्रथम तीन सीढ़ियों से किस प्रकार अपने निर्धारित पाठ पर पहुँच सका, इसका विवरण इसमें दिया जाता है। हिन्दी में प्रारम्भिक

पाठ-शोधकों ने कभी-कभी संपादित रचना के प्रारम्भ में उसकी साहित्यिक आलोचना अत्यन्त विस्तार से प्रस्तुत करने की चेष्टा की है परन्तु अपने संपादन के आधारों एवं मानदण्डों का उल्लेख नहीं किया है। हिन्दी के प्राचीन सम्पादकों के सम्मुख एक कठिनाई यह थी कि उनके पास प्रतियों आदि के साधन स्वल्प थे, सम्पादन विज्ञान का न प्रचलन था और न ही उन स्वल्प साधनों के ऊपर उन वैज्ञानिक सिद्धान्तों का प्रयोग ही संभव था। अतः प्राचीन सम्पादकों को कोसना उचित नहीं, प्रत्युत युग की मर्यादाओं को ध्यान में रखते हुए हमें उनके द्वारा प्रस्तुत किये गये पाठों के प्रति भी कृतज्ञ होना पड़ता है। लेकिन इस विज्ञान का प्रयोग बढ़ जाने पर यह आज की अनिवार्य साहित्यिक आवश्यकता है। नई पीढ़ी की संपादन-परंपरा में साहित्यिक आलोचना का स्थान उच्चतर आलोचना ने ले लिया है जिसमें सम्पादन के आधारों एवं मानदण्डों का ही उल्लेख रहता है। कभी-कभी तो ये मानदण्ड इतने विस्तार से प्रकट किये गये हैं कि उनके लिये स्वतंत्र पुस्तक की अवतारणा करनी पड़ी। जैसे डॉ० माताप्रसाद गुप्त ने 'रामचरित मानस का पाठ' नामक स्वतन्त्र पुस्तक प्रस्तुत करके किया तथा पृथ्वीराज रासो के पाठ निर्धारण की विधियों एवं समाधानों को सैकड़ों पृष्ठ की भूमिका द्वारा स्पष्ट किया। मानस के पाठ पर पं० शंभु नारायण चौबे ने भी बड़े ही विस्तार से कार्य किया था जो अब 'मानस अनुशीलन' नाम से स्वतन्त्र ग्रन्थ के रूप संपादित होकर प्रकाशित हुआ है।

अन्य विषय—लेखक की संपाद्य रचना के अतिरिक्त उसकी अन्य प्रामाणिक रचनाओं और उसके रचनाकाल का विवेचन, लेखक की संपाद्य रचना का वैशिष्ट्य और उस धारा के पूर्वापर क्रम में उसका महत्त्व, लेखक की मूल विशेषताएँ और भाषा, छन्द आदि सम्बन्धी उसकी विशेष मान्यताओं का संक्षिप्त उल्लेख होना उपयोगी होता है।

इसके अतिरिक्त संपाद्य रचना के लिये लेखक ने जिन पूर्ववर्ती ग्रन्थों को आधार के रूप में प्रयोग किया है उनकी चर्चा भी उपयोगी होती है। जैसे 'रामचरित मानस' के संपादन में अध्यात्म रामायण, हनुमन्नाटक, प्रसन्न राघव आदि की चर्चा।

ऐतिहासिक आलोचना (Historical Criticism)—'ओल्ड टेस्टामेन्ट' के सम्पादक जे० बी० ग्रे आदि ने उच्चतर आलोचना के अतिरिक्त ऐतिहासिक कथानकों से सम्बद्ध ग्रंथों के संबंध में उनकी ऐतिहासिकता आदि पर विचार करने को 'ऐतिहासिक आलोचना' कहा है। हिन्दी के प्राचीन आख्यान काव्यों के पाठालोचक को उस ग्रन्थ की 'ऐतिहासिक आलोचना' प्रायः प्रस्तुत करनी पड़ती है। 'पृथ्वीराज रासउ' तथा 'वीसलदेवरास' इसके प्रमुख उदाहरण हैं।

हस्तलिखित ग्रंथों का उपयोग

हस्तलिखित ग्रंथ प्राचीन पाठों की सुरक्षा के साथ ही लेखन-सामग्री एवं लेखन-विधि की दृष्टि से महत्त्वपूर्ण पुरातात्विक एवं ऐतिहासिक दस्तावेज होते हैं। अतः इनका उपयोग करते समय बहुत सावधानी रखने की आवश्यकता होती है। पुराने कागजों और ताड़पत्रों-भोजपत्रों पर लिखे ग्रंथों पर कीड़ों का प्रकोप बड़ी तेजी से हो जाता है। मौसम की नमी और धूप के कारण भी वे नष्ट हो जाते हैं। नमी के कारण पन्ने में सफेद और काले-काले दाग पड़ने लगते हैं और वह गलने लगता है, तेज धूप लगने से वह कड़कड़ा हो जाता है और हाथ से उलटते या छूते ही उसके टूटने का भय रहता है। अतः नमी से बचाने के लिए यदि पुराने हस्तलिखित ग्रंथों को कभी धूप दिखाने की आवश्यकता हो तो हल्की धूप दिखाकर उन्हें हटा लेना चाहिए। कीड़ों से ग्रंथों की रक्षा करने के लिए उन्हें शीशे की ऐसी मंजूषाओं में रखना चाहिए जिससे वे बाहर से दिखें पर बाहरी धूल और कीट आदि से उनकी रक्षा होती रहे। लम्बे समय तक वायुरहित मंजूषा में रखने पर सिलन की आशंका रहती है। अतः इनको पर्याप्त वायु भी मिलती रहे इस बात का ध्यान रखना चाहिए।

दीमक, कीट या फफूंद आदि लगने पर इन ग्रंथों के लिए चिकित्सा की आवश्यकता होती है। हस्तलिखित ग्रंथों के भाण्डारों तथा उनके विशेषज्ञों से सम्पर्क करके आवश्यकतानुसार उनके तत्काल उपचार का प्रबंध करना चाहिए, अन्यथा इन्हें नष्ट होते देर नहीं लगती है। आजकल विज्ञान की अत्यधिक प्रगति के कारण वातानुकूलित कक्षों में लोहे की आलमारियों में रखकर और कुछ दोष होने पर वाष्प चिकित्सा आदि वैज्ञानिक प्रणालियों से ग्रंथ को सुरक्षित रखा जा सकता है। ग्रंथों के उपयोग के लिए सूक्ष्मदर्शी यंत्रों तथा मैग्निफाइंग ग्लास का उपयोग करके उन्हें दूर से ही कम से कम स्पर्श करके पढ़ा जा सकता है। ऐसे ग्रंथों को बिल्कुल बचाने के लिए इनकी फोटो स्टेट या माइक्रोफिल्म कापियाँ तैयार करा दी जाती हैं और अध्ययन-शोध आदि के लिए इन्हीं के माध्यम से ग्रंथ की सामग्री का उपयोग होता है। फोटो स्टेट से तो मूल ग्रंथ की फोटो प्रति बना ली जाती है जो व्यय साध्य है पर माइक्रोफिल्म उतनी व्यय साध्य भी नहीं है और उसे एक डिबिया में बन्द करके रखा जा सकता है जिस पर कीड़े और सिलन आदि का का कोई प्रभाव नहीं पड़ता। माइक्रोफिल्म के एक फीते पर हजारों पृष्ठ के कई ग्रंथ फिल्मांकित किये जा सकते हैं। माइक्रोफिल्म ग्रंथों को पढ़ने के लिए एक यन्त्र विशेष की आवश्यकता होती है जिसे 'रीडर' या पठन-यंत्र कहते हैं।

आज के इन वैज्ञानिक साधनों और सुविधाओं के होते हुए भी सब कहीं और हर किसी को ये सुविधाएँ उपलब्ध नहीं होतीं। अतः इनकी रक्षा के लिये पुराने लोगों के द्वारा बताये गये निर्देशों का पालन आवश्यक होता है। साधारणतः प्राचीन हस्त-लिखित ग्रंथों को उलटते-पलटते समय इतनी सावधानी रखनी चाहिए कि जरा भी झटका न लगे, नहीं तो उनके फट जाने की पूरी संभावना रहती है। उसके पन्ने इतने पुराने रहते हैं कि उन्हें यदि मोड़ दिया जाय तो वे टूटकर अलग हो जाएँगे। अतः न पन्नों को मोड़ना चाहिए और न असावधानी से उलटना चाहिए कि वे फट जायँ। ग्रंथों की रक्षा संबंधी सावधानी के लिए कहा गया है—

जल घृत से रक्षा करहु, मूरख हाथ न देउ।
ढीले कर मत बाँधियों, ग्रंथ कहैं यह भेउ॥

अथवा

जलाद् रक्षेत स्थलाद् रक्षेत, रक्षेत शिथिल बंधनात्
मूर्ख हस्ते न दातव्या, एवं बदति पुस्तिका॥

जल और घी से रक्षा के समान ही उन्हें वेष्ठन में कसकर बाँधने का विधान था। वह भी ढीले हाथ से नहीं ताकि बाहरी शत्रुओं (नमी और कीट) से उनकी पूर्ण रक्षा हो सके। इससे कम महत्त्वपूर्ण यह नहीं है कि इन्हें मूर्ख के हाथ में नहीं देना चाहिए। मूर्ख व्यक्ति हस्तलिखित ग्रंथ की दुर्लभता और मूल्यवत्ता को न समझने के कारण उनके उलटने-पलटने में सावधानी नहीं रखेगा और उन्हें नष्ट कर देगा। ग्रंथों की रक्षा के लिए जल-घृत की ही भाँति अग्नि से और मूर्ख व्यक्ति के समान ही चोरों एवं चूहों से भी रक्षा आवश्यक होती है। कहा गया है—

अग्ने रक्षेत् जलाद् रक्षेत्, मूषकेभ्यो विशेषतः।
कष्टेन लिखितं शास्त्रं, यत्नेन प्रतिपालयेत्॥
उदकानिल चोरेभ्यो, मूषकेभ्यो हुताशनात्।
कष्टेन लिखितं शास्त्रं, यत्नेन परिपालयेत्॥

हस्तलिखित ग्रंथ की विशेषताएँ

हस्तलिखित ग्रंथों में कुछ परंपराओं का पालन किया जाता है जिनका ज्ञान ग्रंथ के प्रयोग करने वाले के लिए आवश्यक होता है। डॉ० सत्येन्द्र ने इस संबंध में निम्नांकित बातों का उल्लेख किया है[1]—

(१) लिखने का ढंग—लिपियों के अनुसार लेखन दाहिने से बाएँ, बाएं से दाहिने या ऊपर नीचे के क्रम से होता है। फारसी लिपि दाहिने से बाएँ, नागरी लिपि बाएं से दाहिने और चीनी लिपि ऊपर से नीचे लिखी जाती है। इसके अतिरिक्त प्रति-लिपिकारों के अपने विशेष ढंग भी होते हैं। साधारणतः नागरी तथा फारसी लिपि की

---

१. डॉ॰ सत्येन्द्र : पाण्डुलिपि विज्ञान, पृष्ठ ३२।

प्रतियों में पंक्तियाँ ऊपर से नीचे लिखी गयी हैं पर कभी-कभी अलंकृत ढंग से उन्हें तिरछे भी लिखा जाता है। जैसे मोहम्मद शाह रंगीले के दरबार की 'पदुमावती' की सचित्र प्रति में हैं—

लेखक कृत लेखन-क्रम को ठीक प्रकार से समझ कर ही ग्रंथ का उपयोग करना उचित होता है अन्यथा हम लेखक की रचना के वांछित क्रम को ही नहीं जान सकेंगे।

(२) **सीधी पंक्ति, शिरोरेखा का अभाव और मिले हुए अक्षर**—प्राचीन भारतीय लेखों में अक्षर एक सीधी पंक्ति में अवश्य लिखे जाते थे पर उनमें शिरोरेखा लगाने का विधान नहीं था। ऐसी दशा में लेखों के वाचन में विशेष सतर्कता की अपेक्षा होती है। ऐसा न करने पर म और भ, घ और ध, र व तथा ख आदि का भेद करना कठिन हो जाता है और अशुद्धियों की संभावना रहती है। प्राचीन लेखों में अक्षर एक दूसरे से सटाकर लिखे जाते थे। ऐसे एक दूसरे से मिले हुए अक्षरों का व्यत्यय सावधानी से करना पड़ता है। धीरे-धीरे अभ्यास द्वारा ऐसी मिली हुई अक्षरावली को भी तेजी से पढ़ना संभव हो जाता है। अतः ऐसे ग्रंथों का प्रयोग करने के पूर्व उसकी मिली हुई अक्षरावली को ठीक से पढ़ने का अभ्यास कर लेना चाहिये।

नागरी की ही भाँति फारसी लिपि के लेखन की अपनी कुछ निजी विशेषतायें हैं। प्रतिलिपिकार नुक्तों के प्रयोग में उदासीन रहते हैं। मात्रा चिह्न ज़ेर, ज़बर, पेश आदि लगाने की भी परंपरा नहीं मिलती। काफ और गाफ दोनों को काफ जैसा ही लिखा जाता है। इसी प्रकार अन्य भी कुछ लेखन-विशेषतायें हैं। इन ग्रंथों के उपयोग के लिए इन विशेषताओं का ज्ञान आवश्यक है।

(३) **विराम चिह्न**—पाँचवीं शताब्दी से लेकर ई० सन् के प्रारम्भ तक केवल एक ही विराम-चिह्न प्रचलित था, वह वर्तमान पूर्ण विराम के चिह्न जैसा था। कभी-कभी इसे कोष्ठक जैसा कुछ वक्र कर दिया जाता था। पद्य में एक अर्द्धाली के अन्त में एक विराम (।) तथा चरण के अन्त में दो विराम (॥) की प्रथा चल गयी थी। कभी-कभी अंकों का प्रयोग तथा मंगलसूचक चिह्नों का प्रयोग भी विराम के लिए प्रयुक्त होता था।

(४) **पृष्ठ संख्या**—हस्तलिखित ग्रंथों में प्रायः एक पन्ने में एक ही ओर संख्या अंकित करने की प्रथा थी। प्रत्येक पृष्ठ पर संख्या नहीं लिखी जाती थी। यह संख्या अंकों में तथा अक्षरों में दोनों में होती थी।

(५) **संशोधन**—हस्तलिखित प्रतियों से लेखन संबंधी भूलों को इंगित करने के लिए कुछ चिह्न प्रयोग में आते हैं, इनकी जानकारी ऐसी प्रतियों के उपयोग-कर्ता के लिए आवश्यक होती है। छूटे हुए पाठ को इंगित करने के लिए छूट के स्थान पर 'काक पद' ($\wedge$) बना दिया जाता है और ऊपर या हाशिए में छूटा हुआ शब्द लिख दिया जाता है। भूल से एक अक्षर के लिए दूसरा अक्षर लिख जाता है तो लिखे हुए अक्षर पर (w) यह निशान लगा दिया जाता है। इससे संकेत रहता है कि इसे शुद्ध पढ़ा जाय। जैसे 'संकर' लिखकर 'सं' के ऊपर (w) लिख दिया जाय तो इसे 'शंकर'

पढ़ा जाएगा। व्यतिक्रम को ठीक करने के लिए पाठ के ऊपर संख्या लिखकर संकेत करते हैं। यथा 'चीत बात' लिख दिया जाय और लिखना था 'बात चीत' तो 'बात' के ऊपर १ और चीत पर २ लिख दिया जाएगा। इसी प्रकार पाठ भेद लिखने के लिए 'पाठा०', प्र० पा०, प्रत्यं०, प्रत्यन्तरेपाठान्तरम्, अउर पाठान्तर आदि लिखते हैं।

(६) **संकेताक्षर**—हस्तलेखों में कुछ प्रचलित और बहु प्रयुक्त शब्दों के संक्षिप्त संकेताक्षरों का प्रयोग होता है। जैसे :

(१) संवत् = सं०, सम्व०, संव०
(२) ग्रीष्म = ग्री०
(३) हेमन्त = हे०
(४) दिवस = दि०
(५) शुक्ल पक्ष दिन = सु०, सुदि०
(६) बहुल पक्ष दिन = ब०, बदि०
(७) द्वितीय = द्वि०
(८) सिद्धम् = ओ० श्री० सि०

(७) **अंक-संकेत**—ग्रंथों में शब्दों के द्वारा लेखक अंकों का संकेत परंपरा करते आए हैं। प्राय अपनी रचना का काल बताने के लिए वे इस परिपाटी का अनुगमन करते हैं। उदाहरण—

वेद इन्दु गज भू गनित संवत्सर कविवार।
श्रावन शुक्ल त्रयोदशी रच्यौ ग्रंथ सुविचार॥

वेद (४), इन्दु (१), गज (८), भू (१) संख्याएँ उपर्युक्त दोहे में संकेतित हैं। इनकी गणना का नियम यह है कि पहले इकाई और फिर उसी उलटे क्रम से दहाई चलती है। इस प्रकार यहाँ संकेतित संवत्सर १८१४ हुआ।

उपर्युक्त परंपराओं के अतिरिक्त कुछ अन्य विशेष परंपरायें ग्रंथ में मिलती हैं जिनका ज्ञान पाठ की दृष्टि से तो नहीं, पर लेखक और उसके काल आदि को जानने की दृष्टि से महत्त्वपूर्ण है। ये निम्नांकित हैं—

(१) **मंगल-प्रतीक से आरंभ**—पुराने शिलालेखों एवं हस्तलेखों में रचना के प्रारंभ में शीर्ष पर मंगल के प्रतीक स्वस्तिक चिह्न (卐) अथवा मंगलसूचक शब्दों का प्रयोग मिलता है। मंगलसूचक शब्दों में 'सिद्धम्', 'इष्ट सिद्धम्', 'स्वस्ति', 'श्री', ओ३म्, १ आदि का प्रयोग किया गया है। आगे चलकर नमस्कार वाची देवस्मरण से रचना का प्रारंभ होने लगा। रचनाकार अपने सम्प्रदाय के इष्टदेव का स्मरण प्रारंभ में करते देखे जाते हैं। 'ओ३म् सरस्वत्यः नमः', 'ओ३म् गणेशाय नमः' तो सामान्य रूप से हिन्दू लेखकों के नमस्कार-सूत्र हैं, इनके अतिरिक्त शिव, वाराह, देवराज, जिन, निम्बार्क, राधाकृष्ण, रामसीता आदि का स्मरण मिलता है।

(२) **प्रशस्ति**—शिलालेखों अथवा ग्रंथों में रचना के प्रारंभ में उस व्यक्ति की प्रशस्ति की परंपरा मिलती है जिससे उसे दान, कृपा या अन्य सहयोग-सहायता मिली

रहती है। आगे चलकर यह कार्य रूढ़ हो गया। विद्यापति की कीर्तिलता में प्रशस्ति है :

गेहे गेहे कलौ काव्यं, श्रोता तस्य पुरे पुरे।
देशे देशे रस ज्ञाता, दाता जगति दुर्लभः॥

प्रशस्ति मूल रचनाकार द्वारा रचना का अंगभूत होकर भी आती है और यह प्रतिलिपिकार द्वारा अपने आश्रयदाता के संबंध में भी होती है। ग्रंथों के उपयोगकर्त्ता को यह ध्यानपूर्वक देखना आवश्यक होता है। सूफी प्रेमाख्यानों में शाहेवक्त की प्रशस्ति रचना की अंगभूत होती है।

(३) **पुष्पिका**—पुष्पिका ग्रंथ के अन्त में लिखने का विधान था। ग्रंथ के अन्त में समाप्ति सूचना हेतु साधारणतः कमल का पुष्प बना दिया जाता था। इसी के दोनों ओर कुछ सूचनायें लेखक द्वारा लिखी जातो थीं। इसमें रचयिता का नाम, रचनाकाल, रचना का निमित, प्रतिलिपिकार का नाम, प्रतिलिपि काल आदि आदि का उल्लेख रहता है। रचना के लेखक और उसके काल तथा प्रतिलिपि के काल की महत्त्वपूर्ण सूचनायें पुष्पिका में मिल जाती हैं। रामचरितमानस की १७२१ वि० की प्रति की पुष्पिका इस प्रकार है :

"श्रीमद्रामचरितमानसमिदं भक्त्यावगाहंति येते संसारपतंग घोर किरणैर्दह्यति नो मानवाः॥ इति श्रीरामचरितमानस सकलकलि कलुष विध्वंसने अविरल हरि भक्ति सम्पादिनी नाम सप्तमो सोपान समाप्त॥शुभमस्तु॥ सम्वत् १७२१ वर्षे जेठ वदी दशमी॥

ललितकवि कृत 'दिग्विजय विनोद' नाम ग्रंथ स० १२८३ फसली पुष्पिका सपूर्ण रूप से उल्लिखित है।

ना० प्र० सभा काशी के संग्रह की बालकाण्ड की सं० १८९८ की प्रति की पुष्पिका निम्नवत है—

"मीति कुआर वदि ११ वार सोमार के तयार कीया नन्हकूलाल कायथ मोकाम गौरिगंज मो लड़िका पढ़ावते हैं॥दोहा॥ जैसी प्रति पोथी लीषि तैसी लेइ उतारि॥ भूल चूक जौं होइ कहुँ लीजो सुजन सुधारि॥ बलिहारी वही ग्राम के जहाँ होत हरिणाम॥ नर तरबे को को कहै तर्‌यौ जात वह ठाँम॥ कासी सहर बनारसी गौरिगंज सुमहाल॥ तहाँ बैठि पोथी लिखि लाला नन्हकु लाल॥चौपाई॥ बालकांड येह कहि जो गाई॥ ताको राम राम कहि भाई॥ पंडित जन सो विनती मोरी॥ टूटल आखर लेवै जोरी॥ बहुत कहाँ लै विनती करऊँ॥ आखर भूल ताहि लै धरऊ॥"

(४) **शुभाशुभ**—लेखकों और प्रतिलिपिकारों के लिये भारतीय परंपरा में कुछ शुभ और अशुभ के विधि-निषेध हैं। ग्रंथ के आकार-प्रकार के सबंध में योगिनी-तंत्र में निम्नांकित विधान है :

मानं वक्ष्ये पुस्तकस्य शृणु देवि समासतः।
मानेनापि फलं विद्यादमाने श्रीहंता भवेत्।
हस्तमानं पुष्टिमान मा बाहु द्वादशांगुलम्।
दशांगुलं तथाष्टौ चततो हीनं न कारयेत।

पुस्तक हाथ भर, मुट्ठी भर, बारह अंगुलि, दश अंगुलि, आठ अंगुलि तक की होनी चाहिए। इससे कम होने पर श्रीहीनता का फल मिलता है। योगिनीतंत्र में यह भी निर्देश है कि कैसे पत्र पर लिखा जाय : 'भूर्जपत्र, तेजपत्र, ताड़पत्र, स्वर्णपत्र, ताम्रपत्र, केतकीपत्र, मार्तण्डपत्र, रौप्यपत्र, बटपत्र पर पुस्तक लिखी जा सकती है, अन्य किसी पत्र पर लिखने से दुर्गति होती है।"[१]

काल-गणना—हस्तलिखित ग्रंथों की पुष्पिकाओं में उनके प्रतिलिपि काल का उल्लेख रहता है। इन उल्लेखों से रचना की उस प्रतिलिपि की सापेक्षिक महत्ता का पता चलता है। यदि रचनाकार के जीवन काल की ही प्रतिलिपि होती है अथवा उसके जीवन के पश्चात् अल्पावधि बीतने के पश्चात् ही प्रतिलिपि होती है, तो उसका विशेष महत्व होता है। हस्तलिखित ग्रंथों में प्राप्त भाषा और लिपि के रूपों का अध्ययन उनके ऐतिहासिक विकास-क्रम के ज्ञान के लिए आवश्यक होता है। इस दृष्टि से भी प्रतियों के लेखन-काल की जानकारी आवश्यक होती है। प्रतियों के लेखन काल में जिन सन्-संवतों का उल्लेख होता है, वे विभिन्न होते हैं। इन विविध सन्-संवतों की जानकारी इस विषय के अध्येताओं से लिए आवश्यक होती है।

प्रतिलिपि काल का उल्लेख प्रतिलिपिकारों द्वारा पुष्पिका में होता है। रचना के मूलपाठ में रचनाकार अपनी रचना के निर्माण-काल का भी उल्लेख करते हैं। साथ ही अपने काल के अन्य समसामयिक ऐतिहासिक संदर्भों का भी वे उल्लेख करते रहते हैं। रचयिता, ग्रंथ के रचनाकाल, ऐतिहासिक संगतियों आदि के मूल्यांकन के लिए इन तिथियों का ज्ञान आवश्यक होता है। पाठ-भेद के कारण अथवा पाठ-विकृतियों के कारण कभी-कभी सही तिथियों के निर्धारण में कठिनाई होती है। इन परिस्थितियों में रचना में उल्लिखित वास्तविक संवत् और अन्य तिथियों की गणना का मार्ग ग्रहण करना पड़ता है। साथ ही अन्य अन्तरंग संदर्भों एवं बाह्य ऐतिहासिक साक्ष्यों से उसकी पुष्टि करनी पड़ती है।

काल निर्देश की पद्धति - रचनाकार अपनी रचना के काल का निर्देश प्राचीन काल में अंक संकेत सूचक शब्दों के द्वारा करते थे। शून्य के लिए गगन, आकाश, व्योम; एक के लिए चन्द्र, पृथ्वी; दो के लिए भुजा, पाद, नेत्र; तीन के लिए भुवन, शिव-नेत्र, राम (परशुराम, राम, बलराम); चार के लिए ब्रह्मा-मुख, वेद, वर्ण; पाँच के लिए काम-वाण, पाण्डव, इन्द्रिय, मरुत; छः के लिए रस, राग, दर्शन; सात के लिए पाताल, स्वर, आठ के लिए दिशा, कुल, व्याकरण, योगांग; नौ के लिए ग्रह, इन्द्रिय-द्वार, सुधा कुण्ड; दश के लिए रावण-मुख, अंगुलि, अवस्था आदि शब्दों का प्रयोग करने की परंपरा थी। उदाहरणार्थ :

४ १ ८ १
वेद इन्दु गज भू गनित संवत्सर कविवार।
श्रावन शुक्ल त्रयोदशी रच्यो ग्रंथ सुविचार॥

---

१. डॉ० सत्येन्द्र : पाण्डुलिपि विज्ञान, पृ० ४८, ४९।

इन संकेतात्मक संख्याओं की गणना का विधान यह है कि पहली संख्या इकाई, फिर दहाई, फिर सैकड़ा और तब हजार की संख्या लिखी जाती है। अतः इसी क्रम से इसे पढ़ना और समझना चाहिए। इस संबंध में सिद्धान्त है—'अंकानां वामतो गतिः' अर्थात् अंक उलटे क्रम से लिखे जाते हैं। इस प्रकार उपर्युक्त उदाहरण में ४, १, ८, १ की संख्याओं का संकेत संवत् जानने के लिए उलटे क्रम से इस प्रकार लिखा जाएगा-१८१४ एक हजार आठ सौ चौदह।

इस पद्धति के अतिरिक्त रचनाकार सीधे शब्दों में भी रचनाकाल का उल्लेख करते हैं पर रचनान्तर्गत काल-निर्देश के लिए अंकों को वे शब्द में लिखते हैं। जैसे १५४० के लिए 'पन्द्रह सौ चालीस' लिखा जाता था। इसके कारण लेखन-प्रमाद से था अक्षरों की समान बनावट के कारण उत्पन्न भ्रम से कभी-कभी कुछ का कुछ और ही पढ़ लिया जाता था। ऐसे पाठ-भेदों में मूल पाठ और रचनाकाल के ज्ञान में कठिनाई उत्पन्न होती है। उदाहरणार्थ जायसी ने अपनी 'पदुमावति' में उसके रचनाकाल का उल्लेख लिया है :

सन नौ सै सैंतारिस (सैंतालिस) अहा।
कथा अरंभ बैन कबि कहा॥

कुछ प्रतियों में पाठ मिलता है :

सन नौ सै सत्ताइस अहा।

फारसी-लिपि में ही 'पदुमावति' की अधिकतर प्रतियाँ मिलती हैं और फारसी-लिपि में 'सैंतालिस' का 'सत्ताइस' पढ़ जाना असंभव नहीं है। कवि ने शेरशाह का इसी ग्रथ में 'देहली सुलतानू' के रूप में स्मरण किया है। अतः नौ सै सैंतालिस की ही संगति है, नौ सै सत्ताइस की कदापि नहीं। यह ९४७ हिजरी संवत् है। शेख निसार की 'यूसुफ जुलेखा' की रचनातिथि हि० १२०५ है पर कवि ने अन्य संवत् भी दे दिये हैं :

हिजरी सन बारह सै पाँचा। बरनेउ प्रेम कथा यह साँचा।
अठारह सै सत्ताईसा (सैंतालीसा)। संबत बिकरम सेन नरेसा।
सतरह सै बारह पुनि साका। सतरह सै नब्बे ईसा का।[1]

यहाँ प्रति में सं० १८२७ वि० लिखा है जो १८४७ का विकृत पाठ है। यहाँ भी फारसी लिपि जनित वर्ष साम्य के कारण सैंतालिस का सत्ताईस लिख दिया गया। यही भ्रम जायसी की 'पदुमावति' में है। चूँकि यहाँ अन्य संवत् भी दिए गए हैं। अतः शक १७१२ + १३५ = १८४७ वि० होगा या १७९० ई०+५७ = १८४७ वि० होगा।

बीसल देव रासो में उसके रचनाकाल का उल्लेख उसकी विभिन्न हस्तलिखित प्रतियों में इस प्रकार है :

---

१. गणेश प्रसाद द्विवेदी : हिन्दी प्रेम गाथा काव्य संग्रह, पृ० ३३१।

(१) संवत सहस सतिहृत्तरई जाणि = १०७७
(२) संवत् सहस तिहुत्तर जाणि = १०७३
(३) संवत तेर सतोत्तरइ जाणि = १३७७ या १३०७
(४) बारह सै बहोत्तरहां मंझारि। = १२७२ या १२१२
जेठ बदी नौमी बुधवारि।
नाल्ह रसायण आरंभइ।

इनमें अन्तिम उल्लेख को ही विद्वानों ने प्रायः बीसल देव रासो का रचनाकाल माना है। रामचन्द्र शुक्ल 'बारह सै बहोतरहाँ' का तात्पर्य १२१२ और म० म० गौरीशंकर हीराचंद ओझा १२७२ संवत् मानते हैं। ओझा जी के अनुसार कार्तिकादि संवत् से गणना करने पर १२७२ वं संवत् में जेठ बदी नौमी को बुधवार की स्थिति ठीक मिलती है। बीसलदेव रासो के अपने संपादित संस्करण की भूमिका में डॉ० माताप्रसाद गुप्त ने इस रचना की उपर्युक्त छः तिथियों वाले किसी भी पाठ को प्रामाणिक नहीं माना है। ओझा जी की गणनानुसार १२७२ वि० की उपयुक्तता पर संदेश व्यक्त करते हुए उन्होंने लिखा है : "चैत्रादि और कार्तिकादि—दो प्रकार के वर्षों के अनुसार इन छः की बारह तिथियाँ बन जाती हैं, और यदि गत और वर्तमान संवत् लिए जावें तो उपर्युक्त से कुल चौबीस तिथियाँ होती हैं। यदि और आगे अमान्त और पूर्णिमान्त मासों के भेदों पर न भी जाएँ, तो यह चौबीस तिथियाँ क्या कर्म हैं? गणना करने पर इन चौबीस में से कोई न कोई ठीक निकल ही आएगी।"[1] आचार्य रामचन्द्र शुक्ल ने महीना, तिथि, मास के हिसाब से १२१२ सं० को पांचांग से पुष्ट कर लिया है। इस प्रकार उल्लिखित तिथियों में भी मतान्तर हो जाते हैं और प्रामाणिक पाठ का आधार लेते हुए भी संवत् का प्रकार और उसकी गणना का ज्ञान इन हस्तलेखों के उपयोगकर्त्ता के लिए आवश्यक होते हैं।

संवत्-विचार : यहाँ विभिन्न संवतों का संक्षिप्त परिचय दिया जा रहा है जिनका उल्लेख भारतीय शिलालेखों, अभिलेखों और हस्तलिखित ग्रंथों में हुआ है। इन संवतों की प्रारंभ-तिथियाँ और इनकी अन्य विशेषताओं का परिचय इनकी गणना तथा उपयुक्त तिथि-निर्णय की दृष्टि से आवश्यक होता है।

(१) **वीर संवत्**—बडली के शिलालेख में 'वीर संवत्' का उल्लेख हुआ है। यह 'वीर' शब्द 'महावीर स्वामी' के लिए आया है। इस शिलालेख पर ८४ वीर संवत् लिखा है। महावीर स्वामी के निर्वाण के चौरासियवें वर्ष में यह शिला लेख लिखा गया। डॉ० राजबली पाण्डेय ने अनुसार अशोक के पूर्व शिला-लेखों आदि पर तिथि अंकित करने की प्रथा नहीं थी, बडली का शिखालेख तो एक अपवाद है।[2] जैन हस्त लिखित ग्रंथों में वीर संवत् का अत्यधिक उपयोग हुआ। यह संवत् महावीर स्वामी

---

१. डॉ० माता प्रसाद गुप्त : बीलदेव रास (भू०) पृ० ५१।
२. डॉ० राजबली पाण्डेय : इण्डियन पैलियो ग्राफी, पृ० १८०।

की निर्वाण-तिथि से प्रारम्भ हुआ था। श्वेताम्बर जैन पंथ के लेखक मेरुतुङ्ग सूरि ने 'विचार श्रेणि' नामक अपनी रचना में विक्रम संवत् के ४७०वें वर्ष में वीर निर्वाण संवत् का प्रारंभ माना है। अतः ख्रिष्टाब्द (ईस्वी सन्) ४७०+५७=५२७ में इस संवत् का प्रारंभ हुआ।

(२) **विक्रम संवत्**—भारतवर्ष का सबसे प्र सिद्ध और प्रचलित संवत् विक्रम संवत् ही है। इसे कृत और मालव संवत् भी कहते हैं। उज्जयनी के प्रसिद्ध राजा विक्रमादित्य ने इसका प्रारंभ किया था। मगध के राजा समुद्रगुप्त को विक्रमांक, चन्द्रगुप्त द्वितीय को विक्रमांक या विक्रमादित्य तथा स्कंदगुप्त को भी विक्रमादित्य कहते हैं। अतः इस प्रसिद्ध विक्रम संवत् का सम्बन्ध इन्हीं राजाओं से जुड़ता है।[1] कुछ विद्वानों का मत है कि विक्रम संवत् को साहसांक भी कहते हैं। एक मत के अनुसार विक्रम संवत् को शक संवत् भी कहा जाता था।[2] विक्रमी संवत् ईस्वी सन् से ५७ वर्ष पहले प्रारंभ हुआ था।

(३) **शक-संवत्**—शकों ने अपनी भारत-विजय के उपलक्ष्य में ई० पू० ६१ या ७१ में शक संवत् चलाया था। 'यह संवत् रुद्रदामन (१५० ई० पू०) के पितामह चष्टन के काल में प्रारंभ हुआ था। शक मुद्र ओं और शिलालेखों में इसका उपयोग हुआ है। इसके विषय में अभी खोज की आवश्यकता है।[3]

पृथ्वीराज रासो के वृहद संस्करण (ना० प्र० सभा) के छंद ८६४ का पाठ है:

एकादस सै पंचदह।
विक्रम साक अनंद।
तिहि रिपुजय पुर हरन को।
भय प्रिथिराज नरिंद॥

इसमें पृथ्वीराज चौहान का जन्म ११९५ विक्रम-शक संवत् कहा गया है। एक मत के अनुसार यह विक्रम शक संवत् प्रचलित विक्रमी संवत् के ९० वर्ष पश्चात् चला।

शालिवाहन शक संवत्—शक संवत् विशेषतः शालिवाहन शक संवत् (शके शालिवाहने) के नाम से प्रसिद्ध है। शक का अर्थ संवत् भी होता है। किसी भी संवत् के लिए शक शब्द का प्रयोग हो सकता है। वामन शिवराम आप्टे के संस्कृत-हिन्दी कोश में इसका अर्थ लिखा है। 'काल, संवत् (यह शब्द विशेषतः शालिवाहन संवत् के लिए जो ख्रीस्ताब्द से ७८ वर्ष के बाद प्रारंभ हुआ, प्रयुक्त होता है।) इस संवत् का प्रारंभ विक्रम संवत् से १३५ वर्ष पश्चात् हुआ। एक मत के अनुसार विक्रमादित्य ने शकराज को मारकर उन पर विजय प्राप्त की, उसी की स्मृति में शक संवत प्रारंभ हुआ। श्री भगवद्दत्त ने अलबेरूनी के उल्लेखों का हवाला देकर तथा अन्य प्राचीन ग्रंथों

---

१. भगवद्दत्त : भारतवर्ष का बृहद् इतिहास (द्वितीय भाग, द्वितीय संस्क० सं० २०१८) पृ० १७१।
२. वही पृष्ठ, १७०।
३. सत्यश्रवा : शकाज इन इण्डिया, पृ० ३६, ३७।

का संदर्भ देकर उपर्युक्त मत प्रतिपादित किया है। उनके अनुसार खण्डखाद्यक का टीकाकार आमराज (सं० १२३७ वि०) लिखता है :

'शका नाम म्लेच्छा राजानस्ते यस्मिन काले विक्रमादित्येन व्यापादिता स शक सम्बन्धी कालः शाक इत्युच्यते। (वासना भाष्य सहित खंडखाद्यक, कलकत्ता सन् '२५, पृ० २) अर्थात् शक नामक म्लेच्छ राजा जब विक्रमादित्य से मारे गए तो इस शकमरण सम्बन्धी काल को शाक कहने लगे।

प्रसिद्ध ज्योतिषाचार्य भास्कर का मत है : नन्दाद्रीन्दुगुणास्तथा शकनृपस्यान्ते कलेर्वत्सराः (सिद्धान्त शिरोमणि—काल मानाध्याय १/२८) अर्थात् शकनृप के अन्त पर कलि के ३१७९ वर्ष बीत चुके थे। सिद्धान्त शेखर के लेखक श्रीपति के अनुसार भी शकराज का अन्त कलि ३१७९ बीतने पर ही हुआ और उनके टीकाकार मक्कि भट्ट ने लिखा 'शकान्ते शकौवधे काले। शक वर्ष प्रारंभात्। पूर्व काले। (पी० के० गोडे का लेख—जनरल आफ इण्डियन हिस्ट्री मद्रास भा० १६, पृ० २५९) कलि संवत् ३१७९ के पश्चात् शकराज्य क्षीण हो गया और गुप्त काल के किसी विक्रमादित्य का राज्य चला जो बड़ा प्रतापी था।

दूसरे मत के अनुसार शकों ने अपनी भारत-विजय को चिरस्थायी बनाने के लिए शकसंवत् चलाया था। कुछ विद्वान कनिष्क को इस संवत् को प्रारंभ करने वाला मानते हैं। दक्षिण भारत में इसे शालिवाहन शक कहा गया जो शक संवत्सर का ही द्योतक है। दक्षिण की राजनीतिक परंपरा में शालिवाहन (सातवाहन) नरेश प्रसिद्ध थे। अतएव उस संवत्सर के साथ शालिवाहन नाम जोड़ दिया गया।[1] इस संवत् का बड़ा व्यापक प्रयोग भारतवर्ष के सभी भागों के प्राचीन अभिलेखों में मिलता है। भारत-सरकार ने इसे राष्ट्रीय संवत् की मान्यता प्रदान की है।

बुद्ध संवत्—इसका प्रारंभ बुद्ध-निर्वाण-वर्ष से माना जाता है। गौ० ही० ओझा ने बुद्ध निर्वाण ई० पू० ४८७ माना है और यही इस संवत् का प्रारंभ भी माना गया है।

कुषाण संवत्—इसे कनिष्क संवत् भी कहते हैं। सन् १२० ई० में कनिष्क ने इस संवत् को प्रारंभ किया, ऐसा माना जाता है।

गुप्त संवत्—अनुमानतः चन्द्रगुप्त प्रथम ने इसे चलाया। इसका प्रारंभ सन् ३१९ ई० में हुआ। यह चैत्र शुक्ल प्रतिपदा से प्रारंभ होने वाला चैत्रादि संवत् है। आगे चल कर बलभी (सौराष्ट्र) के राजाओं ने इस संवत् को अंगीकार कर लिया था और इसे बलभी संवत् कहा जाने लगा।

हर्ष संवत्—श्री हर्ष ने इस संवत् को प्रारंभ किया था। हर्ष विक्रमादित्य से ६६४ वर्ष बाद हुए। हर्ष संवत् का प्रचलन उत्तरी भारत तथा नेपाल में भी हुआ।

इन कुछ प्रचलित संवतों के अतिरिक्त कुछ ऐसे संवत् भी हैं जिनका भारतीय

---

१. डॉ० वासुदेव उपाध्याय : प्रचीन भारतीय अभिलेख, पृ० १८२

अभिलेखों में उल्लेख प्रायः नहीं मिलता है पर प्राचीन ग्रंथों में जिनका संदर्भ मिलता है। वे निम्नांकित हैं :

कलि संवत्—महाभारत युद्ध की समाप्ति पर इस संवत् का प्रारंभ माना जाता है। यह युद्धिष्ठिर के राज्यारोहण की तिथि होने के कारण इसे युद्धिष्ठिर संवत् भी कहते हैं। इसका प्रारंभ ई० पू० ३१०२ से माना जाता है। इसके अतिरिक्त सप्तर्षि संवत्, बृहस्पति संवत्, ग्रह परिवृत्ति संवत् आदि प्राचीन संवतों का उल्लेख भी मिलता है।

इन प्रमुख प्राचीन भारतीय संवतों के अतिरिक्त कुछ नए संवतों का प्रचलन भी मुसलमानों के भारत आगमन के पश्चात् प्रारंभ हुआ। इसका भी संक्षिप्त परिचय आवश्यक है :

हिजरी सन्—हजरत मुहम्मद पैगम्बर के मक्का छोड़ने की तिथि की यादगार में यह संवत् प्रारंभ हुआ था। छोड़ने को अरबी भाषा में 'हिजरह' कहा जाता है और उसी से सन् का नाम 'हिजरी पड़ा। इसका प्रारंभ सं० ६७९ वि० श्रावण शुक्ल २ की शाम से माना जाता है। ईस्वी सन् के अनुसार यह तिथि १५ जुलाई ६२२ ई० पड़ती है। इस सन् की प्रत्येक तारीख एक दिन सायं काल से प्रारंभ होकर दूसरे दिन सायंकाल तक चलती है। प्रत्येक महीने के चन्द्रदर्शन से मास का प्रारंभ माना जाता है। यह चान्द्र वर्ष है।

इस वर्ष में भी बारह महीने होते हैं जिनके नाम निम्नलिखित हैं :

१. मुहर्रम २. सफ़र ३. रबी-उल्-अव्वल ४. रबी-उल-आखिर ५. जमादि-उल-अव्वल ६. जमादि-उल-आखिर ७. रजब ८. शाबान ९. रमजान १०. शव्वाल ११. जिल्काद १२. जिलहिज्ज।

म० म० गौ० ही० ओझा के अनुसार १०० सौर (विक्रमी आदि वर्षों में इस हिजरी सन् के ३ चान्द्र वर्ष २४ दिन और ९ घड़ी बढ़ जाती है। ऐसी दशा में ईस्वी सन् या विक्रमी संवत् और इस हिजरी सन् का कोई परस्पर निश्चित अन्तर नहीं रहता, वह बदलता रहता है। इसका निश्चय गणित से ही होता है।[1] हिजरी सन् से अन्य संवतों की तिथियाँ मिलाने के लिए एक तुलनात्मक तिथिक्रम मिलता है जिसका नमूना निम्नांकित है :

हिजरी सन्	ईस्वी सन्
१	६२२
१००	७१८
२००	८१५
३००	९१२
४००	१००९

१. गौ० ही० ओझा : प्राचीन भारतीय लिपिमाला, पृ० १९० ।

हिजरी सन्	ईस्वी सन्
५००	११०६
६००	१२०३
७००	१३००
८००	१३९७
९००	१४९४
१०००	१५९१
११००	१६८८
१२००	१७८५
१३००	१८८२
१४००	१९७९

भारत में मुसलमानों के हाथों के अभिलेखों और मुसलमान कवियों की रचनाओं में हिजरी सन् का उल्लेख प्रचुर मात्रा में मिलता है। हिन्दी के सूफी प्रेमाख्यानों की हस्तलिखित प्रतियों में इसी सन् का उल्लेख कवियों के मूलपाठ में ग्रन्थ की रचनातिथि के संबंध में तथा पुष्पिका में प्रतिलिपिकारों द्वारा प्रतिलिपि काल के संबंध में मिलता है।

फसली सन्—यह हिजरी सन् का ही एक संशोधित रूप है। इसका प्रारंभ बादशाह अकबर ने किया। इसके नाम से विदित होता है कि उसने फसलों से सम्बन्धित होने के कारण इसका यह नामकरण कराया होगा। कर की वसूली आदि माल-सम्बन्धी मामलों में इसका प्रयोग हुआ होगा। मुसलमानों और अंग्रेजों के समय तक माल-सम्बन्धी अभिलेखों (रेवेन्यू रेकार्ड्स) में फसली सन् का ही प्रयोग होता रहा है। पूर्वी उत्तर प्रदेश, बिहार, बंगाल आदि में हस्तलिखित ग्रन्थों एवं अन्य अभिलेखों में भी इस फसली सन् का प्रयोग प्रभूत मात्रा में हुआ है।

'रबी और खरीफ फसलों का हासिल निर्धारित महीनों में मिल सके इसके लिए हिजरी सन् ९७१ में अकबर ने प्रारम्भ किया। हिजरी ९७१, विक्रमी संवत् १६२० में और ईस्वी सन् १५६३ में पड़ा। इस फसली सन् में वर्ष तो हिजरी के रखे गए पर वर्ष सौर (चांद्र सौर) वर्ष के बराबर कर दिया। महीने भी सौर (चांद्र सौर) मान के माने गए।'[1]

फसली सन् का प्रचलन उत्तरी भारत के अलावा दक्षिण में भी हुआ। पर दक्षिण में इसका प्रारम्भ वर्ष उत्तर से सवा दो वर्ष पश्चात् माना गया है। अतः दक्षिण में प्रचलित फसली सन् में सवा दो वर्ष जोड़ने पर उत्तरी भारत के फसली सन् का पता चलेगा। उत्तरी भारत में इस सन् का प्रारम्भ अश्विन कृष्ण १ (पूर्णमान्त) से हुआ।

१. डॉ० सत्येन्द्र : पाण्डुलिपि-विज्ञान, पृ० २६५।

इसमें ५८२-८३ जोड़ने से ईस्वी सन् और ६४८-५० जोड़ने से विक्रमी सन् प्राप्त हो जाता है।

काल-गणना—भारतीय संवत्सर में दो प्रकार के वर्ष की गणना होती है। एक सूर्य की गति के अनुसार जिसे सौर वर्ष और दूसरी चन्द्रमा की गति के अनुसार जिसे चान्द्र वर्ष कहते हैं। सौर वर्ष ही सबसे अधिक सुनिश्चित और वैज्ञानिक है। ज्योतिष में सौर वर्ष की ही गणना होती है। सामान्य उपयोग में चन्द्र वर्ष चलता है पर यह चान्द्र वर्ष सौर वर्ष से ११ दिन ३ घड़ी ४८ पल कम होता है। अतः इस वर्ष का सौर वर्ष से सामंजस्य रखने के लिए ३२ महीने १६ दिन ४ घड़ी पर एक चान्द्र मास की वृद्धि मानी जाती है।

सौर वर्ष का विभाजन १२ मासों में किया जाता है। सूर्य बारह राशियों में संक्रमण करता है। एक राशि से जब वह दूसरी राशि में जाता है तो उसे संक्रान्ति कहते हैं और उसी दिन से नये मास का प्रारम्भ माना जाता है। सौर मासों के नाम राशियों के नाम से रखे गये हैं—मेष, वृष, मिथुन, कर्क, सिंह, कन्या, तुला, वृश्चिक, धनुष, मकर, कुंभ, मीन। सौर मास में तिथियाँ १ से लेकर २९, ३०, ३१ या ३२ तक होती हैं।

चान्द्र वर्ष भी १२ मासों में विभक्त होता है। इसमें चन्द्रमा की कला की पूर्णता के आधार पर मासों का निर्धारण और नामकरण होता है। जिस नक्षत्र में चन्द्रमा अपनी कला में पूर्णता को प्राप्त करता है उसी के नाम पर उस मास का नामकरण किया गया है। मास का नाम उस नक्षत्र के नाम पर रखा जाता है जो उस मास में आद्यन्त सायंकाल से सूर्योदय तक दिखाई पड़े। नक्षत्रों के नाम और उनके नाम पर महीनों के नाम इस प्रकार हैं: चित्रा (चैत्र), विशाखा (वैशाख), ज्येष्ठा (ज्येष्ठ), आषाढ़ा (आषाढ़), श्रवण (श्रावण), भाद्रपदा (भाद्रपद या भादों), अश्विनी (आश्विन), कृत्तिका (कार्तिक), मृगशिरा (मार्गशीर्ष), पौष (पौस), माघ (माघ), फाल्गुनी (फाल्गुन)। चान्द्र मास की तिथियाँ १५+१५ दिन के दो पक्षों में बँटी होती हैं। प्रतिपदा से पूर्णिमा तक १५ और पुनः कृष्ण पक्ष में पहली तिथि से अमावस्या तक १५ तिथियाँ चलती हैं। इनके दो पक्ष या पाख होते हैं पहले १५ दिन को शुक्ल पक्ष और दूसरे १५ दिन को कृष्ण पक्ष कहते हैं।

वर्षों के प्रारम्भ मास से भी संवत्सर का भेद माना जाता है। चैत्र से प्रारंभ होने वाले वर्ष को चैत्रादि कहते हैं। यह सबसे अधिक प्रचलित वर्ष है। इसके अतिरिक्त कार्तिक, आषाढ़ और श्रावण से भी वर्ष प्रारंभ होते हैं जिन्हें क्रमशः कार्तिकादि, आषाढ़ादि और श्रावणादि कहते हैं। मास का अन्त पूर्णिमा या अमावस्या को मानने के विचार से वर्ष को पूर्णिमान्त या अमान्त भी कहते हैं। इन सबके वैशिष्ट्य से तिथियों की गणना में बड़ी सावधानी की आवश्यकता होती है।

भारतीय लिपियाँ और हिन्दी ग्रंथ

लिपि की उत्पत्ति भाषा के जन्म के पर्याप्त पश्चात् हुई। पहले मनुष्य ने अपने भावों को व्यक्त करने के लिए भाषा का निर्माण किया और हजारों वर्षों तक वह भाषा मौखिक रूप में चलती रही। इसीलिए प्राचीनकाल में मनुष्य का ज्ञान मुखस्थ विद्या के रूप में मौखिक परम्परा से पीढ़ी प्रति पीढ़ी सुरक्षित चलता रहता था। ज्ञान के संरक्षण का मौखिक आधार अस्थायी होने के कारण मानव ने उसे अधिक दिनों तक सुरक्षित रखने के आधार की खोज प्रारम्भ की और उसकी इसी खोज की चरम उपलब्धि लिपि है।

लिपि का निर्माण मनुष्य ने सहसा ही नहीं कर लिया। प्राचीन प्रथाओं और पुरातात्विक सामग्रियों के अध्ययन से यह पता चलता है कि लिपि के निर्माण करने के मार्ग में मनुष्य को कई सीढ़ियों को पार करना पड़ा, तब कहीं उसने उस माध्यम के निर्माण में सफलता प्राप्त की जिससे भाषा समय और स्थान की सीमाओं को पार करके सुरक्षित रहने का साधन प्राप्त कर सकी। विश्व की लिपियों के क्रमिक विकास की पृष्ठभूमि का अध्ययन इस दृष्टि से उपयोगी होगा।

लेखन कला की पृष्ठभूमि

अपने भावों और विचारों को व्यक्त करने के लिए लिपि की उत्पत्ति के पूर्व मनुष्य जिन साधनों को प्रयोग में लाता रहा है उनमें कुछ इस प्रकार है:

(१) प्रस्तर चित्र (Rock Pictures)—डेविड डिरिंजर ने २०,००० ई० पू० से १०,००० ई० पू० तक के प्रस्तर-शिलाओं पर अंकित कुछ चित्रों का प्रतिचित्र प्रस्तुत करते हुए यह बताया है कि प्राचीनकाल में मनुष्य अपने विचारों को व्यक्त करने के लिए ऐसे ही स्थूल चित्रों का प्रयोग करता था। इन चित्रों से स्थूल अभिव्यक्तियाँ तो सम्भव थीं किन्तु इनसे भावों या विचारों की कोई क्रमबद्ध शृङ्खला नहीं प्रस्तुत की जा सकती थी।

(२) स्मृति चिह्न (Memory Images)—किसी बात को याद करने के लिये रूमाल में गाँठ लगा लेने की प्रथा आज भी गाँवों में प्रचलित मिलती है। गाँठ बाँधने की एक प्रथा फ्रांस की 'कुइपु प्रथा' के रूप में पाई जाती है। इसमें दो फोट की एक लम्बी रस्सी में विभिन्न रंगों, विभिन्न लम्बाई और मोटाई के कई सूत्र लटकाये जाते हैं। साधारणतः इसका उपयोग किसी वस्तु की संख्या याद करने के लिए किया

जाता है। वर्षगाँठ की प्रथा में भी इसी प्रकार की एक रस्सी में प्रति वर्ष की पूर्ति पर एक गाँठ लगायी जाती है। इस प्रकार की असंख्य प्रथायें प्राचीन काल में विदेशों में प्रचलित मिलती हैं, जिन्हें हम स्मृति-संकेत कह सकते हैं।

इन रूपों में यह दिखाई देता है कि प्राचीन काल से ही मानव एक संवहनीय साधन की खोज में था जो भाषा को एक स्थान से दूसरे स्थान तक और एक काल से दूसरे काल तक ले जा सके। इन्हीं आदिम प्रयासों में से धीरे-धीरे मानव ने लिपि को जन्म दिया और वह विकास के कुछ चरणों को पूरा करते हुए अपने वर्तमान रूप तक पहुँच सका।

लिपि के विकास की अवस्थाएँ

लिपि का विकास आदिम मानवों द्वारा बनाये गये चित्रों से हुआ जिनको लोगों ने अपने स्थूल भावों को अभिव्यक्त करने के लिए प्रस्तुत किया था। इसके विकास की साधारणतः निम्नलिखित अवस्थायें मानी जाती हैं—

(१) **चित्र लिपि** (Pictography)—प्राचीन शिला-चित्रों द्वारा मनुष्य केवल स्थूल अभिव्यक्तियाँ कर सकता था, पर उसी का विकसित रूप चित्र लिपि के रूप में आया जिसमें चित्रों के माध्यम से मनुष्य अपने विचारों एवं भावों का अर्थ-बोध कराने में समर्थ हुआ। लेख के द्वारा अपने भावों और विचारों का, दूसरों को अर्थ-बोध्र कराने के प्रथम माध्यम के रूप में चित्र लिपि का स्थान माना जाता है। चीनी लिपि में चित्र लिपि के बहुत से चिह्न उसके शब्दसंकेतों के रूप में प्राप्त होता है। इस लिपि के द्वारा कथा भी प्रकट की जा सकती थी पर ध्वनियाँ इसके द्वारा अंकित नहीं की जा सकतीं। इसीलिये चित्रलिपि को संकेतात्मक लिपि कहा गया है, ध्वन्यात्मक नहीं। मिस्र की लिपि में भी चित्रलिपि के संकेत प्राप्त होते हैं। आधुनिक काल के विज्ञापनों में बनने वाले चित्र, प्राकृतिक मानचित्रों के संकेत, लेखपालों के अभिलेखों के चिह्न तथा सड़क के चिह्न आदि प्राचीन चित्रलिपि के समान ही हैं। इनके द्वारा भावाभिव्यक्ति की उस स्थिति का अनुमान लगाया जा सकता है।

(२) **भावसंकेत-लिपि** (Ideography)—चित्रलिपि की ही विकसित अवस्था भावसंकेत लिपि है। इसमें चित्रों का प्रयोग भावसंकेतों के रूप में किया जाने लगा। जैसे सूर्य के लिए चित्रलिपि में सूर्य का चित्र बनाया जाता था, पर अब उसके लिए एक वृत्त पर्याप्त था। इसी प्रकार आदमी के लिए धड़ की एक रेखा, टाँग की दो रेखायें और सिर के लिये एक वृत्त पर्याप्त संकेत था। इन संकेतों के द्वारा स्थूल अभिव्यक्तियाँ ही नहीं भावों का भी बोध होने लगा था। जैसे दो स्त्रियों के चित्र से झगड़े का भाव, पर्वत और आदमी के साथ संकेत से संन्यास का भाव, सूर्य के संकेत से ताप की भावना का ग्रहण भी होने लगा। यदि चित्रलिपि से ही घिसकर बने हुए भाव संकेतों के आधार पर सम्पूर्ण विश्व की लिपियाँ विकसित हुई होतीं तो उनमें बड़ी समानता होती क्योंकि चित्रों के ये भावसंकेत विभिन्न लिपियों में एक ही प्रकार के मिलते हैं।

(३) मध्यवर्ती लिपि (Transitional Script)—लिपि के विकास की इस स्थिति को बहुत से लिपिशास्त्री नहीं मानते हैं। डॉ० डिरिंजर का मत है कि मेसीपोटामिया, मिस्र, क्रीट आदि की कुछ लिपियों को भावसंकेत लिपि माना जाता है किन्तु यह उचित नहीं है। इनमें प्राचीन भावसंकेत भी पर्याप्त मात्रा में हैं पर नवीन ध्वनि चिह्न (Phonetic Signs) भी इनमें प्राप्त होते हैं। इस प्रकार की लिपियाँ विश्व में सहस्रों वर्षों तक चलती रहीं। अतः उनकी उपेक्षा नहीं की जा सकती। डॉ० स्मिथ के अनुसार इतने लम्बे काल तक चलती रहने वाली इस लिपि को मध्यवर्ती लिपि कहना ठीक नहीं है प्रत्युत इसका नामकरण होना चाहिए। पर भावसंकेत लिपि और ध्वनि चिह्नों के मध्यस्थिति की लिपि होने के कारण इसे मध्यवर्ती लिपि कहकर ही संतोष किया गया है।

(४) ध्वनि लिपि (Phonetic Script)—चित्रलिपि और भाव संकेत लिपियाँ श्रमसाध्य थीं। इनके द्वारा विचार और भाव प्रकट करने में समय भी अधिक लगता था। कठिनाई भी होती थी, फिर भी पूर्ण रीति से भावाभिव्यक्ति में वे सक्षम नहीं थीं। अतः मनुष्य ने कुछ ऐसे चिह्नों का निर्माण किया जो मनुष्य को कुछ ध्वनियों के प्रतीक थे। इन्हीं प्रतीकों के संयोजन से वह दुरूह भावों और विचारों को थोड़े चिह्नों के माध्यम से व्यक्त करने में समर्थ हो सका। लिपि के विकास की यह सर्वोच्च अवस्था है। ध्वनि लिपि के दो रूप मिलते हैं—

[अ] अक्षरात्मक लिपि (Syllabic Script)

[ब] वर्णात्मक लिपि (Alphabetic Script)

(अ) अक्षरात्मक लिपि—इस लिपि में प्रत्येक ध्वनि चिह्न में केवल एक ध्वनि न रहकर ध्वनि-समूह रहता है। साधारणतः उसमें एक व्यञ्जन और एक स्वर को मिलाकर एक ध्वनि-चिह्न बनता है, जिसे अक्षर कहते हैं। देवनागरी लिपि इसी प्रकार की लिपि है। इसके प्रत्येक व्यञ्जन के साथ स्वर की स्थिति भी रहती है। जिनके अभाव में उन व्यञ्जनों का उच्चारण भी सम्भव नहीं होता। जैसे 'क' ध्वनि में क्+अ ध्वनियाँ रहती हैं। अक्षरात्मक ध्वनियों में वर्ण या ध्वनियों का विश्लेषण सरल नहीं होता। वर्णात्मक लिपि के लिखने में ही प्रत्येक ध्वनि अलग-अलग रहती है पर अक्षरात्मक में ऐसा नहीं होता है। जैसे देवनागरी लिपि में 'केशव' लिखा जायेगा तो उसका ध्वनि विश्लेषण इस प्रकार होगा—क्+ए+श्+अ+व्+अ। अरबी, फारसी, बंगला, गुजराती, तमिल आदि लिपियाँ अक्षरात्मक ही हैं।

(ब) वर्णात्मक लिपि—कुछ विद्वानों का मत है कि वर्णात्मक लिपि अक्षरात्मक लिपि की ही विकसित अवस्था है। इसमें प्रत्येक ध्वनि के लिये अलग-अलग ध्वनि-चिह्न या लिपि चिह्न होते हैं। रोमन लिपि वर्णात्मक लिपि है। इस प्रकार की लिपि में थोड़े से चिह्नों के सहारे भाषा का ज्ञान हो जाता है। इस प्रकार की लिपि में अक्षरात्मक लिपि की अपेक्षा ध्वनियों के विश्लेषण में भी सुविधा रहती है। इस लिपि में

केशव (Keshava) लिखने में प्रत्येक ध्वनि K+e+sh+a+v+a अलग-अलग स्पष्ट दीख पड़ते हैं।

ध्वनि लिपि के कारण आज एक ही लिपि के माध्यम से अनेक भाषायें सीखी जा सकती हैं। थोड़े से संकेतों को स्मरण करके हम अगाध ज्ञान प्राप्त कर सकते हैं और दूसरों के लिये उसे छोड़ सकते हैं। मानव सभ्यता के विकास की चरम उपलब्धियों में ध्वनि-लिपि का भी महत्त्वपूर्ण स्थान है।

प्राचीन भारतीय लिपियाँ

भारत की प्राचीन लिपियों में तीन लिपियाँ आती हैं—(१) सिन्धु घाटी की लिपि (२) खरोष्ठी और (३) ब्राह्मी।

सिन्धु घाटी लिपि—मोहनजोदड़ो और हड़प्पा नामक स्थानों पर हुई खुदाइयों में प्राचीन भवनों के जो ध्वंसावशेष प्राप्त हुए हैं, उनमें चित्रलिपि से युक्त कुछ मुद्राओं की प्राप्ति भी हुई है। उनके द्वारा यह पता चलता है कि सिन्धु घाटी की सभ्यता में लेखन कला का ज्ञान भी आता है। ई० पू० ३५०० के आस-पास यह सभ्यता अपने चरमोत्कर्ष पर पहुँची रही होगी, ऐसा माना जाता है। अतः इस लिपि की प्राचीनता भी इससे अधिक ही होगी।

सिन्धु घाटी में प्राप्त लिपि को पढ़ने के लिये विभिन्न भारतीय और अभारतीय विद्वानों ने प्रयास किया है पर अभी उसके निश्चयात्मक स्वरूप के सम्बन्ध में मतैक्य नहीं है।

इस लिपि का सम्बन्ध किस लिपि से रहा होगा इस सम्बन्ध में भी अलग-अलग मत है। डॉ० मार्शल के अनुसार यह लिपि द्राविड़ लिपि से सम्बद्ध प्रतीत होती है। उन्होंने सिन्धु घाटी लिपि को अन्य भारतीय लिपियों की भाँति बायें से दाहिने पढ़ी जाने वाली कहा और उसका तमिल में रूपान्तर भी किया। कुछ विद्वान सिन्धु-घाटी सभ्यता का सम्बन्ध सुमेरीय जाति से मानते हैं और उनके अनुसार इस लिपि का सम्बन्ध भी प्राचीन सुमेरीय लिपि से है। कुछ विद्वान इसे ब्राह्मी लिपि का ही प्रारम्भिक रूप मानते हैं। सम्भव है कि ब्राह्मी और सिन्धु घाटी की लिपि के बीच के विकास की कड़ियाँ आज उपलब्ध न होने के कारण ही इनका सम्बन्ध समुचित रीति से स्थापित नहीं किया जा सकता है।

खरोष्ठी लिपि—इस लिपि का प्राचीनतम लेख शाहबाजगढ़ी और मनसेरा के शिलालेखों में प्राप्त हैं। इस लिपि की सामग्रियाँ विशेषतः पश्चिमोत्तर भारत में मिलने के कारण यह अनुमान होता है कि यह इसी क्षेत्र में प्रचलित रही होगी। १७५ ई० पू० से १०० ई० पू० के सिक्कों पर भी इस लिपि के प्रभूत लेख प्राप्त हुए हैं। सर ओरेल स्टाइन ने निय तथा चीनी तुर्किस्तान से इस लिपि की पर्याप्त सामग्री उपलब्ध की। यह लिपि भारतीय लिपियों के प्रतिकूल एवं सामी लिपियों के अनुकूल दाहिने से बायें की ओर लिखी जाती है। लिपि को इन्डोबैक्ट्रियन, काबुलियन, बैक्ट्रोपालियन

आदि नामों से पुकारते हैं पर इसका सर्वाधिक प्रचलित नाम खरोष्ठी ही है।

इसके खरोष्ठी नाम पड़ने के विभिन्न कारण बताये जाते हैं जिनमें निम्नलिखित प्रमुख हैं—

(१) चीनी विश्वकोष के अनुसार किसी खरोष्ठ नामक व्यक्ति ने इस लिपि का आविष्कार किया। अतः उसी के नाम पर यह खरोष्ठी कहलायी।

(२) यह लिपि सीमा प्रान्त में बसने वाली खरोष्ठ नामक जाति में प्रचलित थी, इसी कारण खरोष्ठी कहलायी।

(३) डॉ० राजबली पांडेय के अनुसार खरोष्ठ का अर्थ गधे का होंठ है। गधे के होठ के समान अस्थिर एवं अनियमित होने के कारण यह खरोष्ठी कही गयी।

(४) डॉ० प्रजिलुस्की के अनुसार इस लिपि में लेखन-कार्य गधे के चर्म पर होता था उसी से खरपट्टी और पुनः खरोष्ठी बना।

(५) खरोष्ठ शब्द 'काशगर' का संस्कृत रूप है जो मध्य एशिया का एक नगर है। इस लिपि का केन्द्र काशगर रहा होगा। अतः यह खरोष्ठी कही गयी।

(६) डॉ० सुनितकुमार चटर्जी के अनुसार हिब्रू भाषा में 'खरोशेथ' का अर्थ लिखावट है। इसी से प्राकृत में खरोट्ठ और खरोठी बने। उसी का संस्कृत रूप खरोष्ठी बना होगा।

खरोष्ठी लिपि की उत्पत्ति के सम्बन्ध में भी मतभेद है। डॉ० बूलर का मत है कि खरोष्ठी और ब्राह्मी दोनों लिपियाँ आर्मेइक लिपि से निकली हैं। इन दोनों में उन्होंने समानता दिखाने का प्रयास किया। इसके प्रतिकूल कुछ विद्वानों का मत है कि इस लिपि का प्राचीनतम लेख भारत में मिला है। भारत के बाहर भी यह भारतीय धर्म-प्रचारकों के उपदेशों और भारतीय भाषाओं के लिए प्रयुक्त हुई है। अतः यह भारतीय उत्पत्ति की लिपि प्रतीत होती है।

ब्राह्मी लिपि—सिंधु घाटी लिपि के बाद ब्राह्मी भारत की सबसे प्राचीन लिपि है। इस लिपि से ही भारत की सम्पूर्ण आर्य और द्राविड़ लिपियाँ विकसित हुई हैं। इस लिपि के नाम के आधार पर कुछ लोग यह विश्वास करते हैं कि यह ब्रह्मा द्वारा बनाई गयी लिपि है। लिपिशास्त्रियों में कुछ इसे भारतीय और कुछ इसे विदेशी उद्गम से आई हुई लिपि मानते हैं। प्रथम वर्ग के अन्तर्गत कनिंघम, गौ० ही० ओझा आदि तथा द्वितीय वर्ग के अन्तर्गत बूलर, प्रिंसेप, सेनार्ट, डेविड, डिरिंजर आदि विद्वान भी आते हैं।

ब्राह्मी लिपि की उत्पत्ति किसी भी लिपि से हुई हो पर यह भारत की वह प्राचीनतम लिपि है जिसके क्रमिक विकास की स्थितियों का हमें ज्ञान है और जो समस्त भारतीय लिपियों की जननी है। पश्चिमोत्तर भारत को छोड़कर शेष सम्पूर्ण भारत में इस लिपि के प्रचार के प्रमाण प्राप्त हैं। सभी भारतीय लिपियों की भाँति यह बायें से दाहिने लिखी जाती है। पाँचवीं शताब्दी ईसा पूर्व के लेख इस लिपि में प्राप्त हुए हैं। सन् ३५० ई० तक भारत में इस लिपि का प्रचार था। अशोक के शिलालेखों तथा अन्य

प्राचीन लेखों में इसी लिपि का व्यवहार मिलता है। सारनाथ के शिलालेख का ब्राह्मी लेख चित्र-संख्या १ में द्रष्टव्य है।

३५० ई० के उपरान्त ब्राह्मी लिपि की दो शैलियाँ हो गयीं—एक को उत्तरी शैली और दूसरी को दक्षिणी शैली कहते हैं। उत्तरी शैली का विकास गुप्त काल में पर्याप्त हुआ। गुप्तकालीन शिलालेखों तथा अन्य लेखों में इस लिपि के उदाहरण प्राप्त होते हैं। इस काल तक आते-आते ब्राह्मी अक्षरों की आकृतियाँ नागरी अक्षरों में मिलने लगी थीं। इस लिपि का प्रचार ५००-६०० ई० तक पाया जाता है। इस काल की लिपि का कल्पित नाम 'गुप्त लिपि' दिया गया है।

आगे चलकर इस लिपि में भी विकास हुआ और कुटिलाक्षरों का प्रयोग प्रारंभ हुआ। तात्पर्य यह कि अक्षरों की आकृति कुटिल होने लगी। इस लिपि का कल्पित नाम कुटिल लिपि दिया गया है। इसका प्रचार ८०० ई० के आस-पास तक पाया जाता है। कुछ लोग कुटिल लिपि से बँगला आदि पूर्वी लिपियों का विकास मानते हैं, पर कुछ विद्वान इससे शारदा, नागरी आदि उत्तरी भारत की लिपियों का विकास मानते हैं और प्राचीन नागरी की पूर्वी शैली से बंगला आदि का। ब्राह्मी की दक्षिणी शैली से ग्रंथ (तमिल), तेलुगु, कन्नड़ लिपियों का विकास माना जाता है। कुछ विद्वानों का मत है कि तेलुगु, कन्नड़ आदि लिपियों का विकास ब्राह्मी की उत्तरी शैली से हुआ और ग्रन्थ लिपि का विकास दक्षिणी शैली से हुआ। ब्राह्मी से नागरी लिपि तक की विकास यात्रा चित्र-संख्या २ में देखी जा सकती है।

देवनागरी—उपर्युक्त विकास क्रम को देखने से स्पष्ट हो जाता है कि देवनागरी लिपि का विकास प्राचीन ब्राह्मी लिपि से ही क्रमशः हुआ। इसे नागरी लिपि कहते थे। चूँकि देवभाषा संस्कृत को लिखने में इसी लिपि का प्रयोग हुआ है, अतः इसे देवनागरी कहा जाने लगा। इस लिपि के 'नागरी' नामकरण के सम्बन्ध में विद्वानों में कई मत हैं। कुछ लोगों मत है कि यह लिपि नागर ब्राह्मणों में प्रचलित थी, इसलिए उन्हीं के नाम पर इसे नागरी कहा गया। कुछ 'नागरी' का सम्बन्ध नगर से जोड़ते हुए कहते हैं कि नगरों में अर्थात् सभ्य लोगों में प्रचलित होने के कारण इसे नागरी कहा गया। बौद्धों के प्रसिद्ध ग्रन्थ 'ललित-विस्तर' में ६४ लिपियों का उल्लेख हुआ है जिनमें एक लिपि 'नाग लिपि' है। कतिपय विद्वान इसी को नागरी का आधार मानते हैं, पर डॉ० बार्नेट के अनुसार नाग लिपि तथा नागरी में कोई सम्बन्ध नहीं है। इस सम्बन्ध में श्री आर० शामशास्त्री का एक लेख 'देवनागरी लिपि की उत्पत्ति विषयक सिद्धान्त' 'इण्डियन एक्टीक्वेरी' नामक पत्रिका में छपा था जिसमें उन्होंने अनुमान लगाया है कि देवताओं की मूर्तियों के निर्माण के पूर्व उनकी उपासना सांकेतिक चिह्नों से होती थी, जो कई त्रिकोण या चक्रों आदि के बने यन्त्र के मध्य लिखे जाते थे। इन्हें 'देवनगर' कहते थे। 'देवनगर' के मध्य लिखे जाने वाले चिह्न बाद में चलकर उन नामों के पहले अक्षर माने जाने लगे। 'देवनगर' के मध्य में उनका स्थान होने के कारण इन अक्षरों का नाम देवनागरी पड़ा।

मध्य देश की लिपि होने के कारण इस लिपि का बड़ा महत्त्व बढ़ा। संस्कृत तो इसमें लिखी ही जाती थी, गुजराती (सामान्य अन्तर से) राजस्थानी और मराठी के लिये इसी लिपि का प्रयोग होता चला आ रहा है। हिन्दी की विभिन्न साहित्यिक बोलियों और उपभाषाओं की यह लिपि है। भारतीय संविधान में इसे भारत की राष्ट्रलिपि का गौरव प्राप्त हुआ है। इस लिपि में लिखे हुए सबसे प्राचीन लेख सातवीं-आठवीं शताब्दी के प्राप्त हुए हैं। ग्यारहवीं शताब्दी तक इस लिपि का विकास पूर्णरूपेण हो गया।

नागरी लिपि में विभिन्न ध्वनियों को व्यक्त करने के लिए निम्नलिखित लिपि-चिह्न प्रयोग में लाये जाते हैं:—

अ (अ), आ (आ), इ, ई, उ, ऊ, ए, ऐ, ओ (ओ), औ (औ), अं (अं), अः (अः), क ख ग घ ङ, च छ ज झ (झ) ञ, ट ठ ड ढ ण (ण), त थ द ध न, प फ ब भ म, य र ल व स श ह।

संयुक्त अक्षर क्ष, त्र, ज्ञ। दो विशेष संस्कृत लिपि-चिह्न भी नागरी में प्रयुक्त होते हैं पर संस्कृत की उस ध्वनि का ये प्रतिनिधित्व नहीं करते हैं—ऋ, ष। फारसी संघर्षी ध्वनियों के लिए हम व्यञ्जनों के नीचे बिन्दु लगाकर काम चलाते हैं—क़ ख़ ग़। अंग्रेज़ी 'o' के लिए हम 'ऑ' से कार्य निकालते हैं। इनके अतिरिक्त विभिन्न स्वरों की मात्राओं के चिह्न अलग हैं तथा संयुक्ताक्षर बनाने में बहुत से अक्षरों के स्वतन्त्र रूप बन जाते हैं।

नागरी लिपि की वैज्ञानिकता—किसी भी लिपि की वैज्ञानिकता मुख्यतः इस बात पर निर्भर होती है कि उसमें जो कुछ कहा जाता है उसे तद्रूप लिखा जा सकता है अथवा नहीं। इस प्रकार लिपि की वैज्ञानिकता की पहली कसौटी है उस लिपि की लिखावट में ध्वनियों का ठीक-ठीक विश्लेषण हो जाता है अथवा नहीं। दूसरी कसौटी पर नागरी लिपि खरी नहीं उतरती है। इसकी ध्वनियों का विश्लेषण उस सरलता से नहीं हो पाता है जिस सरलता से रोमन आदि वर्णात्मक लिपियों का हो जाता है। पर प्रथम कसौटी पर देवनागरी इतनी खरी उतरती है कि विश्व की कोई भी अन्य लिपि इतनी वैज्ञानिक नहीं कही जा सकती। रोमन लिपि में बहुत कम लिपि-चिह्न हैं पर उसके द्वारा सारी ध्वनियों को शुद्धतापूर्वक अंकित करना सम्भव नहीं है। अनुनासिक, अनुस्वार और न आदि के लिए नागरी में अलग-अलग चिह्न हैं जो पूर्ण वैज्ञानिक हैं पर रोमन में 'एन' (N) चिह्न से ही यह सब कार्य लिया जाता है जिससे शुद्ध वाचन के लिये लिपि ज्ञान की अपेक्षा अभ्यास की अधिक आवश्यकता होती है।

नागरी लिपि के ठीक ज्ञान और उसकी ध्वनियों के उच्चारण के अभ्यास के पश्चात् उसे बिल्कुल शुद्ध पढ़ा जा सकता है। रोमन में लिखे शब्दों के उच्चारण को उसी प्रकार अलग-अलग रटना पड़ता है। जिस प्रकार चित्र-लिपि से विकसित चीनी आदि भाषाओं के अलग-अलग शब्द चिह्नों को। फारसी आदि लिपियाँ इस दृष्टि से और भी दोषपूर्ण हैं। नागरी लिपि को सर्वाङ्गपूर्ण बनाकर उसके चिह्नों में विभिन्न ध्वनियों को सजाया गया था। डॉ० सुनीति कुमार चटर्जी का कथन है कि "संसार

की लिपियों में भारतीय लिपियों की यह विशेषता उल्लेखनीय है कि उनके वर्णों के क्रम नितान्त वैज्ञानिक हैं। (स्वरों के अतिरिक्त इनके व्यञ्जनवर्ण कंठ, तालु, मूर्धा, दंत ओष्ठ से उच्चरित होने वाले कवर्ग, चवर्ग, टवर्ग, तवर्ग तथा पवर्ग में विभक्त है)। जिन लोगों ने वर्णों को इस क्रम में सजाया था अथवा जिन लोगों ने यह वर्णमाला तैयार की थी; वे वास्तव में उत्कृष्ट ध्वनिशास्त्री थे।''

नागरी लिपि की वैज्ञानिकता की प्रशंसा रॉयल एशियाटिक सोसायटी बंगाल के प्रथम अध्यक्ष श्री विलियम जोन्स ने की थी। उनका कहना था कि ''जितने कम अक्षरों में नागरी लिखी जा सकती है। उतने में रोमन भी नहीं लिखी जा सकती है। थ्रू के लिए रोमन Through या थाट के लिए रोमन Thought लिखने से अच्छा नागरी में लिखना है। नागरी में किसी भी भाषा को लिखा जा सकता है।''

त्रुटियाँ—नागरी लिपि में उच्चारण की विशेषता और वैज्ञानिकता के साथ एक त्रुटि भी है जो आधुनिक यान्त्रिक युग में इसे अन्य लिपियों से पीछे कर देती है। वह यह है कि नागरी लिपि में ४८ अक्षरों के अतिरिक्त उनकी मात्राओं और संयुक्त रूपों को मिलाकर कई सौ टाइपों के द्वारा छपाई तथा टाइप का कार्य सम्भव हो पाता था। टंकन यन्त्रों के निर्माण में बड़ी बाधाएँ थीं और बहुत प्रयत्न के बाद जो कुञ्जी पटल (की बोर्ड) बनाया गया है उससे भी टाइप करने में रोमन आदि की अपेक्षा अधिक समय लगता है और उतनी शुद्धता भी नहीं आ पाती है। इसी प्रकार मुद्रण के कार्य में भी बाधाएँ थीं। ७०० के लगभग अलग-अलग टाइपों का निर्माण करके बड़े श्रमसाध्य ढंग से जो छपाई इस लिपि में प्रारम्भ हुई वह समय और श्रम की अधिकता के कारण बड़ी मँहगी पड़ती थी। इसी प्रकार की कठिनाइयाँ टेलीप्रिंटर तथा तार आदि के सम्बन्ध में भी पड़ती है। इन त्रुटियों के कारण इस लिपि में सुधार की आवश्यकता का अनुभव बराबर किया जाता रहा और उसके लिये विभिन्न व्यक्तियों और संस्थाओं ने कुछ प्रयत्न भी किया।

सुधार—नागरी लिपि में सुधार का प्रथम प्रयास महाराष्ट्र में हुआ और वहाँ के सावरकर बन्धुओं ने सभी स्वरों के लिए 'अ' में ही मात्रा लगाने का सुझाव दिया। यथा अ आ अि अी अु अू अे अै ओ औ अं अः। इसका व्यवहार भी मराठी समाचार पत्रों में हुआ।

दूसरा प्रयास १९३५ ई० में प्रारम्भ हुआ। हिन्दी साहित्य सम्मेलन के इन्दौर अधिवेशन में गांधीजी के सभापतित्व में नागरी लिपि में सुधार के लिए एक लघु समिति गठित की गयी जिसके संयोजक काका कालेलकर बनाये गये। इस समिति के द्वारा प्रस्तुत १४ सुझावों को सम्मेलन ने स्वीकार किया।

१. अक्षरों में शिरोरेखा लगाना आवश्यक नहीं रहे। छपाई में साधारणतः शिरोरेखा लगायी जाय, पर छोटे टाइप की छपाई में सुविधा की दृष्टि से इसे न लगायें।

२. प्रत्येक वर्ण ध्वनि के उच्चारण क्रम से लिखा जाय। ह्रस्व इ की मात्रा (ि)

अपवाद स्वरूप स्वीकार कर ली जाय। मात्राएँ उच्चारण के अनुसार वर्ण के दाहिने हटाकर लगायी जाय।

३. स्वरों के लिए 'अ' में ही मात्रा लगाकर काम चलाया जाय।

४. दक्षिण की लिपियों में प्राप्त ह्रस्व 'ए' और ह्रस्व 'ओ' के लिए ह्रस्व मात्रायें बनायी जायँ।

५. पूर्ण अनुस्वार के लिये '०' शून्य तथा अनुनासिक के लिये बिन्दु '·' लगाया जाय। व्यंजन के पूर्व अर्द्ध पंचमाक्षर के स्थान पर अनुस्वार (चंचल, अंचल) लिखा जाय। जहाँ अनुस्वार से काम न चले पंचमाक्षर लिखे जायँ (जैसे—वाङ्मय, तन्मय)।

६. मूल ध्वनि से भिन्नता प्रकट करने के लिये वर्ण के नीचे बिन्दी बाईं ओर लगायी जाय, यथा क़, ख़।

७. विराम चिह्न जैसे सभी भारतीय भाषाओं में है उन्हें स्वीकार किया जाय। पूर्ण विराम का चिन्ह वही (।) रहे।

८. अंकों के स्वरूप इस प्रकार हों—१, २, ३, ४, ५, ६, ७, ८, ९, ०।

९. 'ख' के लिये गुजराती 'ख' स्वीकार किया जाय।

१०. अ्र, भ्र, ण्र की जगह अ झ ण तथा 'क्ष' की जगह 'क्ष' प्रचलित किया जाय।

११. मराठी आदि की विशिष्ट ध्वनि 'ळ' को प्रयुक्त किया जाय; उसका कार्य 'ड' या 'ल' से न लिया जाय।

१२. 'ज्ञ' का स्वरूप वही रहे।

१३. खड़ी पाई युक्त व्यंजनों में खड़ी पाई हटाकर संयुक्त रूप बनाया जाय, जैसे सुग्गा, तख्ता। क और फ के वर्तमान संयुक्त रूप 'क' 'फ' स्वीकार हों। शेष में '-' संयोजक चिह्न लगाया जाय जैसे विद्-या।

१४. शिरोरेखा लेखन में भ और ध के लिये गुजराती 'भ' 'ध' प्रचलित किया जाय।

उपर्युक्त सुझावों को राष्ट्रभाषा प्रचार समिति, वर्धा ने प्रचारित किया तथा अपने प्रकाशनों और परीक्षाओं में इसका प्रयोग प्रारम्भ किया। हिन्दी-भाषी प्रदेश में ये सुझाव स्वीकार नहीं हुए बल्कि इनका विरोध ही हुआ। नागरी प्रचारिणी सभा काशी के सदस्यों ने इनका बड़ा विरोध किया। आगे चलक १९४५ ई० में सभा ने भी नागरी में सुधार की आवश्यकता को समझा और सुधार के लिये उसके द्वारा सुझाव आमन्त्रित किये गये। श्री श्रीनिवास ने नागरी की एक सुधरी वर्णमाला प्रस्तुत की जिसमें सभी महाप्राण व्यञ्जनों के लिये उनके अल्पप्राण व्यंजन में ही चिह्न लगाकर बनाने का सुझाव था पर यह सुधरी हुई वर्णमाला स्वीकार नहीं हुई।

व्यक्तिगत प्रयत्नों में प्रयाग विश्वविद्यालय के डॉ० गोरखप्रसाद का कार्य भी बड़ा महत्वपूर्ण था। उन्होंने पहला सुझाव मात्राओं को थोड़ा दाहिनी ओर हटाकर लगाने का दिया और बताया कि इससे हिन्दी मुद्रण ७०० के स्थान पर १५० या

संयुक्ताक्षरों को रखने पर २०० टाइपों से सम्पन्न हो जायेगा। उनका दूसरा सुझाव यह था कि आठ प्वाइन्ट से छोटे टाइप के मुद्रण में शिरोरेखा न लगायी जाय तो इस टाइप में कोश आदि छापने पर उसका मूल्य आधा पड़ सकता है। उन्होंने इस प्रकार का टाइप तैयार कराकर नमूने का मुद्रण भी करके दिखाया।

उत्तर प्रदेश सरकार ने ३१ जुलाई १९४७ को आचार्य नरेन्द्रदेव की अध्यक्षता में 'नागरी लिपि सुधार समिति' का गठन किया। इस समिति में कई प्रतिष्ठित विद्वान तथा अन्य राज्यों के प्रतिनिधि भी थे। इस समिति की ९ बैठकें हुई और उसने निम्नलिखित सुझाव पेश किया—

नकारात्मक सुझाव

१. श्री श्रीनिवास द्वारा एकमात्रिक और द्विमात्रिक स्वरों में भेद अमान्य है।

२. 'अ' में ही मात्रा लगाकर स्वरों का कार्य लेने का सुझाव भी मान्य नहीं है।

३. ह्रस्व 'इ' की मात्रा को छोड़कर अन्य स्वरों की मात्रा में कोई परिवर्तन मान्य नहीं है।

४. किसी व्यंजन के नीचे कोई दूसरा व्यंजन संयुक्त न हो।

५. केवल यन्त्रों की सुविधा के लिए कोई अवांछनीय परिवर्तन न किया जाय।

स्वीकारात्मक सुझाव

ये सुझाव दो प्रकार के हैं—पहले लिपि या लेखन सम्बन्धी अनुरोध और दूसरे लिपि चिह्नों की आकृति अथवा रूप सम्बन्धी अनुरोध।

लिपि सम्बन्धी अनुरोध

१. मुद्रण-टंकन की सुविधा हेतु मात्राओं को थोड़ा हटाकर दाहिनी ओर लगाया जाय।

२. शुद्ध अनुस्वार के लिये '०' लिखा जाय। व्यंजन के पंचामाक्षरों के हलन्त के लिए जहाँ प्रतिकूलता न हो अनुस्वार प्रयुक्त हो और अनुनासिक के लिये ('') का प्रयोग हो।

३. शिरोरेखा लगायी जाय।

४. ऋ, लृ की मात्राएँ भी थोड़ा हटाकर दाहिनी ओर लगायी जायँ।

५. खड़ी पाई युक्त व्यंजनों का आधा रूप खड़ी पाई हटाकर बनाया जाय।

६. जिन व्यंजनों में बाहर खड़ी पाई नहीं है उनमें दाहिनी ओर थोड़ा हटाकर हलन्त लगाया जाय; जैसे राष्ट्र। क और फ इसके अपवाद हैं। इनका आधा 'क' 'फ' ही होगा।

७. ह्रस्व 'इ' की मात्रा भी दाहिनी ओर लगायी जाय।

रूप सम्बन्धी अनुरोध

१. स्वरों में 'अ' का रूप केवल 'अ' रहेगा ।

२. व्यंजनों में छ, झ, ण, ध, भ, र, ल, च, ह केवल निम्न रूप रहेंगे—

छ, झ, ण, ध, भ, न, ल, च, ह ।

३. ह्रस्व 'इ' की मात्रा का रूप 'ि' होगा ।

४. 'क्ष' और 'त्र' के स्थान पर 'क्ष', 'त्र' प्रचलित होंगे ।

५. विराम चिह्नों में रोमन में प्रचलित सभी विराम चिह्न ले लिये जायँ । केवल पूर्ण विराम के लिये खड़ी पाई स्वीकार की जाय ।

हस्तलिखित ग्रंथों में नागरी

नागरी लिपि के पुराने हस्तलिखित ग्रंथों में उस काल में प्रचलित अक्षरों के रूप मिलते हैं । ये रूप आज के नागराक्षरों से इतने भिन्न हैं कि इनकी जानकारी के बिना ऐसे प्राचीन हस्तलिखित ग्रन्थों का पढ़ पाना कठिन है और परिणाम यह होता है कि अनभ्यस्त व्यक्ति कुछ का कुछ पढ़ लेता है । फलतः रचना के मूलपाठ में अन्तर हो जाता है और लेखक द्वारा प्रस्तुत अर्थ और प्रसंग दोनों में विसंगति आ जाती है । बीसलदेव रासो की प्रतियों के प्राचीन नागराक्षरों को ठीक से न पढ़ पाने के कारण ना० प्र० सभा के संस्करण के संपादक सत्यजीवन वर्मा ने कई भूलें की हैं, जिनका उल्लेख इस रचना के परवर्ती संपादक डॉ० माता प्रसाद गुप्त ने किया है ।[1]

मूल अक्षर		पढ़ा गया अक्षर					
च	>	व	:	चीरी	>	वीरी	(स० ३, ८, ६)
छ	>	व	:	छइ	>	वइ	(स० २, ४८, ५)
छ	>	दु	:	छइ	>	दुइ	(स० १, ५८, १)
ठ	>	ढ	:	गोठ	>	गोढ़	(स० ३, ६०, ६)
ड	>	उ	:	लाड	>	लाउ	(स० १, ६५, १)

डॉ० गुप्त ने स्वप्रयुक्त प्रतियों में से एक नरोत्तम स्वामी से प्राप्त प्रति में अक्षरों के पूर्व रूप को ठीक से न पकड़ पाने के कारण कुछ का कुछ लिखने की बहुत सी भूलों का उल्लेख किया है जिनमें छ का व, उ का नु या तु, च का व, क्ष, थ का ध आदि पढ़कर उक्त प्रति के प्रतिलिपिकार ने बड़ी भूलें को हैं ।

डॉ० सत्येन्द्र ने डॉ० हीरालाल माहेश्वरी के हवाले से राजस्थानी तथा राजस्थान में प्राप्त हस्तलिखित ग्रंथों की लिपियों को पढ़ने में निम्नांकित बातों को ध्यान रखने का निर्देश किया है :[2]

(१) राजस्थान में उपलब्ध हस्तलिखित ग्रंथों में देवनागरी वर्णमाला के कुछ

१. डॉ० माताप्रसाद गुप्त : बीसल देव रास (मु०), पृ० ११
२. डॉ० सत्येन्द्र : पाण्डुलिपि विज्ञान, पृ० २०६

समान वर्ण मिलते हैं, ग्रंथों को पढ़ते समय इनके सम्बन्ध में सावधानी आवश्यक है। ये वर्ण निम्नलिखित प्रकार के हैं :

(अ) विवादास्पद वर्ण—थ और छ में लिखावट की ऐसी समानता मिलती है कि वे एक दूसरे भ्रम उत्पन्न करते हैं। फलतः कुछ का कुथ पढ़ जाने की सम्भावना रहती है।

उदाहरणार्थ—

थाप > छाव छेक > थेक

छड़ी > थड़ी छुण छुणो > थुड़ थुड़ो

इसी प्रकार र और द, थ और ब की भी लेखन के कारण विवादास्पद स्थिति रहती है।

(आ) भ्रान्तवर्ण—दो समान रूप के वर्णों में स्वाभाविक रूप से भ्रान्ति की संभावना रहती है।

छ > ब = छुरी > बुरी, छाप > बाप

ट > ढ = वट बट > बढ़ बढ़

भ > म = भरेड़ी > मरेड़ी

इसी प्रकार निम्नांकित भ्रांतवर्ण हैं :

स > म, ठ > ध, च > व, ज > त, ण्य > ण, त > ट, ध > घ,

न > त, प > म, फ > क, य > म, म > स, ह > ड, ड > द।

संयुक्त वर्णों में भ्रमात्मक स्थिति :

(१) त्र > ष्न = त्रपत > ष्नपत

(२) हलन्त 'र्' के लिये प्राचीन हस्तलेखों में '—' चिह्न मिलता है जिससे पश्चवर्ण में पूर्ववर्ण की मिलावट का भ्रम होता है :

धा र् या > धा-या

मा र् या > मा-या

(इ) प्रमाद से लिखे गये वर्ण—उपर्युक्त विवादास्पद और भ्रांत दोनों प्रकार के वर्ण जब प्रमादी लेखक द्वारा प्रयुक्त होते हैं तो कुछ का कुछ पढ़ने की संभावना रहती है। जैसे 'ा' आ की मात्रा और 'ी' दीर्घ ई की मात्रा में यदि ऊपर का घेरा कम होकर पड़ी पाई से मिल जाता है तो इन दोनों मात्राओं में भ्रम की संभावना रहती है। इसी प्रकार उ > अः, क > फ, ष > प आदि।

(ई) विशिष्ट वर्ण चिह्न—पुरानी राजस्थानी में तथा हिन्दी के भी बहुत से प्राचीन हस्तलिखित ग्रंथों में य और व को इन वर्णों के नीचे बिन्दी लगाकर (य़, व़) लिखने की प्रथा है। इससे य का प तथा ब का व आदि से भ्रम नहीं होता। ड और ड़ को प्रायः ड ही लिखा जाता है और प्रसंग भेद से इन्हें अलग-अलग पढ़ा जाता है। चन्द्रबिन्दु (ँ) का प्रयोग कहीं भी अनुनासिकता को व्यक्त करने के लिये नहीं होता है। यह कहीं आता है तो यह या तो छूटे हुए स्थलों के संकेत के लिये या दीर्घ ई की

मात्रा के लिये आता है। ङ भी नहीं है, ड़ के लिये ड के अलावा ङ भी लिखा जाता है। क्ष के लिये ख्य लिखा जाता है।

विरामचिह्नों में (,) कामा का प्रयोग नहीं होता इसके लिये पूर्ण विराम (।) का प्रयोग होता है। पूर्ण विराम तीन प्रकार से लिखा जाता है—खड़ी पाई (।) या विसर्ग (:) के रूप में या कुछ स्थान रिक्त छोड़कर। पूर्ण विराम और विसर्ग में अन्तर के लिये यह ध्यान रखा जाता है कि विसर्ग अक्षर से सटकर लगता है और जब वह पूर्ण विराम के रूप में आता है तो अक्षर से थोड़ा हटकर लिखा जाता है।

छूटे हुए अक्षर या मात्रा को दाहिने या बाएँ हाशिये पर लिखा जाता है। यदि पन्ने पर आधे से पहले कोई अक्षर या मात्रा छूट जाय तो वह बाएँ हाशिये में और आधे के बाद कुछ छूट जाय तो दाहिने हाशिये में लिखा जाता है। छूट के स्थान पर इन निशानों में से एक लगता है—‸, ⁄, ∠।

आधी या पूरी पंक्ति छूट जाती है तो उसे पन्ने के ऊपर या नीचे लिखते हैं और छूट के स्थान पर दो निशान लगाते हैं (‸ ‸)।

(उ) उदात्त और अनुदात्त ध्वनियों के संबंध में कोई निशान नहीं है। प्रसंगानुसार इन्हें अपेक्षित रूप में पढ़ा जाता है। कहीं-कहीं केवल उदात्त और अनुदात्त ध्वनि के अन्तर से अर्थ बदल जाता है जैसे धन = संपत्ति और ध'न (ध'ण) = पत्नी।

डॉ० सत्येन्द्र ने[1] गुजरात के 'एक प्रतिष्ठित आचार्य' द्वारा बनायी एक अक्षरावली प्रस्तुत की है जिसमें गुजरात के ग्रंथागारों में प्राप्त हस्तलिखित ग्रंथों की नागरी लिपि के प्राचीन चिह्नों का परिचय उनके प्रचलित रूप के साथ देकर कराया गया है। यह अक्षरावली प्राचीन हस्तलेखों को पढ़ने में बड़ी उपयोगी है।

कैथी लिपि

यह लिपि नागरी लिपि का ही एक अवान्तर रूप है। नागरी वर्णमाला में ही किञ्चित परिवर्तन द्वारा यह लिपि अस्तित्व में आयी है। गौ० ही० ओझा के अनुसार "कायस्थ (कायथ) अर्थात् अहलकार लोगों की त्वरा से लिखी जाने वाली लिपि होने से इसे कैथी (कायथी) कहते हैं। जैसे मामूली पढ़े हुए लोगों की लिपियों में संस्कृत की पूरी वर्णमाला का उपयोग नहीं होता, वैसे ही इसमें भी ऋ, ङ और व अक्षर नहीं हैं और व तथा ब में अन्तर नहीं है। (दोनों व जैसा ही लिखा जाता है) व को ब से भिन्न बतलाने के लिये टाइप के अक्षरों में व के नीचे बिन्दी लगायी जाती है। अ, ... और ... नागरी से भिन्न हैं जिनमें से अ तो नागरी के अ को चलती कलम से लिखने में ऊपर ग्रंथि बन जाने के कारण ध्र जैसा बन गया है। और ख नागरी ष का विकार मात्र है। पहिले यह लिपि गुजराती की नाईं लकीर खींचकर लिखी जाती थी परन्तु बाद में टाइप में सरलता के विचार से सिरसूचक लकीर मिटा दी गयी है।...देश

१. देखिये डॉ० सत्येन्द्र : पाण्डुलिपि विज्ञान, पृष्ठ २०५।

भेद से इससे मुख्य तीन भेद हैं अर्थात् मिथिला, मगध और भोजपुर की कैथी।"[1]

कैथी लिपि का क्षेत्र मुख्यतः उत्तर प्रदेश का पूर्वी भाग और बिहार है। इस लिपि में स्थानीय रचनाकारों की असंख्य पाण्डुलिपियाँ प्राप्त हुई हैं। वैद्यक, कामशास्त्र (कोकशास्त्र) से लेकर साहित्यिक रचनाओं तक की हस्तलिखित प्रतियाँ इस लिपि में मिली हैं। मुख्यतः 'पदुमावति' और 'रामचरित मानस' की बहुत सारी प्रतियाँ मिली हैं और अब भी खोजों में कैथी लिपि की प्रतियाँ बहुतायत से मिलती जा रही हैं। संतों की बहुत सी रचनाएँ कैथी लिपि में मिली हैं। इन हस्तलिखित कैथी प्रतियों का संपादन में उपयोग करने के लिये कैथी वर्णमाला के ज्ञान और इस लिपि की लेखन-विशेषताओं से परिचित होना आवश्यक है। कैथी लिपि में वर्णमाला कम है तथा मात्रा चिह्न भी कम हैं। अतः इसके हस्तलेखों का ठीक वाचन फारसी हस्तलेखों के समान कठिन होता है। पं० उदय शंकर शास्त्री ने लिखा है : "एक नयी लिपि कैथी के नाम से प्रचलन में आयी है। यह लिपि एकदम नस्तालीक लिपि (फारसी) के चरण चिह्नों पर चलती रही। इसमें भी मात्राओं और वर्णों की कमी के कारण किसी भी शब्द को ज्यों का त्यों नहीं लिखा जा सकता है। उसके पाठ में भी नस्तालीक लिपि के समान पर्याप्त चिह्न नहीं हैं। अतः इस लिपि के लेख में ह्रस्व दीर्घ का अथवा किसी शब्द की पूरी शुद्धता का निश्चय नहीं हो सकता है।"[2]

कैथी वर्णमाला का गौ० ही० ओझा द्वारा प्रस्तुत रूप चित्र-संख्या ३ में देखें।

कैथी में लिखे एक हस्तलिखित ग्रंथ के एक पृष्ठ का नमूना चित्र-संख्या ४ में देखें।

गुरुमुखी लिपि

गुरुमुखी लिपि पंजाबी भाषा की अपनी लिपि है। वस्तुतः कैथी लिपि की ही भाँति यह भी नागरी का ही एक रूप-भेद है। पहले पंजाब में सामान्य जनों में एक लिपि प्रचलित थी जिसे 'लंडा' लिपि कहते हैं। इसमें मात्राएँ नहीं लगती हैं। प्रारंभ में पंजाब में जन-व्यवहार की यही लिपि प्रचलित थी। प्रारंभ में सिक्खों के धर्मग्रंथ इसी लिपि में लिखे जाते थे पर इस लिपि के दोषों के कारण उनके वाचन में शुद्धता नहीं आ पाती थी। फलतः एक नयी लिपि के प्रयोग की आवश्यकता अनुभव हुई और सिक्खों के "गुरु अंगद (१५३८-१५५२ ई०) ने अपने धर्मग्रंथों की शुद्धता के लिए स्वरों की मात्रावाली नयी लिपि जिसमें नागरी के समान शुद्ध लिखा व पढ़ा जावे, बनायी, जिससे उसे गुरुमुखी अर्थात् गुरु के मुख से निकली हुई लिपि कहते हैं। इसके अधिकतर अक्षर उस समय की शारदा लिपि से ही लिये गये हैं क्योंकि उ, ऋ, ओ, घ, च, छ, ट, ड, ढ, त,

---

१. गौ० ही० ओझा : प्राचीन भारतीय लिपि माला (१९१८), पृ० १३०।

२. उदय शंकर शास्त्री : हस्तलिखित ग्रंथ और उनका उपयोग (भारतीय साहित्य) वर्ष ४, जुलाई ५९, पृ० १२५।

द, ध, प, फ, भ म, य, श, ष और स अक्षर अब तक वर्तमान शारदा से मिलते-जुलते हैं। इसके अंक नागरी से लिये गये हैं।"[1]

'गुरु ग्रंथ साहब' गुरुमुखी लिपि में है। इसमें नानक के अतिरिक्त अन्य भी हिन्दी संत कवियों की बानियाँ मिलती हैं। कबीर की रचनाएँ भी प्रभूत मात्रा में 'गुरु ग्रंथ साहब' में मिली हैं। संत-साहित्य के संपादकों को गुरुमुखी लिपि के हस्तलेख को पढ़ने की आवश्यकता पड़ जाती है। अतः हिन्दी पाठ के अनुसंधित्सुओं को गुरुमुखी लिपि के ज्ञान की आवश्यकता भी होती है। गुरुमुखी वर्णमाला का फोटो चित्र चित्र-संख्या ५ में है।

गुरुमुखी के हस्तलेख के उदाहरण के रूप में 'गुरुग्रंथ साहब' की एक प्रति का एक चित्र चित्र-संख्या ६ में देखें।

मोड़ी या मुड़िया लिपि

यह लिपि मराठी की अपनी लिपि है। प्रवाद है कि हेमाड पन्त (हेमाद्रि पंडित) इसको लंका से लाकर महाराष्ट्र देश में प्रचलित किया। दूसरा मत यह है कि शिवाजी के चिटनीस बालाजी आपाजी ने महाराष्ट्र में प्रचलित पुरानी लिपि को मोड़कर नयी लिपि का निर्माण किया। इसी मोड़ कर बनाने के कारण इसे मोड़ी या मुड़िया लिपि कहते हैं। यह लिपि साधारणतः नागरी लिपि से मिलती जुलती है पर इसके कुछ वर्ण गुजराती और तेलुगु-कन्नड आदि लिपियों से भी मिलते हैं पर उनकी संख्या बहुत कम है।

मोड़ी लिपि में महाराष्ट्र के प्रसिद्ध संतों की रचनाओं की हस्तलिखित प्रतियाँ इसी लिपि में प्राप्त होती हैं। उनके प्रभाव में आने वाले हिन्दी संत कवियों की भी कुछ रचनाएँ मोड़ी लिपि में मिलती हैं। आपा साहब पर शोध कार्य करने वाले डॉ० उदय प्रतापसिंह ने बताया है कि आपा साहब की कृतियाँ कैथी तथा मोड़ी दोनों लिपियों में मिली हैं।

मोड़ी लिपि की वर्णमाला का फोटो चित्र चित्र-सख्या ७ में देखें।

फारसी लिपि

भारतीय भाषाओं के लिखने में फारसी लिपि का भी प्रभूत मात्रा में प्रयोग हुआ है। पंजाब, कश्मीर, दिल्ली आदि में हिन्दी लिखने में नागरी की अपेक्षा फारसी लिपि आज भी अधिक प्रचलित है। मध्यकाल में उत्तरी भारत में मुसलमानों के शासन काल में राजकीय लिपि होने के कारण इस लिपि का विशेष प्रचार-प्रसार हुआ। हिन्दुओं में भी घरेलू, राजकीय एवं शिक्षा के कार्यों में इस लिपि का व्यापक प्रवेश हो गया था। यहाँ तक कि बहुत से परिवारों में आज भी सत्य नारायण व्रत कथा और

---

१. गौ० ही० ओझा : प्राचीन भारतीय लिपि माला (१९१८) पृ० १३० ।

दुर्गासप्तशती की फारसी लिपि में लिखी प्रतियाँ मिलती हैं। 'गीता', 'रामचरितमानस' 'सूरसागर' आदि की महत्वपूर्ण प्रतियाँ फारसी लिपि में मिली हैं। सूफ़ी कवियों की रचनाओं की हस्तलिखित प्रतियाँ प्रायः फारसी लिपि में ही मिलती हैं। मुल्लादाउद की 'चंदायन' कुतुबन की 'मिरगावती', जायसी की 'पदुमावति', मंझन की 'मधु-मालती' की अनेक प्रतियाँ फारसी लिपि में मिली हैं। परवर्ती सूफी कवियों उसमान, नूर मुहम्मद, शेख निसार, शेख रहीम, तथा दक्खिनी हिन्दी के ख्वाजा वंदा नवाज, बहाउद्दीन बाजन, बुरहानुद्दीन जानम, वजही, गवासी आदि कवियों की रचनाएँ फारसी लिपि में ही मिलती हैं। अतः उपर्युक्त नागरी और उससे मिलती-जुलती अन्य लिपियों की ही भाँति फारसी लिपि का ज्ञान भी हिन्दी के पाठालोचक के लिए अनिवार्य है।

फारसी लिपि की लिखावट के आधार पर इसके दो रूप माने जाते हैं—(१) नस्तालीक और (२) शिकस्त। नस्तालीक उस लिखावट को कहते हैं जिसमें प्रत्यक्ष अक्षर और शब्द स्पष्ट रूप में लिखे जाते हैं। शिकस्त घसीट कर लिखने की विधि को कहते हैं। हिन्दी साहित्य की जो कृतियाँ फारसी लिपि में मिली हैं उनकी लिखावट नस्तालीक है। फारसी लिपि दाहिने से बाएँ लिखी जाती है जो नागरी लिपि के प्रति-कूल है। इसकी वर्णमाला भी नागरी से सर्वथा भिन्न है। फारसी लिपि में लिखी पदुमा-वति की एक प्रति के प्रथम पृष्ठ को चित्र संख्या ८ में देखें।

फारसी लिपि में नुक़्तों के प्रयोग से अक्षर बदल जाते हैं। नुक़्ते के हेर-फेर से 'ख़ुदा' से 'जुदा' हो जाता है। नस्तालीक लिपि में भी नुक़्तों के प्रयोग की सावधानी प्रतिलिपिकारों में नहीं देखी जाती। इस लिपि में मात्राओं के चिह्न (पेश, ज़बर, ज़ेर) मूल शब्दों के ऊपर या नीचे लगाये जाते हैं। इनके प्रयोग में भी उदासीनता देखी जाती है। अतः प्रसंग के अनुसार शब्दों को पढ़ने में अनुमान का सहारा लेना पड़ता। फारसी (नस्तालीक) प्रतिलिपिकारों की कुछ और भी विशेषताएँ हैं। 'क़ाफ' (क) और 'गाफ' (ग) के लिए दोनों ही दशा में प्राय काफ (ک) ही लिखा जाता है। अतः 'क' को 'ग' तथा 'ग' को 'क' पढ़ने की भूल संभव हो जाती है। इसी प्रकार 'हे' तथा 'दुचस्मी' 'ह' के लिए तथा अल्पप्राण अक्षरों को महाप्राण बनाने के लिये भी प्रयुक्त होता है। जैसे क का ख बनाने के काफ और हे लिखते हैं। फारसी-लेखन की इन विशेषताओं का न केवल ज्ञान अपितु इनकी बारीकियों से अभ्यस्त होना जरूरी है। ठीक से फारसी लेखों को न पढ़ पाने के कारण कुछ का कुछ हो जाता है।

लेखन-सामग्री

लेखन सामग्री से अभिप्राय उन वस्तुओं से होता है जिनकी सहायता से लिखने का कार्य किया जाता है। इस दृष्टि से विचार करते समय हमारा ध्यान दो दिशाओं में जाता है :

(१) **आधार**—जिस वस्तु के ऊपर लेखन कार्य किया जाय। जैसे कागज, ताम्रपत्र आदि।

(२) **साधन**—जिससे लेखन कार्य किया जाय। साधनों में लेखनी, स्याही और पंक्ति खींचने की पट्टी आदि साधन समाविष्ट हो जाते हैं।

भारत में अत्यन्त प्राचीन काल से लेखन कार्य होता रहा, इसका पता हमें अनेक उल्लेखों के द्वारा चलता है। कुछ पाश्चात्य लिपि-विशेषज्ञों ने भारत में मुखस्थ विधा की प्रधानता के कारण यहाँ के लिपि-ज्ञान को नवीन सिद्ध करने का प्रयास किया। यहाँ तक कि भारतीय ज्ञान के प्रति अत्यन्त उदारता के साथ विचार करनेवाले मनीषि मैक्समूलर को पाणिनीय व्याकरण में लिपि सम्बन्धी कोई उल्लेख न मिला और वे उसी के आधार पर कहते हैं कि पाणिनी के समय तक भारतीयों को लेखन-कला का ज्ञान नहीं था। भारतीयों को लेखन-कला का ज्ञान था, इसका उल्लेख तो पाणिनी के व्याकरण में मिलता ही है साथ ही जातकों में इसके प्रचुर प्रमाण मिलते हैं। साथ ही मांटगोमरी जिले के मोहनजोदड़ो और लरकाना के हड़प्पा की खुदाइयों के द्वारा जो सामग्रियाँ उपलब्ध हुई हैं, वे इस विषय के विवाद को निर्मूल कर देती हैं। विद्वानों ने माना है लगभग ३५०० ई० पू० सिंधु घाटी में सभ्यता उच्चतम शिखर पर पहुँच गई थी। डेविड डिरिंजर ने विश्व की प्राचीनतम क्युनीफार्म लिपि का विकास ४००० ई० पू० से १ ई० तक माना है। इससे यह सिद्ध होता है कि भारत की सिंधु घाटी में जो लिपि प्रचलित थी वह निःसंदेह विश्व की सबसे प्राचीन लिपि है।

भारत में लिपि ज्ञान की प्राचीनता—सिंधु-घाटी के पुरातात्विक अनुसंधान में प्राप्त लिपि-चिह्नों के पूर्व साधारणतः यह धारणा थी कि प्राचीन काल में भारतीयों को पढ़ने-लिखने का ज्ञान नहीं था और उन लोगों ने इस कला को विदेशियों से सीखा। इस धारणा को प्रचारित करने में सर्वाधिक हाथ पश्चिमी विद्वानों का रहा। मैक्समूलर ने लिखा कि पाणिनी की अष्टाध्यायी में लिपि सम्बन्धी कोई उल्लेख नहीं है और अष्टाध्यायी का समय उनके अनुसार चौथी सदी ई० पू० है। अतः उसके पहले भारत में लेखन-कला का ज्ञान नहीं रहा होगा। अब तो म० म० गौरीशंकर हीराचन्द ओझा

जैसे विद्वानों ने यह सिद्ध कर दिया है कि स्वतः अष्टाध्यायी में लिपि, लिबि, ग्रन्थ आदि शब्दों का प्रयोग तथा लिपिकर और यवनानी (यवनों की लिपि) शब्दों के बनाने के नियम पाये जाते हैं। मैक्समूलर ही की भाँति बर्नेल की धारणा है कि चौथी और पाँचवीं सदी ई० पू० भारतीयों ने लिखने की कला फोनेशियन लोगों से सीखा। डॉ० बूलर का मत है कि पाँच सौ ईसवी पूर्व भारतीयों ने योरोपीय सेमेटिक लिपि से अपनी ब्राह्मी लिपि का निर्माण किया। सिंधु घाटी शिलालेखों ने भारत के लिपिज्ञान की प्राचीनता को सिद्ध कर ही दिया है, पर इनके अतिरिक्त भी इस बात के प्रमाण प्रचुर मात्रा में उपलब्ध हैं कि सुदूर प्रागैतिहासिक काल से हमें लेखन-कला का ज्ञान था। इस संदर्भ में निम्नलिखित प्रमाण द्रष्टव्य हैं—

(१) ऋग्वेद में अष्टकर्णी गायों के दान का उल्लेख है जिसका अभिप्राय ऐसी गायों से है जिनके कानों पर आठ की संख्या अंकित हो। अष्टाध्यायी में भी गायों के कानों पर पाँच और आठ की संख्या लिखने का उल्लेख मिलता है। इससे तथा ऋग्वेद में उल्लिखित उष्णीष और गायत्री आदि छन्दों से पता चलता है कि यहाँ लेखन-कला का ज्ञान ऋग्वेद के समय से ही है।

(२) छान्दोग्य उपनिषद् में अक्षर शब्द का प्रयोग मिलता है। तैत्तरीय उपनिषद् में वर्ण तथा मात्रा का तथा एतरेय ब्राह्मण में ओ३म् अक्षर के अकार, उकार और मकार से मिलकर बनने का उल्लेख है।

(३) अंकों के लिखने का प्रारम्भ ही भारत से हुआ योरोप में प्रचलित अंकों को अरब के नाम पर अरबिक साइन कहते हैं, किन्तु अरब वाले उन्हें हिन्दुस्तान के नाम पर हिन्दसा कहते हैं। ऐसा प्रतीत होता है इन अंकों का ज्ञान योरोप को अरब से हुआ और अरबवालों को भारत से।

(४) रामायण तथा महाभारत (४०० ई० पू०) तथा कौटिल्य के अर्थशास्त्र (४०० ई० पू०) में भी ऐसे उल्लेख हैं जिनसे भारत के लिपि-ज्ञान का पता चलता है।

(५) जातकों में सुवर्णपत्र, व्यक्तिगत तथा सरकारी पत्र, कृष्ण पत्र का उल्लेख है, जो गौ० ही० ओझा के अनुसार ६०० ई० पू० के हैं।

(६) बौद्ध ग्रंथ सुत्त (ब्रह्मजाल सुत्त) में बच्चों के अक्खरिका नामक खेल का उल्लेख है। इस खेल में खेलने वाले को अपनी पीठ पर या आकाश में (अंगुलि से) लिखा हुआ अक्षर बूझना पड़ता है। डा० बाबूराम सक्सेना का यह अनुमान उचित ही प्रतीत होता है कि अक्षरों का प्रयोग बच्चों के खेल में भी होने लगा हो, यह अवस्था लिपि के आविष्कार के सैकड़ों साल बाद ही संभव है।

(७) बौद्ध ग्रन्थ "विनय पिटक" में लेखन कला की प्रशंसा की गई है तथा "पन्नावणा सुत्त" में १८ तथा बौद्धों के "ललित विस्तर" नामक ग्रंथ में ६४ लिपियों का उल्लेख हुआ है।

(८) एरियन ने अपनी पुस्तिका "इण्डिका" में सिकन्दर के सेनापति निका-

र्अस (३२६ ई० पू०) के इस कथन का उल्लेख किया है कि "भारतवासी रुई कूट कर कागज बनाने की कला जानते थे।" निश्चय ही कागज के आविष्कार के बहुत पूर्व लेखन-कला का ज्ञान उन्हें रहा होगा।

(९) मेगस्थनीज (३०५ ई० पू०) ने भारत में सड़कों पर मील के पत्थर गाड़े जाने का तथा जन्मकुण्डली बनाने की प्रथा का उल्लेख किया है।

(१०) चीनी यात्री ह्वेनसांग ने भी भारतीयों के लिपिज्ञान की प्राचीनता को स्वीकार किया है।

(११) प्राचीन काल में भोजपत्र तथा ताड़पत्र आदि नश्वर वस्तुओं पर लिखावट होने के कारण हमारी प्राचीन लिखित सामग्रियाँ नष्ट हो गयीं। केवल शिलालेख ही सुरक्षित रह पाए हैं। प्राचीनतम शिलालेख अजमेर के बड़लीग्राम तथा नेपाल की तराई के पिप्रावा नामक स्थान के हैं। ये लेख अशोक के पूर्व के हैं।

(१२) सिंधु घाटी की प्राप्त लिपि सामग्रियों से यह सिद्ध हो गया है कि अत्यंत सुदूर प्रागैतिहासिक काल से भारत में लेखन-कला का प्रचार रहा है।

इस प्रकार सिंधु घाटी में प्राप्त लिपि विश्व की प्राचीनतम लिपि प्रमाणित होती है। हमें लेखन सामग्री के रूपों पर विचार करना है जो उन खुदाइयों में प्राप्त हुई है। सर जान मार्शल ने, जिसके तत्वावधान में जनवरी १९२१ में मोहनजोदड़ो की खुदाई प्रारंभ हुई थी, बताया कि वहाँ मुद्राएँ और मुद्रा लगाई हुई मिट्टी की गोलियाँ प्राप्त हुई हैं। बर्तन के टूटे हुए अंश, जिन पर उस समय की लिपि में कुछ उत्कीर्ण किया गया है मिले हैं। साथ ही मिट्टी के पकाए हुए आभूषण प्राप्त हुए हैं जिन पर कुछ अक्षर खुदे हुए हैं। इनके अतिरिक्त ताम्र मुद्रायें प्राप्त हुई हैं जिन पर लिखा हुआ है। साथ ही एक पात्र मिला है जिसका आकार भेड़े की तरह है और उसकी पीठ पर एक छिद्र है। अनुमानतः यह मसि-पात्र रहा होगा। जहाँ तक प्राप्त लेखन-सामग्री का प्रश्न है, मोहनजोदड़ो और हड़प्पा की खुदाइयों में प्राप्त ये मिट्टी एव ताबे की मुद्राएँ, मिट्टी के बर्तन और आभूषण आदि हमें प्राप्त हैं किन्तु जब लेखन कला का इतना ज्ञान भारतीयों को उस समय था कि वे चित्र लिपि से आगे भाव ध्वनि लिपि का निर्माण कर चुके थे तो वे लेखन-सामग्री में भी इन सामग्रियों से विकसित रूप अवश्य ग्रहण किये रहे होंगे। इसी आधार पर मार्शल महोदय ने भी अनुमान लगाया है कि वे अवश्य भोज-पत्र, ताड़-पत्र, काष्ट पट्टिका और कपड़े पर लिखते रहे होंगे जो काल की कठोरता में समाप्त हो गये, क्योंकि ये सभी सामग्रियाँ नाशमान हैं। इन सामग्रियों का ही विशेष रूप से उपयोग भारत में बहुत हाल तक होता रहा है और इनकी नश्वरता के कारण ही भारत में अत्यन्त प्राचीन हस्तलिखित पोथियाँ नहीं मिलती हैं। इनका उल्लेख हमें विभिन्न स्थानों पर मिलता है।

"तस्य संपुटिका सफल करवटिया,
समुन्दकः सलेखनीय कमषीभाजनानि।

ताड़पत्राणि, भूर्जत्वचो वा, सलोहकटकानि, तालदलानि,
सुसंपृष्टा भित्तयः सतत सिन्नहिताः स्युः ।।[१]

इसमें ताड़-पत्र, भोज-पत्र आदि पर लौह-शलाका से लिखने का उल्लेख मिलता है। योगिनी-तंत्र में इनके अतिरिक्त लेखन सामग्री के रूप में धातु का भी उल्लेख मिलता है :

"भूर्ज वा तेजपत्रे वा ताले वा ताड़ि-पत्रके ।
अगुरुणापि देवेशि ! पुस्तकं कारयेत-प्रिये ।।
सम्भवे स्वर्ण-पत्रे वा ताम्र-पत्रे च शंकरि ।
अन्य वृक्षत्वचि देवि ! तथा केतकि पत्रके ।।
मार्त्तण्डे पत्र रौप्ये वा वट-पत्र बरानने ।
अन्य पत्रे वसुदले लिखित्वा यः सममभ्यसेत् ।
सदुर्गतिमवाप्नोति धनहानिर्भवेद्ध्रुवम् ।।"

इन सामग्रियों का वर्गानुसार क्रमबद्ध विवरण निम्नांकित पंक्तियों में प्रस्तुत किया जा रहा है :

आधार सामग्री

(१) **भोजपत्र (भूर्ज त्वचा)**—हिमालय प्रदेश में यह वृक्ष बहुतायत से पाया जाता है। यह ठंढी जलवायु में उत्पन्न होने वाला वृक्ष है और लगभग १००० फीट से कम ऊँचाई में नहीं पाया जाता। इसकी भीतरी छाल को एक विशेष-विधि से तैयार करके इस पर लिखा जाता था। उस छाल के लगभग एक बालिस्त और गज भर लम्बे भाग को काट कर उन्हें मजबूत और चिकना बनाने के लिए उस पर तेल लगाया जाता था। पुनः उसे कौड़े या किसी अन्य चिकनी वस्तु से रगड़-रगड़ कर चिकना बनाते थे और उस पर लिखते थे। स्व० गौ० ही० ओझा ने उल्लेख किया है कि ये आज भी पंसारियों की दूकान पर मिलते हैं और इनको ताबिज का मन्त्र लिखने के काम में लाया जाता है। अलबेरूनी अपनी भारत यात्रा के विवरण में लिखते हैं कि उत्तरी तथा मध्य भारत के लोग "तूज" (भूर्ज) वृक्ष की छाल पर लिखते हैं और उसे भूर्ज कहते हैं।[२] इसकी पोथियाँ अलग-अलग पत्रों पर होती हैं और इनके बीच में छिद्र के लिए जगह छोड़कर इधर-उधर लिखा जाता था।

ऊपर-नीचे लकड़ी की पाटी रखकर बीच से इनका ग्रंथन होता था। परन्तु मुगल काल में कागज की पुस्तकों की भाँति इस पर जिल्द बाँधी जाने लगी।

भोज-पत्र की पुस्तकें बहुत टिकाऊ नहीं होती हैं। नमी आदि के कारण नष्ट हो जाने से इसकी बहुत प्राचीन पोथियाँ नहीं मिलती हैं। जो भी प्राचीन सामग्री प्राप्त

---

१. काव्य मीमांसा (बड़ौदा संस्करण, पृ० ५०)
२. इण्डिया (सचाऊ) १-१७१

होती है वह स्तूपों आदि में दब कर सुरक्षित बचे रहने के कारण मिलती है। इस प्रकार की सामग्री विशेषत: काश्मीर में मिली है। इनमें सबसे प्राचीन खरोष्ठी लिपि में लिखा खोतम का "धम्मपद" (प्राकृत) है जो ओझाजी के अनुसार दूसरी या तीसरी शताब्दी का होना चाहिए। जिसे मैसन महोदय ने अफगानिस्तान के स्तूपों में से ढूंढ़कर निकाला। इस प्रकार "संयुक्तागम सूत्र" तथा बख्शाली की अंकगणित की पोथी भी प्राप्त हुई। इस प्रकार से प्राप्त अन्य बहुत सी पोथियाँ पूना आदि भारतीय तथा कुछ योरोपीय हस्त-लिखित-पुस्तक-संग्रहालयों में सुरक्षित हैं। वे सभी कदाचित् बहुत बाद की पोथियाँ हैं।

(२) **ताड़-पत्र**—ये ताड़ नामक वृक्ष के पत्र (पत्ते) होते हैं। ताड़ वृक्ष विशेषत: समुद्रतटीय भागों में पाया जाता है। राजपूताना और पंजाब आदि में भी ये पाये जाते हैं किन्तु कम। उनके पत्ते चौड़े और लम्बे होते हैं जिनके बीच में नसें होती हैं। दो नसों के बीच का भाग भी पर्याप्त चौड़ा होता है। इनकी नसों की जोड़ों से एक निश्चित लम्बाई के अभीष्ट पत्रों को काट लिया जाता था। पुन: इन्हें पानी में उबाल कर या भिगो कर सुखाते थे। इनको शंख या कौड़ी अथवा चिकने पत्थर से रगड़कर चिकना करके लिखने योग्य बनाते थे। काश्मीर और पंजाब को छोड़कर इन पर लिखने का प्रचार सारे भारत में था। पं० उदयशंकर शास्त्री के अनुसार तालपत्र मुख्यतया दो प्रकार का होता था। एक राजताल दूसरा स्वरताल। यह तालपत्र जावा, सुमात्रा आदि से मँगाया जाता था। आचार्य हेमचन्द्र के लिए सिद्धराज जयसिंह ने राजताल बाहर से मँगवाया था।[१]

ये पत्र भी भोज-पत्र की भाँति कम टिकाऊ होने के कारण बहुत प्राचीन नहीं मिलते हैं। इनकी ग्रंथन विधि भी उसी प्रकार होती है जैसी भोज-पत्रों की। वैसे इन पत्रों के प्राचीन उपयोग का प्रमाण "ग्रंथ" (ग्रंथन), पन्ना (पत्र) आदि शब्द हैं और ओझा जी के अनुसार लिखना शब्द ही लिख धातु से निकला है, जिसका अर्थ कुचरना, रगड़ना या रेखा करना होता है। स्याही से लिखने के लिए तो लिप् धातु ही अधिक उपयुक्त है। इन पत्रों पर लिखावट कई प्रकार से होती रही। इन पर स्याही से साधारण ढंग से लिखा जाता था जो उत्तरी भारत में प्रचलित था अथवा लोहे की नुकीली शलाकाओं से इन पर अक्षर पहले उत्कीर्ण कर दिया जाता था और पुन: उन पर कोयला आदि के चूर्ण में कुछ मिलाकर भर दिया जाता था। यह शैली दक्षिण भारत में अधिक प्रचलित थी।

इस सामग्री का उल्लेख कई स्थानों पर मिलता है। बौद्धों की जातक कथाओं में "पण्ण" (पत्र, पन्ना, पत्ता) का उल्लेख मिलता है। ह्यूली लिखित ह्वेनसांग के जीवन चरित में पाया जाता है कि बुद्ध के निर्वाण के बाद पहला संघ जब एकत्रित हुआ था तो त्रिपिटक पहले पहल ताड़पत्रों पर ही लिखा गया था।

---

१. उदयशंकर शास्त्री : हस्तलिखित ग्रंथ और उनका उपयोग, भारतीय साहित्य, वर्ष ४ जुलाई १९५९, पृ० ११९।

स्याही से लिखे गये ताड़पत्रों का सबसे पहला उदाहरण एक पुराना त्रुटित नाटक है जो दूसरी शताब्दी ई० पू० का होगा। मि० मेकर्ट के काशगर से भेजे गये ताड़पत्रों के टुकड़े भी चौथी शताब्दी के होंगे। मध्य भारत से जापान पहुँची हुई "प्रज्ञा पारमितासूत्र" तथा "उष्णीष विजय धारिणी" नाम की दो ताड़पत्रीय बौद्ध पुस्तकें जापान के होरियूजी नामक एक मठ में सुरक्षित हैं। नेपाल के ताड़-पत्र के पुस्तक संग्रह में एक "स्कन्द पुराण" की तथा कैम्ब्रिज के संग्रह में एक "परमेश्वर तन्त्र" की प्रतियाँ सुरक्षित हैं। ग्यारहवीं शताब्दी तथा इसके पीछे की बहुत सी ऐसी पुस्तकें नेपाल, गुजरात, राजपूताना तथा योरोप के कई संग्रहों में प्राप्त होती हैं। दक्षिणी शैली की लौह शलाकाओं से उत्कीर्ण पुस्तकें १५वीं शताब्दी के पूर्व की नहीं प्राप्त हुई हैं।

(३) कागज—माना जाता है कि कागज का आविष्कार चीन में १०५ ई० के लगभग हुआ था किन्तु उसके चार साढ़े चार सौ वर्ष पूर्व सिकन्दर के साथ आये हुए निकार्अस ने लिखा है कि "भारतवासी रूई को कूट कर कागज बनाना जानते थे।" बूलर महोदय ने रूई प्रयोग के कारण इसका अभिप्राय कपड़े के पटों से लगाना चाहा, पर गौ० ही० ओझा के अनुसार यह मत भ्रमपूर्ण है क्योंकि कपड़ा कभी रूई को कूट कर नहीं बनाया जाता था और न आजकल ही ऐसा होता है। पहले जो कागज तैयार किया जाता था वह आज की भाँति अच्छा नहीं होता था। अतः एक विशेष प्रकार का लेप उस पर करके उसे सुखाया जाता था और पुनः चिकना करके लिखने का कार्य किया जाता था। भोजपत्रों एव ताड़पत्रों के अनुकरण पर दोनों ओर लकड़ी की पाटियों के बीच में रखने की प्रथा इनमें भी थी। कागज सबसे कम टिकाऊ होता है अतः इसकी पोथियाँ १३वीं शताब्दी के पूर्व की नहीं प्राप्त होतीं।

मि० बेवर को मध्य एशिया के यारकंद स्थान के पास "कुशिगर" में जमीन में गड़े भारतीय गुप्तलिपि में लिखे चार ग्रंथों की प्राप्ति हुई थी जो कदाचित् ५वीं शताब्दी के होंगे। काशगर के पास और भी संस्कृत की पुस्तकें मिली हैं जो पर्याप्त प्राचीन प्रतीत होती हैं। भारत में कागज की हस्तलिखित पुस्तकें प्रायः सभी स्थानों के हस्तलिखित पुस्तकों के संग्रहों में पर्याप्त मात्रा में मिलती हैं।

(४) कपड़ा—इसे पट भी कहते हैं। इस पर लिखते समय लेखनी आर-पार हो जाती थी। अतः इस पर लेई लगा कर, सुखा कर और घोंट कर चिकना किया जाता था। कपड़े पर लिखावट इस समय भी मिलती है। कुछ वैष्णव साधु अपने उत्तरीय पर "रामनाम" आदि लिखाये रहते हैं। यह प्रक्रिया ठप्पों के द्वारा होती है। जैन मंदिरों में कपड़ों पर रंगीन चावल से भिन्न-भिन्न मण्डलों के बनाने की प्रथा रही है और इस प्रकार के रंगीन नक्शे यहाँ पर बने हुए जैन मन्दिरों और उपासना गृहों में प्रायः मिल जाया करते हैं। ओझा जी ने उल्लेख किया है कि "सर्वतो भद्र" और "लिंगतो भद्र" आदि के नक्शे अब भी ब्राह्मणों के यहाँ पटों पर बनते हैं तथा राजपूताने के "भडली" या "गुरडे" लोग कपड़े के लम्बे-लम्बे पटों पर लिखे हुए पंचांग रखते हैं। दक्षिण में मैसूर आदि की तरफ व्यापारी लोग कपड़े पर इमली की गुठली

आदि लगा कर उसे हिसाब-किताब की बही के रूप में प्रयुक्त करते हैं। उस पर कालिख लगा कर खड़िया से लिखते थे। इस प्रकार के पत्रों की पुस्तक का कदाचित् एक ही उदाहरण प्राप्त हुआ है। पाटण (अणहिलवाड़ा) के एक जैन पुस्तक भण्डार में सोम प्रभसूरि रचित "धर्म विधि" नामक पुस्तक उदय सिंह की टीका सहित। ३" लम्बे ५" चौड़े पटों पर लिखी हुई ९३ पन्नों की मिली है जो पेटरसन को प्राप्त हुई थी। इसके अतिरिक्त बूलर को जैसलमेर में सिल्क पर लिखी हुई जैन सूत्रों की एक सूची मिली है और खरोष्ठी और ब्राह्मी में लिखित कुछ और भी सिल्क के पट विभिन्न स्थानों पर प्राप्त हुए हैं। अलबेरूनी ने लिखा था कि मैंने सुना है रेशम पर लिखी हुई काबुल के हिन्दू राजाओं की वंशावली नगरकोट के किले में विद्यमान है।

(५) **काष्ठ-पट्टिका**—पत्थर की स्लेटों के प्रचार के पूर्व प्रारम्भिक कक्षा में विद्यार्थी काठ की पट्टियां पर अक्षर ज्ञान करते थे और वह प्रथा अब भी बहुत से देहाती स्कूलों में प्रचलित है। ज्योतिषी लोग कुण्डली लकड़ी की पटरियों पर बनाते हैं। जन्म कुण्डलियाँ तथा लग्न कुण्डलियाँ लकड़ी के पाटों पर गुलाब जल आदि छिड़क कर बनाई जाती हैं और फिर उन्हें कागज पर उतारा जाता है। विनय पिटक और जातकों में भी लकड़ी के पाटों का उल्लेख है। डॉ० कात्रे ने यह भी लिखा है कि बार्निस की हुई पटरियों पर लिखी हुई पोथियाँ बर्मा में बहुत मिलती हैं और एक भारतीय पोथी जो आसाम में मिली थी आज कल बाडलियन पुस्तकालय आक्सफोर्ड के संरक्षण में है।

(६) **चमड़ा**—योरप तथा अरब आदि में लेखन-सामग्री के अभाव में चमड़े का प्रयोग बहुतायत से होता था किन्तु भारत में सामग्री की प्रचुरता तथा अति प्राचीन काल से धार्मिक दृष्टिकोण से इसका प्रायः कम ही उपयोग हुआ है।

बौद्ध ग्रंथों में चमड़ा लेखन-सामग्री में गिनाया गया है। साथ ही सुबंधु ने अपनी वासवदत्ता में आकाश के अँधेरे में तारों की उपमा स्याही से रँगे हुए चमड़े पर चन्द्रमा रूपी खड़िया से बनायी गई बिन्दियों से दिया है।

हस्तलिखित चर्मपत्र भारत में प्रायः नहीं मिलते हैं। श्री बूलर को जैसलमेर के वृहद ज्ञान कोष में पुस्तकों के साथ एक अतिरिक्त चर्मपत्र मिला जिससे अनुमान होता है कि सम्भव है उस पर कुछ लिखा रहा हो जो मिट गया हो। पिट्सबर्ग के संग्रहों में चमड़े के टुकड़ों पर भारतीय लिपि में लिखे हुए कुछ लेख हैं जो काशगर से मिले थे।[१] डॉ० कात्रे ने उल्लेख किया है कि चीनी तुर्किस्तान में सर ऑरल ने दो दर्जन खरोष्ठी लेख ढूंढ़ निकाले हैं जो चमड़े पर हैं।

(७) **पत्थर**—अब तक जितनी लेखन सामग्रियों का उल्लेख किया है वे सभी अस्थायी होती हैं। अतः किसी चिरस्मरणीय महत्त्वपूर्ण घटना को प्रस्तर शिलाओं पर उत्कीर्ण कराने का कार्य अत्यन्त प्राचीन काल से होता चला आ रहा है। इस प्रकार की लिखावट में कोई अत्यन्त महत्व की घटना लिखी जाती रही है। इन्हें "शिलालेख"

---

१. बूलर : भारतीय पुरा लिपि शास्त्र, पृ० १९५

कहते हैं। पत्थर को लेखन-सामग्री के रूप में प्रयोग करने का उदाहरण हमें अनेक चट्टानों पर खुदे लेख, स्तम्भ-मूर्ति, मूर्ति-आसन, प्रस्तर-पत्रों आदि पर लिखे हुए लेखों में प्राप्त होते हैं।

पत्थर पर लिखने की विधि अत्यन्त श्रमसाध्य थी। इस प्रयोजन के हेतु पहले पत्थर को छेनी और टांकी से खूब तरासा जाता था। इसके उपरान्त एक सुलेखक स्याही से एक-एक पंक्ति लिखता चलता और कारीगर एक-एक शब्द को खोदता चलता था। इस प्रकार के लेखों के प्रारंभ और अन्त में बहुधा कोई मंगल सूचक सांकेतिक शब्द रहता था जैसे, "ओ३म्", "स्वस्ति" "हरि ओ३म्" "स्वस्ति श्री" आदि अथवा स्वस्तिका, त्रिशूल, पुष्प या ॐ का चिह्न रहता था तथा किसी देवता के प्रति नमस्कार सूचक शब्दों का प्रयोग होता था जैसे नमः शिवाय। विराम चिह्नों के लिए इनमें एक अथवा दो खड़ी रेखाओं का प्रयोग होता था। अन्त में उसके रचयिता, संबंधित व्यक्तियों, समय, स्थान, लेखक तथा खोदने वाले का नाम दिया रहता था। मन्दिरों आदि की दीवारों पर छोटे-छोटे लेख प्राकृत, संस्कृत, कन्नड, तमिल, तेलगू आदि प्राचीन भाषाओं में प्रभूत मात्रा में मिलते हैं। पुस्तकों को चिरस्थायी बनाने के लिए कभी-कभी शिलाओं पर उत्कीर्ण करा दिया जाता था। मेवाड़ में जैन मन्दिर के पास एक चट्टान पर "उन्नत शिखर पुराण" नामक दिगम्बर जैन पुस्तक वि० सं० १२२६ में खुदवाई गई थी जो अब भी वर्तमान है। चौहान राजा विग्रह राज के "हरिकेल" नाटक की उत्कीर्ण दो शिलाओं तथा सोमेश्वर विरचित "ललित विग्रह" नाटक के दो शिलाखण्ड तथा चौहानों के किसी ऐतिहासिक काव्य की पहली शिला इस समय भी अजमेर के राजपूताना म्युजियम में है। प्रिंस आफ वेल्स म्युनियम बम्बई में रोडा कविकृत "राउरबेल" नामक रचना संपूर्ण शिलांकित रूप में सुरक्षित है जो ग्यारहवीं-बारहवीं शती की पुरानी कोशली में है। अकीक, स्फटिक आदि बहुमूल्य पत्थरों पर भी उत्कीर्ण छोटे-छोटे लेख प्राप्त हुए हैं। सबसे प्राचीन प्राप्त शिलालेखों में एक अजमेर जिले के बड़ली (बर्ली नामक ग्राम में और दूसरी नेपाल की तराई में पिप्रावा नामक स्थान में मिले हैं। डॉ० बूलर तथा गौ० ही० ओझा जी के अनुसार ये अशोक से पूर्व के हैं।[1] इसके बाद के तो अशोक के समय के बहुत से शिलालेख उपलब्ध हैं।

(८) **ईंट**—ईंटों का भी प्रयोग अत्यन्त प्राचीन काल से लेखन सामग्री के रूप में मिलता है। मिट्टी की ईंटों पर लेख उत्कीर्ण करके उसे सुखाते थे और इसके बाद उसे आँवें में पकाते थे। बौद्धकाल में इस प्रकार की ईंटों का प्रयोग बहुतायत से होता था। बौद्ध अपने धर्म सम्बन्धित सूत्रों के प्रचार-हेतु पत्थर की ही भाँति ईंटों का भी प्रयोग करते थे। कभी-कभी लेख का क्रम एक से अधिक ईंटों पर चला जाता था। वे ईंटें दीवाल में इस भाँति लगाई जाती थीं कि अभिप्रेत लेख पूर्णतया पढ़ा जा सके। मथुरा म्युजियम में कई बड़े-बड़े ईंटों के टुकड़े रखे हैं जिन पर एक-एक पंक्ति खुदी हुई

---

१. गौ० ही० ओझा : प्राचीन भारतीय लिपि माला, पृ० २, ३।

है । कदाचित् ये ईंटें दीवाल में लगाने के हेतु ही तैयार की गई रही होंगी । गोरखपुर के गोपाल गाँव से ३ अखंडित ईंटें और कुछ टुकड़े मिले हैं जिन पर दोनों ओर बौद्ध सूत्र खुदे है । आजमगढ़ में राहुल सांकृत्यायन को अपनी सन् १९५७ की पुरातात्विक यात्रा में गुप्तकाल तथा समकालीन बहुत सी ईंटें प्राप्त हुई थी जो यहाँ के स्थानीय हरिऔध-कला-भवन में संग्रहीत हैं ।

ईंटों के अतिरिक्त कभी-कभी मिट्टी के बर्तनों पर तथा मिट्टी की टिकिया पर भी लेख खुदाये जाते थे या मुद्रायें लगाई जाती थीं । पुरुषों की मुद्राओं के अतिरिक्त कितनी ही टिकिया पर बोद्धों के धर्म मन्त्र "ये धर्म हेतु प्रभवा" की मुद्राएँ लगी हुई मिलती हैं । मिट्टी की छोटी-छोटी टिकिया, जिन पर मुद्राएँ लगी हुई हैं, बहुत अधिक संख्या में प्रयाग के संग्रहालय में सुरक्षित रखा हुई हैं ।

(९) **सोना**—अत्यन्त मूल्यवान होने के कारण सामान्य रूप से सोने का प्रयोग लेखन-सामग्री के रूप में होना असंभव था । किन्तु राजकीय लेखों का उन पर खुदना पुराने समय में सामान्य था । बौद्धों की जातक-कथाओं में कुटुम्ब संबंधी आवश्यक विषयों, राजकीय आदेशों तथा धर्म-नियमों के स्वर्ण पत्रों पर खुदने का उल्लेख मिलता है । तक्षशिला के गंगू नामक स्तूप से खरोष्ठी लिपि में एक सुवर्ण-पत्र जनरल कनिंघम को प्राप्त हुआ था । बर्मा के प्रोम जिले के एक ग्राम के पास दो सोने में खुदे हुए पत्र मिले हैं । उनमें से प्रत्येक के आरंभ में "ये धर्म हेतु प्रभवा" श्लोक और उसके पीछे पाली भाषा का गद्य है ।

(१०) **चाँदी**—सुवर्ण की भाँति चाँदी के पत्रों पर भी कभी-कभी लेख खुदाये जाते थे किन्तु यह लेखन-सामग्री के रूप में सोने से कम प्रचलित थी । ऐसा एक पत्र भट्टि पोलू के स्तूप से तथा दूसरा तक्षशिला से मिला है । जैन मन्दिरों में चाँदी के गट्ठे और यंत्र मिलते हैं ।

(११) **ताँबा**—लेखन-सामग्री के रूप में प्रचलित धातुओं में ताँबा सर्वाधिक महत्त्वपूर्ण स्थान रखता है । राजाओं तथा सामन्तों के द्वारा मन्दिर, मठ, ब्राह्मण, साधु आदि को दिये हुए दान के प्रमाण-पत्र ताँबे पर खुदवा कर दिये जाते थे । जिन्हें दान-पत्र, ताम्र-पत्र, ताम्र-शासन या शासन-पत्र कहते हैं । इनकी रचना राजा के मंत्री आदि स्वयं करते थे । पुनः सुलेखक उसे ताम्र-पत्रों पर स्याही से लिखते थे और तब सुनार या ठठेरा उन लिखे हुए अक्षरों को उत्कीर्ण करता था । किन्हीं-किन्हीं दान-पत्रों पर अक्षर इतने पतले हैं कि वे स्याही से लिखे गए होंगे, यह असंभव प्रतीत होता है । उत्तर में दान-पत्र प्रायः एक या दो पत्रों में मिलते हैं परन्तु दक्षिण में वे कई-कई पत्रों के भी मिलते हैं । जिनमें एक कोने पर छेद करके ताँबे की कड़ी डाल देते थे । कड़ी के जोड़ पर राजमुहर लगाई जाती थी । एक पत्र के खुदे हुए दान-पत्र पर साधारणतया बाईं ओर राज-मुद्रा जुड़ी हुई मिलती है जो अलग ढाल कर बनाई जाती थी । कितने ही दान-पत्रों के अंत में राजाओं के हस्ताक्षर खुदे हुए मिलते हैं । कभी-कभी ताँबे के पत्रों पर लिखी हुई पुस्तकें भी मिलती हैं । मद्रास के त्रिपती नामक स्थान में ताँबे के पत्रों

पर खुदी हुई तेलगू पुस्तकें मिली हैं। अन्य उदाहरणों के अतिरिक्त मैक्समूलर के अनुसार कदाचित् सायण के वेद-भाष्य भी ताँबे के पत्रों पर खुदवाये गये थे।

(१२) **पीतल**—जैन मन्दिरों में पीतल की बनी हुई मूर्तियाँ मिली हैं जिनके आसनों तथा पीठ पर लेख खुदे मिले हैं। ऐसी खुदी हुई एक हजार से अधिक मूर्तियाँ ओझा जी को देखने को मिलीं, जिन पर ७वीं से १६वीं शताब्दी तक के लेख हैं। इनके अतिरिक्त मन्दिरों में पीतल के गोल गट्ठे भी मिले हैं जिन पर "नमोकार" मंत्र या यंत्र खुदे हैं।

(१३) **काँसा और लोहा**—कई मन्दिरों में काँसा के घण्टों पर इनके भेंट करने वालों का नाम खुदा हुआ मिला है। दिल्ली के (मिहरौली) के कुतुबमीनार के पास लोह-स्तम्भ पर राजा चन्द्र का लेख खुदा है जो पाँचवीं शताब्दी का है। बाबू के अचलेश्वर के मन्दिर में खड़े हुए लोहे के विशाल त्रिशूल पर सं० १४६८ का खुदा हुआ लेख है। इसके अतिरिक्त चित्तौड़ आदि कई स्थानों में लोहे की तोपों पर लेख खुदे हुए प्राप्त हुए हैं।

इस प्रकार आधार के रूप में प्रयोग आने वाली उन सभी सामग्रियों का ज्ञान हमें हो जाता है जिनका प्रयोग थोड़ा या अधिक रूप से हुआ। इन सामग्रियों में प्राचीन समय में ताड़पत्र आदि का तथा आधुनिक समय में कागज का विशेष महत्त्व रहा है। लेखन-सामग्री के प्रयोग ने विभिन्न कालों की लिपि के विशेष रूप को स्थिर करने में सहायता पहुँचाई है। त्रिकोण लिपि के विकास का कारण लोह शलाकाओं द्वारा पत्रों पर लिखना था क्योंकि उन पर त्रिकोण के रूप ही लिखना सुविधाजनक था। पुनः धीरे-धीरे कागज के बहु-प्रचलन द्वारा गोल आकृति वाले वर्णों को रूप मिला होगा।

साधन-सामग्री

(अ) **लेखनी**—प्राचीन समय से ही लकड़ी की गोल मुँह की तीखी कलम लकड़ी के पाटों पर लिखने के काम आती रही है। स्याही से लिखने के काम में बाँस या नर-कट की कलमें काम में आती रही हैं। अजंता की गुफा में रंगों से लिखे लेख महीन बालों की वर्तिका से लिखे गये होंगे। दक्षिण शैली के ताड़-पत्रों पर अक्षर उत्कीर्ण करने के लिए तीक्ष्ण मुँह की लौह शलाकाओं का प्रयोग किया जाता रहा है। पत्रों पर लिखने के परकारों का भी प्रयोग होता रहा होगा। आज भी ज्योतिषी वर्ष फल निकालने या कुण्डलियाँ बनाने में इस प्रकार के सामानों को प्रयोग में लाते हैं। प्राचीन हस्तलिखित पुस्तकों के अन्त में बने हुए कलम, जो कभी-कभी मिलते हैं, इतने बारीक हैं कि अनुमानतः वे इसी प्रकार के परकारों से बने होंगे।

(ब) **रेखा पट्टी**—पुस्तकों के पत्रों पर लकीर खींचने के लिए रेखापट्टी का प्रयोग होता रहा है। यह लकड़ी में डोरे लगाकर बनाई जाती थी।

(स) **रूल**—लकड़ी के सुडौल रूलों से भी रेखा खींचने का कार्य लिया जाता रहा है। किन्तु इन सामग्रियों का पाठालोचन की दृष्टि से बहुत महत्त्व नहीं है।

(द) स्याही---पुराने समय में प्रायः तीन प्रकार की स्याही प्रयोग में लायी जाती थी।

(१) काली स्याही---काली स्याही भी दो प्रकार की होती थी। एक पक्की और दूसरी कच्ची। इन स्याहियों के निर्माण की विशिष्ट विधियाँ भी प्रचलित थीं। भोजपत्र पर लिखने की तथा कागज पर लिखने की स्याहियाँ भिन्न-भिन्न ढंग से तैयार की जाती थीं। काली स्याही से लिखे हुए सबसे पुराने अक्षर ई० पू० तीसरी शताब्दी के मिले हैं।

(२) रंगीन स्याही---रंगीन स्याहियों में प्रमुख स्थान लाल स्याही है। यह या तो अलता की या हिंगलू की बनती थी। इसका प्रयोग साधारणतया वेदादि में स्वराघात संकेतों के लिए या हासिए की पंक्ति-सूचना के लिये तथा कभी-कभी अन्त में भगवद् सम्बन्धी शब्दों के अंकित करने में होता था।

इसके अतिरिक्त सूखे हरे रंग से हरी, हरताल से पीली और जंगाल से जंगाली स्याहियाँ भी बनाई तथा प्रयोग में लायी जाती थीं।

हरताल का प्रयोग लिखे हुए शब्दों को मिटाने में भी होता था। भूल से हस्तलेख में कोई दूसरा शब्द लिख जाने पर उस पर पीले रंग का एक द्रव जिसे हरताल कहते हैं, पोत दिया जाता था। सूखने पर पहले का लिखा शब्द नहीं पढ़ा जाता था। उसी के ऊपर दूसरा शब्द भी लिखा जाता था।

(३) सोने और चाँदी की स्याही---सुनहली या रूपहली स्याहियों का प्रयोग बहुधा चित्रकार लोग ही करते थे। पर कभी-कभी श्रेष्ठ जन भी इनको विशिष्ट प्रयोजन से प्रयोग में लाते थे।

ऊपर जिन लेखन-सामग्रियों का उल्लेख हुआ है, उनका ज्ञान और ऐतिहासिक विकास पाठालोचक को जानना चाहिए। यदि वह इन लेखन-सामाग्रयों से तैयार की गई किसी प्रति की परीक्षा करने बैठता है तो उसे यह जानना अनिवार्य होता है कि ये सामग्रियाँ किस काल में प्रयोग होती थीं और उनमें भी यह विशिष्ट सामग्री किस निश्चित काल-अवधि में पड़ती है। इस प्रकार इनके सम्यक् ज्ञान से पाठालोचन के कार्य में पर्याप्त सुविधा मिल जाती है।

हिन्दी पाठ-सम्पादन का संक्षिप्त इतिहास

प्राचीन हस्तलिखित ग्रन्थों का अनुशीलन करने से यह विदित होता है कि मुद्रण-कला के आविष्कार के पूर्व भी एकाधिक स्रोतों से प्राप्त प्रतिलिपियों के आधार पर सम्पादन कार्य होता था, किन्तु वह विभिन्न पाठों के बीच एक समझौता मात्र था। मुद्रण के आविष्कार के साथ यह कार्य प्राचीन ग्रन्थों से मुद्रण के रूप में चला। आगे चलकर डॉ० सर जार्ज ग्रियर्सन के समय से इस कार्य को एक विशेष गति मिली। उस समय संपादन की जो दिशा निर्धारित हुई, वह वर्तमान काल की सीमा का स्पर्श करती है। धीरे-धीरे सम्पादन-सिद्धान्तों का शास्त्रीय अध्ययन होने लगा। इस प्रकार हम हिन्दी पाठ-सम्पादन के इतिहास को प्रारंभ से लेकर अब तक पाँच कालों में विभक्त कर सकते हैं :

(१) मुद्रण पूर्व-काल	(सन् १८०० ई० के पूर्व)
(२) प्रारम्भिक मुद्रण-काल	(सन् १८०० ई०—१८८८ ई०)
(३) ग्रियर्सन-काल	(सन् १८८८ ई०—१९१० ई०)
(४) ग्रियर्सनोत्तर-काल	(सन् १९१० ई०—१९४१ ई०)
(५) वर्तमान-काल	(सन् १९४२ ई० के बाद)

मुद्रण पूर्व-काल (१८०० ई० के पूर्व)—जब लोगों को मुद्रण कला का ज्ञान नहीं था तो मूल रचना की कई प्रतिलिपियाँ हाथ से की जाती थीं। उन प्रतियों की अग्रगामी परम्परा से ही किसी ग्रंथ का अस्तित्व सुरक्षित रहता था। काल-व्यवधान में रचना की मूल प्रति ही नहीं प्रत्युत उसकी समीपवर्ती पीढ़ी की प्रतिलिपियाँ भी समाप्त हो जाती थीं। जो प्रतियाँ उस रचना की मिलतीं, उनमें परस्पर इतना पाठ-भेद होता कि यह कहना कठिन हो जाता कि इनमें से मूलपाठ कौन-सा रहा होगा ? ऐसी स्थिति में रचनाकार के मूलपाठ के अनुसंधान हेतु पाठ-संपादन की आवश्यकता हुई।

मुद्रण-कला के आविष्कार के पूर्व भी यह स्थिति लोगों के सामने आई और कुछ जिज्ञासुओं ने इस बात के लिए प्रयत्न भी किया कि रचनाओं के मूल-पाठ को पुनर्निमित किया जाय। इस प्रकार के प्रयासों का कोई क्रमबद्ध विवरण नहीं प्राप्त है, फिर भी विभिन्न रचनाओं की हस्तलिखित प्रतियों में प्राप्त उल्लेखों से इस बात की पुष्टि होती है कि संपादन का प्रयास बहुत पहले से लोगों ने प्रारंभ कर दिया था। इस प्रकार के कुछ रोचक उदाहरण यहाँ प्रस्तुत किये जाएँगे।

पृथ्वीराज रासो की हस्तलिखित प्रतियों ये चार संस्करण उपलब्ध हैं—(१)

बृहद (१०५०० छंद) (२) मध्यम (३३०० छंद) (३) लघु (११०० छंद) (४) लघुतर (४५० छंद)। इन चार संस्करणों की प्रतियों में लघुतर पाठ की प्रतियाँ प्राचीनतम हैं। और उत्तरोत्तर बृहद् पाठ की प्रतियाँ नवीनतर होती गई हैं। इस प्रकार साधारणतः यह अनुमान किया जा सकता है कि लघुतर पाठ की प्रतियाँ मूल पाठ के अत्यधिक निकट होंगी। छंदों की वृद्धि होते जाने के अनेक कारणों में से एक कारण यह है कि अनेक परम्पराओं से प्राप्त प्रतियों को एकत्र करके जब पाठ के पुनर्निर्माण का प्रयास किया गया होगा तो प्रत्येक शाखा के प्रक्षिप्त छन्द नवीन होने के कारण उसमें समाविष्ट हो गए होंगे। बृहद् संस्करण का एक इसी प्रकार का संपादन कदाचित् अमरसिंह के समय में हुआ था। इसके पूर्व भी इस प्रकार के प्रयास हुए थे। बृहद् पाठ की एक प्रति में एक कक्का कवि का नाम आता है जिन्होंने पृथ्वीराज रासो के बिखरे हुए छन्दों का संकलन किया था। इस प्रकार का एक प्रयास कक्का कवि के पूर्व भी चन्द्र सिंह या चन्द्रनन्द नामक व्यक्ति ने किया था। यह इसके बृहद् और लघु पाठ की प्रतियों के एक छन्द से ज्ञात होता है। इस बात से भी यह प्रमाणित है कि बृहद् तथा मध्यम पाठ में भी भिन्न-भिन्न प्रतियों के कुछ छन्द दो बार दो स्थानों पर आ गये हैं।

इसके अतिरिक्त प्राचीन प्रतियों में भी कभी-कभी जब प्रतिलिपिकार के सम्मुख दो भिन्न पाठ मिलते तो वह उनमें से उपयुक्त लगने वाले पाठ को ग्रहण कर लेता है और अन्य पाठ को पाठान्तर करके दे देता है। रासो के लघुतर संस्करण की एक प्रति में 'अउर पाठान्तर' लिख कर पाठान्तर भी दिये हैं। मध्यम पाठ की एक प्रति में भी पाठान्तर दिया हुआ है। पृथ्वीराज रासो की भाँति ही बीसलदेव रासो की प्रतियों में भी एक ही छंद एक ही प्रति में दुहरा कर आ गये हैं। यथा डॉ० माता प्रसाद गुप्त संपादित बीसलदेव रासो का १२५ वाँ छंद :

टसकला मुसकला मोनइ न सुहाइ।

डॉ० गुप्त के द्वारा संकेतित म, न, अ नामक तीन हस्तलिखित प्रतियों में क्रमशः म० १६२, न० २७२।१, अ ३०२ संख्याओं पर यह छंद आया है, पर उन्हीं प्रतियों में यह छंद अन्य स्थानों (म७०, न १०६, अ११२) पर भी आया है।[1] इस प्रवृति के मूल में सम्पादन का ही प्रयास है।

इस प्रवृति के अतिरिक्त भी कुछ अन्य प्रवृत्तियाँ प्राचीन प्रतियों में मिलती हैं, जो एक प्रकार से सम्पादन के प्रयास का संकेत करती हैं। बिहारी सतसई की जितनी प्रतियाँ प्राप्त हैं, उन्हें चौदह क्रमों में सजाया गया है। वस्तुतः बिहारी ने इन दोहों को भिन्न-भिन्न अवसरों पर कहा होगा। उनका इन्हें किसी क्रम से सजाने का उद्देश्य नहीं था, किन्तु उनमें एक विशेष चमत्कार लाने के लिए विभिन्न व्यक्तियों ने उनके क्रम निर्धारित किये। यह क्रम-निर्धारण भी पृथ्वीराज रासो के छन्दों के संकलन के प्रयास के समान है।

---

१. बीसल देव रास, (भू०) पृ० २६।

इसी प्रकार कबीर की एक विशिष्ट शाखा की प्रतियों में अंगों के नाम से शीर्षक देने की प्रवृत्ति, जायसी के पद्मावत की प्रतियों में पाठान्तर देने की प्रवृत्ति, चतुर्भुजदास की मधुमालती में, जो शुद्ध प्रभाख्यानक काव्य है, वैष्णव सिद्धान्तों की कलई करने की प्रवृत्ति आदि भी सम्पादन के प्रयासों के अन्तर्गत ही आती है। इसी प्रकार के सम्पादन के प्रयासों का उल्लेख पं० विश्वनाथ प्रसाद मिश्र ने केशव की रचनाओं के सम्बन्ध में किया है : 'प्राचीन हस्तलेख जब किसी दरबार में प्रतिलिपि के लिए पहुँचते थे तो उनका सम्पादन वहाँ के राजकवि करते थे। वे पाठ में संशोधन ही नहीं करते थे कभी-कभी त्रुटि की पूर्ति भी किया करते थे। त्रुटि की पूर्ति उसी कवि के छन्द से भी की जाती थी और कभी-कभी कवि के नाम पर स्वयम् रचना कर भी रख दी जाती थी। इसलिए केशव के हस्तलेखों में दूसरों की रचना के मिश्रण की भी सम्भावना है विशेष रूप से परवर्ती काल के हस्तलेखों में।''[१]

इस प्रकार के सम्पादनों में जहाँ कई प्रतियों के आधार पर छन्द-संकलन के रूप में संपादन हुआ है, वहाँ पर केवल पाठ-मिश्रण हुआ है। ये प्रयास अधिकतर राजाओं द्वारा संचालित होते थे जो उनकी मनःतुष्टि के लिए होते थे। अतः इस प्रकार के पाठ तैयार करने में साहित्यिक रसास्वाद का तत्व ही अन्तर्निहित होता था, कोई शुद्ध साहित्यिक दृष्टि से रचयिता के मूलपाठ का अन्वेषण नहीं। अतः जो भी पाठ प्रसंगानुकूल एवं अच्छे लगते थे, उन्हें मनमाने ढंग से ले लिया जाता था। इसके अन्तर्गत एक अनावश्यक प्रलोभन की प्रवृत्ति भी कार्य करती रही होगी कि इतने अच्छे पाठों को कविकृत न मानकर छोड़ना ठीक नहीं। अतः लेखक या कवि के नाम पर मिलने वाली समग्र सामग्री को अंगीकृत कर लिया जाता था। उसमें इस विवेक के लिए स्थान ही नहीं था कि ये रचनाएँ कवि-कृत या लेखक-कृत हो सकती हैं या नहीं। अतएव ये सम्पादन के प्रयास महत्व के नहीं थे।

प्रारम्भिक मुद्रण काल (१८०० ई०—१८८८ ई०)—भारत में मुद्रण का प्रारम्भ उन्नीसवीं शताब्दी के पूर्वार्द्ध में हो हो जाता है, किन्तु प्रारम्भ में न उनके द्वारा कोई महत्वपूर्ण कार्य ही हुआ और न उनका उतना व्यापक प्रचार ही हुआ। उत्तरार्द्ध में ईसाई धर्म की पुस्तकें तथा पाठ्य पुस्तकें छपने लगीं। अभी तक लोगों का ध्यान प्राचीन लेखकों एवं कवियों की हस्तलिखित पोथियों के प्रकाशन की ओर नहीं गया था। परन्तु इसी समय बालकृष्ण भट्ट, प्रताप-नारायण मिश्र एवं भारतेन्दु हरिश्चन्द्र जैसी प्रतिभाएँ हिन्दी में चमकीं और हिन्दी की श्रेष्ठ पत्रिकाओं का प्रकाशन प्रारम्भ हुआ। प्रदीप, भारतमित्र, हरिश्चन्द्र मैगजीन आदि के नाम उल्लेखनीय हैं। इस साहित्यिक पुनर्जागरण से तथा जन-सामान्य में जागृति की लहर उत्पन्न होने से लोगों का ध्यान अपनी प्राचीन साहित्यिक सामग्री की ओर गया। परिणाम-स्वरूप, प्राचीन ग्रंथों का भी प्रकाशन प्रारम्भ हुआ। परन्तु इस समय केवल विशेष लोकप्रिय ग्रंथों का प्रकाशन हुआ यथा

---

१. केशव-ग्रन्थावली, (सम्पादकीय) पृ० ६।

रामचरित मानस, प्रेमसागर आदि।

इस काल में प्राचीन साहित्य के मुद्रण का कार्य कुछ विशिष्ट मुद्रणालयों ने किया जिनका नाम हिन्दी साहित्य के इतिहास के पन्नों पर सदैव अंकित रहेगा। इनमें प्रमुख ये हैं—भारत जीवन प्रेस, काशी, खड्गगविलास प्रेस, बांकीपुर (पटना); बंगवासी प्रेस, कलकत्ता; वैंकटेश्वर प्रेस, बम्बई; वेल्वेडियर प्रेस, प्रयाग; नवलकिशोर प्रेस लखनऊ आदि। इस काल में मुद्रित प्राचीन पोथियों का संपादन की दृष्टि से महत्व नहीं है, प्रमुख लेखकों की रचनाएं जो इस काल में छपीं, उन्हें परिशिष्ट में संलग्न सूची में देखा जा सकता है।

इस समय जो कुछ कार्य हुआ उसमें हस्तलिखित ग्रंथों को मुद्रित रूप में परिवर्तित कर देने के अतिरिक्त प्रायः कुछ भी नहीं हुआ। जिन ग्रंथों को एक ही प्रति के आधार पर केवल छाप दिया गया, उनका तो कम से कम इतना महत्व है कि वे एक शाखा का शुद्ध-पाठ सुरक्षित रखते हैं। परन्तु जिन ग्रंथों के संपादन में एकाधिक शाखाओं की प्रतियों का उपयोग किया गया उनका संपादन की दृष्टि से महत्त्व नहीं है क्योंकि उनमें संपादन सिद्धान्तों के ज्ञान के अभाव में पाठ-मिश्रण ही हुआ है। इस काल के संपादित संस्करणों में पाठान्तर देने की भी प्रवृत्ति नहीं देखी जाती, ताकि सभी शाखाओं के पाठ उनमें सुरक्षित हों और परवर्ती संपादकों को उससे सहायता प्राप्त हो सके। इस कोटि के ग्रंथों की केवल इतनी ही उपयोगिता रही कि उस समय जब अपना प्राचीन साहित्य लोगों को देखने को नहीं मिलता था, वह किसी रूप में लोगों के सामने आ सका। इस काल में दो-तीन महत्त्वपूर्ण प्रकाशन हुए—

(१) **पृथ्वीराज रासो**—इसका प्रकाशन सन् १८८३ में रायल एशियाटिक सोसाइटी आफ बंगाल के द्वारा प्रारम्भ हुआ था परन्तु बीच में ही १८८६ ई० में 'पृथ्वीराज विजय' की एक प्रति प्राप्त हो जाने से यह कार्य स्थगित कर दिया गया; क्योंकि जहाँ पृथ्वीराज रासो की तिथियाँ और घटनाएं इतिहास विरुद्ध पड़ती थीं, 'विजय' की इतिहासानुमोदित थीं अतः रासो को जाली ग्रंथ मान लिया गया। सन् १९०५ में यह कार्य पुनः डॉ० श्यामसुन्दर दास के संपादन में नागरी प्रचारिणी सभा; काशी द्वार पूर्ण हुआ।

(२) **पद्मावत**—पद्मावत के दो सम्पादित संस्करण इस समय प्रकाश में आये। पहला नवल किशोर प्रेस लखनऊ से प्रकाशित १८८१ ई० में सम्मुख आया और दूसरा रामजसन मिश्र द्वारा सम्पादित चन्द्रप्रभा प्रेस, काशी से प्रकाशित सन् १८८४ में सम्मुख आया।

ग्रियर्सन-काल (१८८८ ई० से १९१० ई०)—इस काल में ग्रियर्सन के बाद का भी अधिकांश समय ले लिया गया है, क्योंकि ग्रियर्सन ने सम्पादन का जो दिशा-निर्देश किया था, वह परवर्ती काल में कोई विशेष आगे नहीं बढ़ा। पं० रामचन्द्र शुक्ल आदि ने जो सम्पादन कार्य किया, उसमें ग्रियर्सन के कार्यों का ही आधार ग्रहण किया गया था। जहाँ कहीं स्वतन्त्र पग बढ़ाये गये हैं, वहाँ भी मूल-पाठ का संधान प्रायः नहीं हो

सका। अतः ग्रियर्सन ने जो रूप सम्पादन का अग्रसर किया था, उसका प्रभाव १६४२ ई० तक के सम्पादनों पर देखा जाता है। पर इस काल-सीमा में सन् १६१० तक को रखा गया है।

इस समय तक प्राचीन-साहित्य अत्यन्त तीव्र गति से लोगों के सम्मुख मुद्रित रूप में आने लगा। विभिन्न व्यक्तिगत संस्थाओं के अतिरिक्त इस समय नागरी प्रचारिणी सभा, हिन्दुस्तानी एकेडमी, हिन्दी साहित्य सम्मेलन तथा हिन्दी परिषद, प्रयाग विश्व-विद्यालय आदि साहित्यिक संस्थाओं ने सम्पादन की ओर ध्यान दिया। अनेक महत्त्व के प्राचीन ग्रंथों का सम्पादन इस काल में हुआ। इस काल के प्रारम्भ में ही जो तीन व्यक्ति हमारा ध्यान अपनी ओर आकृष्ट करते हैं, वे हैं (१) श्री भागवत दास छत्री (२) डॉ० जार्ज अब्राहम ग्रियर्सन तथा (३) लाला भगवान दीन।

भागवतदास छत्री काशी के मुहल्ला छोटी पियरी के रहने वाले थे और राम-चरितमानस के पाठ के अब तक के सभी छपे संस्करणों तथा महत्वपूर्ण हस्तलिखित प्रतियों के आधार पर उन्होंने मानस का अपना एक संस्करण १८८५ ई० में सरस्वती मंत्रालय काशी से प्रकाशित कराया। इन्होंने मानस की विभिन्न हस्तलिखित प्रतियों में मिलने वाले पाठों का एक तुलनात्मक पाठ भी प्रस्तुत किया अब तक प्रकाशित संस्करणों में भागवत दास जी का संस्करण सबसे शुद्ध और प्रामाणिक पाठ वाला संस्करण था और इसके बहुत से संस्करण प्रकाशित हुए।

भागवतदास जी ने सर्वप्रथम हिन्दी पाठानुसंधान के क्षेत्र में वैज्ञानिक दृष्टि का उन्मेष किया। उन्होंने अपने पाठ को पूर्णतः प्राचीन हस्तलिखित प्रतियों पर आधारित रखा और एक शब्द का पाठ भी उन्होंने बिना प्रतियों के साक्ष्य के सुधार नहीं किया। अपने मूल पाठ के साथ प्रामाणिकता पूर्वक उन्होंने अन्य प्रतियों का पाठान्तर भी किया। इनके मानस के पाठ की महत्ता को उस युग में इतनी स्वीकृति मिली कि इसके आधार पर कई मुद्रणालयों ने मानस के गुटके और बृहद् आकार के संस्करण छापे। निःसन्देह इनका कार्य मानस के पाठ के क्षेत्र में ही नहीं प्रत्युत हिन्दी पाठानुसंधान के क्षेत्र में एक दिशा-दर्शक कार्य था।

भागवतदास के कार्य की ही भाँति पाठ के क्षेत्र में, दूसरे महत्वपूर्ण व्यक्ति ग्रियर्सन थे। डॉ० ग्रियर्सन अंग्रेज थे और उनका परिचय भारतीय भाषाओं से कम था। परन्तु भारतीय ज्ञान के प्रति जिज्ञासा होने के कारण उन्होंने यहाँ पर भारतीय भाषाओं का अध्ययन किया और उसके लिए जिन सामग्रियों का दान दिया, वे अमूल्य हैं। उनके अन्य कार्य यथा 'हिन्दी साहित्य का इतिहास', 'भाषा-सर्वेक्षण' आदि तो अंग्रेजी के माध्यम से हुए। परन्तु सम्पादन में भूमिकाओं को छोड़कर मूल पाठ हिन्दी में देना ही आवश्यक था। इस दृष्टि से वे पं० सुधाकर द्विवेदी से अपने सम्पादनों में सहायता लेते रहे।

सन् १८८८ में उन्होंने बिहारी-सतसई का सम्पादन किया जो रायल एशियाटिक सोसाइटी आफ बंगाल से प्रकाशित हुई। इस ग्रंथ के सम्पादन में उन्होंने हस्तलिखित

ग्रंथों की सहायता न ली प्रत्युत लल्लूलाल द्वारा तैयार की गयी "लाल चन्द्रिका" के आधार पर इस ग्रंथ का सम्पादन किया गया। लल्लूलाल जी की लालचन्द्रिका 'बिहारी सतसई' की आजमशाही-क्रम से सजे हुए दोहों की प्रतियों के आधार पर तैयार की गयी थी। इस क्रम को आजमगढ़ के हरजू मिश्र नामक कवि ने आजमगढ़ाधीश आजमखाँ या आजमशाह के लिए तैयार किया था।'[1]

इन्होंने सन् १८८९ में दूसरा सम्पादन "रामचरित मानस" का "मानस रामायण" नाम से किया जो खड्ग विलास प्रेस, बांकीपुर से प्रकाशित हुआ था। बिहारी-सतसई के सम्पादन की ही भाँति मानस के भी सम्पादन में बड़ा श्रम किया। श्री शंभुनारायण चौबे ने इसके संस्करण की बड़ी सराहना की है।

इनका तीसरा और प्रमुख कार्य "पदुमावती" का सम्पादन था, जिसे इन्होंने पं० सुधाकर द्विवेदी के साथ सम्पन्न किया। पर यह पूर्ण नहीं है। सूली खंड तक ही है। यह सन् १९१० में रायल एशियाटिक सोसाइटी आफ बंगाल से प्रकाशित होना प्रारम्भ हुआ। इसकी भूमिका में ग्रियर्सन साहब ने अपने सम्पादन-सिद्धान्तों का उल्लेख किया है जिनका अनुगमन उन्होंने किया—(१) एक विशिष्ट प्रति का आधार-ग्रहण करना जो उन्हें सर्वाधिक प्रामाणिक और मूल के निकटतम प्रतीत हुई। (२) सभी प्राप्त प्रतियों में जो पाठ बहुतों में हो उन्हें स्वीकार करना। इसके साथ ही ग्रियर्सन ने अवधी भाषा की ग्राम्य प्रकृति का गहन अध्ययन करके उसकी विशेषताओं का "पदुमावती" के पाठ-निर्धारण में बराबर ध्यान रखा। यह सम्पादन रचना के तृतीयांश तक ही होकर रुक गया और ग्रियर्सन के असामयिक निधन के कारण यह आगे पूरा भी नहीं हो सका, पर ग्रियर्सन ने विभिन्न प्रतियों के पाठों के विनियोग से तथा पाठान्तरों पर अपनी तर्कपूर्ण विवेचनात्मक टिप्पणी देते हुए जैसा कार्य किया वैसा अब तक हिन्दी के क्षेत्र में किसी रचना के सम्बन्ध में नहीं हुआ था।

उनके द्वारा प्रस्तुत पाठ भी बहुत ही साफ-सुथरे और जायसी के मूल पाठ एवं जायसी द्वारा प्रयुक्त अवधी के सर्वाधिक निकट था। बाद में पं० रामचन्द्र शुक्ल ने ग्रियर्सन के पाठ की बड़ी भर्त्सना की पर ग्रियसन की ही भाँति अथक परिश्रम करके डॉ० माता प्रसाद गुप्त ने जब अपना पाठ प्रस्तुत किया तो उन्हें ग्रियर्सन के पाठ की सराहना करनी पड़ी, यद्यपि उनकी पद्धति को वे अवैज्ञानिक मानते थे। उस समय उपलब्ध "पदुमावती" की प्रतियाँ और पाठ-सम्पादन के विषय की अज्ञानता को दृष्टि में रखते हुए यह निसन्देह कहा जा सकता है कि ग्रियर्सन ने ही वास्तव में हिन्दी में आधुनिक ढंग के पाठ-सम्पादन की दिशा प्रशस्त की, जिसे और भी आगे डॉ० माता प्रसाद गुप्त आदि ने बढ़ाया। ग्रियर्सन ने "पदुमावति" के पाठ को इस नाते भी अधिक महत्व दिया कि हिन्दी में हस्तलिखित प्रतियों के माध्यम से हिन्दी का प्राचीनतम रूप इसी में सुरक्षित है। इसके अध्ययन द्वारा हिन्दी की एक प्राचीन बोली अवधी का

१. कविवर बिहारी—जगन्नाथ दास रत्नाकर।

पुराना रूप सामने आ सका।

लाला भगवान दीन एक सरस साहित्यकार और मर्मज्ञ समालोचक थे। लालाजी ने १९२१ ई० में "बिहारी-बोधिनी" नाम से बिहारी-सतसई का सम्पादन और सरस भाष्य किया तथा शुक्ल जी से एक वर्ष पूर्व जायसी की "पदुमावति" का सम्पादन किया पर वह अपूर्ण ही प्रकाशित हुआ। इन सम्पादनों में लालाजी की अर्थ-ग्रहण की पैनी दृष्टि तथा ब्रज एवं अवधी के ग्राम्यरूपों की सूक्ष्म पकड़ के दर्शन होते हैं। यद्यपि लालाजी ने हस्तलिखित प्रतियों और उनके तुलनात्मक पाठ एवं पाठान्तर देने की वैज्ञानिक विधि के उस ढर्रे से अपने-को विरत रखा जिसे भागवतदास एवं ग्रियर्सन ने प्रारम्भ किया था पर उन्होंने अर्थानुसारी पाठ ग्रहण की विद्या-बुद्धि का ऐसा प्रयोग किया कि आगे चलकर हिन्दी में उनकी शैली को साहित्यिक सम्पादन कह कर कुछ सम्पादकों ने उसे ही अपना आदर्श बनाया।

ग्रियर्सनोत्तर काल (१९१०-१९१४ ई०)—इन प्रमुख व्यक्तियों ने जो कार्य इस समय किया कई दशकों तक इनकी कोटि का कोई प्रामाणिक कार्य हिन्दी-सम्पादन के इतिहास में नहीं दिखायी पड़ा। नागरी प्रचारिणी सभा द्वारा प्रमुख कवियों की ग्रंथावलियाँ तेजी के साथ प्रकाशित करायी गयीं। परन्तु सभा का उद्देश्य था हिन्दी भाषा और नागरी लिपि का प्रचार करना। इसी उद्देश्य की पूर्ति हेतु ये सम्पादन एवं प्रकाशन भी हुए। सभा का उद्देश्य तो निश्चय ही इनसे पूरा हुआ। श्री सत्यजीवन वर्मा ने सभा के प्रकाशन में "बीसलदेव रासो" का सम्पादन किया। पं० रामचन्द्र शुक्ल ने "तुलसी ग्रंथावली" का, डॉ० श्यामसुन्दर दास ने "पृथ्वीराज रासो", "परमाल रासो", "कबीर ग्रंथावली" आदि का सम्पादन किया।

इन सम्पादकों में पं० रामचन्द्र शुक्ल को सर्वाधिक ख्याति मिली। परन्तु इस ख्याति का आधार उनका सम्पादन नहीं प्रत्युत उनकी भूमिकाएँ हैं, जिनमें उनकी आलोचनात्मक प्रतिभा मुखर हो उठी है। "तुलसी-ग्रंथावली" की आलोचनात्मक भूमिका और इसी प्रकार की "जायसी-ग्रंथावली" की भूमिका हिन्दी आलोचना साहित्य में अपना प्रमुख स्थान रखती है। परन्तु सम्पादन की दृष्टि से उन्होंने उपलब्ध मुद्रित संस्करणों को इकट्ठा करके उनमें से उपयुक्त लगने वाले पाठों को ले लिया और शेष को छोड़ दिया। जहाँ पाठार्थ समझने में बाधा पड़ी वहाँ मनमाने ढंग से पाठसुधार कर दिया। इन सम्पादनों का पाठ-शोध की दृष्टि से उतना महत्त्व नहीं है। इनमें हस्त-लिखित पोथियों का आश्रय नहीं ग्रहण किया गया है। "जायसी-ग्रंथावली" के सम्पादन में उनके पास चार मुद्रित संस्करण थे और एक कैथी की प्रति थी जिसका की कोई पता ठिकाना शुक्ल जी ने नहीं बताया, वह भी भ्रष्ट पाठ की प्रति थी। दूसरे उन्होंने इन ग्रंथों के सम्पादन में किन्हीं विशिष्ट सम्पादन-मान्यताओं का अनुगमन नहीं किया, जिससे पाठ-मिश्रण और पाठ विकृतियों को पर्याप्त प्रश्रय मिला।[1]

१. विस्तार के लिए—जायसी ग्रंथावली (भूमिका)—डॉ० माताप्रसाद गुप्त।

इस काल में अन्य भी बहुत से सम्पादन हुए। कुछ विशिष्ट पुस्तकों का सम्पादन उल्लेखनीय है। नागरी प्रचारिणी सभा ने १९१४ ई० में श्री सूर्यकरण पारीक, श्री रामसिंह और श्री नरोत्तम स्वामी सम्पादित "ढोला मारूरा दूहा" प्रकाशित किया, जो पर्याप्त परिश्रम से किया गया कार्य है। इन्हीं में से प्रथम दो सम्पादकों ने मिलकर एक अन्य राजस्थानी ग्रंथ का भी सम्पादन किया। वह है, क्रिसन रुक्मिनी री वेलि। इसका प्रकाशन हिन्दुस्तानी एकेडमी, प्रयाग द्वारा हुआ।

व्रजभाषा के अनन्य प्रेमी तथा उसके स्वनामधन्य कवि बाबू जगन्नाथदास रत्नाकर ने दो व्रजभाषा के अमूल्य ग्रंथों के सम्पादन का कार्य अपने ऊपर लिया। बिहारी सतसई के सम्पादन में उन्होंने बीस-बाईस वर्ष लगाया। सतसई की कई हस्तलिखित प्रतियाँ उनके पास थीं। उनका जिस प्रकार परीक्षण और तुलनात्मक अध्ययन उन्होंने किया उसका विवरण नागरी प्रचारिणी पत्रिका में समय-समय पर प्रकाशित होता रहा।[1] प्रतियों में प्रक्षेप की समस्या, छन्दों की वास्तविक संख्या, क्रम-निर्धारण में कवि का उद्देश्य तथा कवि कृत संभावित भाषा की समस्याओं पर उन्होंने पूर्णतया विचार करके इस ग्रंथ का सम्पादन किया। यह ग्रंथ बिहारी के अब तक के सम्पादनों में सर्वश्रेष्ठ है। भाषा में जानबूझ कर एकरूपता का समावेश करने में तथा दोहों में दस प्रेम के दोहों के साथ एक नीति या भक्ति के दोहे को सजाने में उन्होंने अपने मन की बात की है, बिहारी के मन की बात नहीं। फिर भी रत्नाकर जी द्वारा संप्रादित "बिहारी-रत्नाकर" हिन्दी का एक अनूठा और तपस्यानिष्ठ सम्पादन कार्य है। इसने भागवतदास और ग्रियर्सन की वैज्ञानिक दृष्टि को अग्रसर किया तथा बिहारी के मूलपाठ और भाषा के मर्म को अधिकतम उद्घाटित किया।

रत्नाकर जी ने सूर-सागर का सम्पादन भी सभा के संरक्षण में प्रारम्भ ही किया था कि उनकी मृत्यु हो गयी और उस कार्य को श्री नन्ददुलारे वाजपेयी ने पूरा किया। अभी यही उक्त ग्रंथ का सबसे प्रचलित सम्पादित संस्करण है।

आचार्य विश्वनाथ प्रसाद मिश्र ने अपने गुरु लाला भगवानदीन की परंपरा में व्रजभाषा के रीतिकालीन कवियों के पाठों को परिष्कृत करके प्रकाशित कराने का सराहनीय कार्य किया। उन्होंने भूषण की रचनाओं को सम्पादित करके प्रकाश में लाने के साथ बिहारी की "सतसैया" का एक एक स्वकीय सम्पादित पाठ प्रस्तुत किया। इस शैली में आगे चलकर उन्होंने बोधा ठाकुर, नरोत्तमदास, घनानन्द, पद्माकर और यशवन्त सिंह की ग्रंथावलियों का सम्पादन-प्रकाशन किया। इनमें लालाजी की अर्थानुसारी पाठ तथा सम्पादित भाषा रूप की पकड़ का प्रयास ही मुख्य है।

इस काल के सम्पादकों में दूसरा प्रमुख नाम पं० उमाशंकर शुक्ल का है, जिन्होंने सेनापति के "कविरत्नाकर" का तथा नन्ददास के ग्रंथों का सम्पादन "नन्ददास भाग १ व २" में किया। आपने अपने द्वारा प्रयुक्त प्रतियों का विवरण अपने ग्रंथों की भूमि-

---

१. अब वे "कविवर बिहारी" नामक ग्रंथ में संगृहीत हो गये हैं।

काओं में दिया है, उनकी तुलनात्मक परीक्षा की तथा उनमें से संगत पाठों को ग्रहण करके अन्य पाठों को पाठान्तर में दिया। उन्होंने "कवित्त रत्नाकर" की भूमिका में स्पष्ट लिख दिया है कि उन्होंने अपनी ओर से पाठ सुधार करने का कहीं भी प्रयास नहीं किया है। जहाँ उन्हें अशुद्ध पाठ दिखायी पड़े जिनका पाठ-सुधार उनकी दृष्टि में सम्भव था, वहाँ भी मूल में उन्होंने प्रति में उपलब्ध पाठ को रखा तथा पाद-टिप्पणियों में अपने सुझावों को रख दिया है। सब मिलाकर आपने अपना कार्य अत्यन्त प्रामाणिकता के साथ सम्पन्न किया है। श्री ब्रजरत्नदास का भी इस युग के सम्पादकों में प्रमुख स्थान है। 'नन्ददास ग्रंथावली' में उन्होंने पं० उमाशंकर शुक्ल द्वारा प्रस्तुत नन्ददास के पाठ से सुन्दर एवं सार्थक पाठों का चयन प्रस्तुत किया है। इस काल के अत्यंत महत्त्वपूर्ण पाठ-संपादक पं० शम्भूनारायण चौबे थे जो नागरी प्रचारिणी सभा में भी पुस्तकालयाध्यक्ष थे। उन्होंने "रामचरित मानस" का पाठ बहुत से हस्तलेखों के आधार पर संपादित किया। भागवतदास जी के पश्चात् मानस के पाठ पर जैसा मौलिक कार्य चौबे जी ने किया, वह अभिनन्दनीय है। उन्होंने मानस के मूल पाठ, प्रक्षेपों के निराकरण आदि पर बहुत से लेख नागरी प्रचारिणी पत्रिका में लिखे जो अब 'मानस अनुशीलन' ग्रंथ में संगृहीत हैं। मानस के परवर्ती सम्पादकों ने चौबेजी के प्रति कृतज्ञताज्ञापन भी न करके अन्याय किया है।

वर्तमान काल (१९४२ ई० के बाद)

सम्पादन की वैज्ञानिक विधि का प्रारम्भ १९४२ ई० में डॉ० माताप्रसाद गुप्त के एक लेख द्वारा हुआ, जो "हिन्दी अनुशीलन" में प्रकाशित हुआ था।[१] इसमें बनारसीदास जैन कृत "अर्द्धकथा" की प्रतियों के आधार पर उसके पाठ को पुनर्निर्मित करने की विधि पर प्रकाश डाला गया था। इसके पूर्व ही डॉ० गुप्त ने "अर्द्धकथा" का सम्पादन किया था, परन्तु वह केवल एक प्रति के आधार पर हुआ सम्पादन था। उसमें किसी विशेष सम्पादन-विधि का अवलम्बन नहीं किया गया था। उसमें संभव भी नहीं था। इसके बाद उक्त ग्रंथ का सम्पादन श्री नाथूराम प्रेमी ने एकाधिक प्रतियों के आधार पर किया। इस समय डॉ० गुप्त को उक्त ग्रन्थ की चार प्रतियाँ उपलब्ध हो गयी थीं और एक प्रति जिसका उल्लेख प्रेमी जी ने किया था, जो उन्हें प्राप्त न हो सकी थी, उसके पाठ को उन्होंने प्रेमी जी के सम्पादित संस्करण से लिया। उन्होंने अपने लेख में इन पाँचों पाठों की परीक्षा करके उसके वैज्ञानिक पाठ-पुनर्निर्माण की विधि की ओर संकेत किया। जिन स्थानों से ये प्रतियाँ प्राप्त थीं उन्हीं के नाम पर उनका नामकरण हुआ। उनके पाठों में विकृतियों के साम्य की परीक्षा करके उनका प्रतिलिपि सम्बन्ध स्थापित करके उनका वंश-वृक्ष तैयार किया गया। इसके उपरान्त उन्होंने कुछ सिद्धांतों का उल्लेख किया, जिनके आधार पर अत्यन्त सरलता और प्रामाणिकता से उसका पाठ

१. "हिन्दी अनुशीलन", अ० ३, वर्ष १।

पुर्नानिमित किया जा सकता है ।

तुलसीदास के ऊपर शोध कार्य करते हुए डॉ० गुप्त का ध्यान तुलसी की रचनाओं के पाठों की विभिन्न शाखाओं की ओर आकृष्ट हुआ । "रामचरितमानस" की अनेक प्रतियों का परीक्षण उन्होंने किया और उस परीक्षण के दौरान में कुछ विचित्र ढंग के प्रक्षेपों की प्रवृत्तियों को ढूँढ़ निकाला । उन्होंने मानस पाठ की प्रतियों को चार समूहों में विभक्त किया । इनमें भी प्रथम और अन्तिम समूह की प्रतियों के आधार पर ही मूलपाठ तैयार करना अधिक संगत समझा । इनमें १७२१ व १७६२, १६६१ व १७०४ की प्रतियाँ आती हैं तथा ये महत्त्वपूर्ण प्रतियाँ हैं । इन चारों समूहों की प्रतियों में एक विशेषता देखने को मिली कि ये चारों समूहों की प्रतियाँ चार पीढ़ियों का निर्देश करती हैं : १७२१, १७६२ / छक्कनलाल + मिर्जापुर समूह / कोदवराम समूह / १६६१, १७०४ / इस क्रम से चलने पर प्रतियों का पाठ अपने पूर्ववर्ती पाठों से उत्कृष्टतर होता गया है और उसके प्रतिकूल चलने पर निकृष्टतर होता गया है । इन क्रमों में पहले क्रम को उन्होंने "पाठ संस्करण क्रम" और दूसरे को "पाठ-विकृति-क्रम" नाम दिया । इन चार स्थितियों के पाठों के सम्बन्ध में उन्होंने विचार किया और चारों स्थितियों के पाठों को तैयार किया । मानस की सभी उपलब्ध प्रतियों की परीक्षा इस ढंग से कर लेने के उपरान्त उन्होंने अपने सम्पादन सिद्धान्तों का उल्लेख किया जिनके आधार पर उन्होंने "मानस" का पाठ-निर्धारण किया । "रामचरितमानस का पाठ" नामक एक स्वतन्त्र पुस्तक लिखकर उन्होंने अपने अनुभवों, प्रतियों के सम्बन्धों तथा संपादन-सिद्धांतों का विस्तृत विवेचन किया ।

जायसी के "पद्मावत" पर अब तक बहुत सा कार्य हो चुका था । इसकी बहुत सी प्रतियाँ डॉ० गुप्त ने एकत्र कीं । नागरी लिपि के अतिरिक्त उसकी बहुत-सी प्रतियाँ फारसी लिपि में प्राप्त हुईं, अनेक वर्षों तक इनका श्रमसाध्य अध्ययन और अनुशीलन करने के उपरान्त उन्होंने "जायसी-ग्रन्थावली" का संपादन किया । इन प्रतियों की परीक्षा करके उन्होंने इनमें तीन प्रकार के सम्बन्ध स्थापित किये—(१) पाठान्तर-सम्बन्ध, २—प्रक्षेप-सम्बन्ध, ३—प्रतिलिपि-सम्बन्ध । इन तीनों प्रकार के सम्बन्धों के आधार पर वे लगभग एक ही निर्णय पर पहुँचे । इन तीनों ढंगों से प्रतियाँ चार प्रकार के समूहों की दिखाई पड़ी (१) प्रथम पीढ़ी की प्रतियाँ (२) द्वितीय पीढ़ी की प्रतियाँ (३) तृतीय पीढ़ी की प्रतियाँ (४) चतुर्थ पीढ़ी की प्रतियाँ । इन पीढ़ियों में पाठ-विकृतियों, प्रक्षेपों तथा छन्दों की संख्या बढ़ती गई है । इस दृष्टि से उन्होंने विचार व्यक्त किया कि विशेष रूप में प्रथम पीढ़ी की प्रतियों के आधार इस ग्रन्थ का सम्पादन होना चाहिए । इसके उपरान्त जहाँ आवश्यकता हो द्वितीय पीढ़ी की प्रतियों से सहायता ली जा सकती है । तीसरी और चौथी पीढ़ी की प्रतियाँ तो सम्पादन की दृष्टि से सर्वथा अनुपयोगी है क्योंकि वे विकृतियों, प्रक्षेपों तथा छन्दों की दृष्टि से विकृततर होती गयी है । इन्हीं सम्बन्धों के आधार पर उन्होंने 'पद्मावत' के छन्दों की संख्या निर्धारित की और प्रक्षिप्त छंदों को अलग छाँट कर निकाल दिया ।

डॉ० गुप्त ने 'बीसलदेव रास' का भी सम्पादन किया। इसके पूर्व इस ग्रंथ का सम्पादन श्री सत्यजीवन वर्मा ने किया था, जो नागरी प्रचारिणी सभा द्वारा प्रकाशित हुआ था। परन्तु वह सम्पादन केवल एक प्रति के आधार पर ही हुआ था और वह भी प्रति पर्याप्त भ्रष्ट पाठ की प्रति थी। इस प्रति के प्रतिलिपिकार को राजस्थानी लिपि का पूर्ण ज्ञान नहीं था, क्योंकि वर्माजी के सम्पादित संस्करण में प्राचीन राजस्थानी लिपि के ज्ञानाभाव के कारण अनेक विकृतियाँ आ गयी हैं। डॉ० गुप्त ने राजस्थान से श्री अगरचन्द नाहटा की सहायता से बहुत सी प्रतियाँ एकत्र कीं और उनको पाठ-साम्य आदि के आधार पर पाँच समूहों में विभाजित किया, फिर प्रत्येक समूह की प्रतियों में अन्य समूहों की प्रतियों का कहाँ तक पाठ-मिश्रण हुआ है इस समस्या पर विचार किया। छंदों की प्रामाणिक संख्या निर्धारित की। लिपि-भ्रम के कारण आये हुए दोषों पर विचार किया। फिर इन समूहों की प्रतियों में प्रतिलिपि-सम्बन्ध स्थापित किया और पाठ सम्बन्ध पर विस्तारपूर्वक विचार कर लेने के उपरान्त उन्होंने पाठ-सम्बन्ध का वंशवृक्ष तैयार किया, जिससे यह पता चला कि एक ही शाखा में मूल का अधिकतम शुद्ध पाठ सुरक्षित है और शेष दो शाखाओं की प्रतियों की कई पीढ़ियों में पाठ-मिश्रण हुआ। इस प्रकार यह सम्पादन की दृष्टि से एक ही शाखा की प्रतियाँ अधिक उपयोगी थीं। इस संस्करण में कुल १२८ छन्द प्रामाणिक माने गये हैं, जिनमें से ११८ तीनों शाखाओं की विभिन्न प्रतियों में मिलते हैं। केवल १० छन्द ऐसे हैं जो दो शाखाओं में मिलते हैं। इन १२८ मूल छन्दों के अतिरिक्त मिलने वाले छन्दों को परिशिष्ट में रख दिया गया है।

डॉ० माताप्रसाद गुप्त ने मंझन की 'मधुमालती', कुतुबन की 'मृगावती', मुल्ला दाऊद के 'चाँदायन', 'कबीर-ग्रंथावली', 'कुतुबशतक', रोडा रावलकृत 'राउर बेल', आदि ग्रंथों का सम्पादन किया। अन्त में उन्होंने क० मु० हिन्दी तथा भाषा विज्ञान विद्यापीठ आगरा विश्वविद्यालय आगरा के तत्वावधान में "सूरसागर" का सम्पादन किया जिसका प्रथम खंड वहीं से प्रकाशित भी हुआ।

प्रयाग विश्वविद्यालय में डी० फिल० की उपाधि हेतु डॉ० पारसनाथ तिवारी ने कबीर के पाठ की शोध वैज्ञानिक ढंग से की है। उनका वह प्रबन्ध कबीर-ग्रंथावली के रूप में इसी विश्वविद्यालय की हिन्दी परिषद से प्रकाशित हो चुका है। यह कार्य डॉ० गुप्त के ही निर्देशन में सम्पन्न हुआ है। प्रयाग विश्वविद्यालय के ही डॉ० लक्ष्मीधर मालवीय ने देव के ग्रंथों के मूलपाठ का शोध किया है। श्रीहरिमोहन मालवीय बिहारी के मूलपाठ के संपादन पर कार्यारम्भ किया था जिसे वे पूरी न कर सके। श्री हरिमोहन मालवीय ने पृथ्वी सिह 'रसनिधि' कृत "रतन हजारा" तथा बालचन्द मुनि कृत "बाल चन्द बत्तीसी" प्रागन कृत "भँवरगीत', लोकमणि मिश्र कृत 'नवरसतरंग' का संपादन-प्रकाशन किया है। मलूकदास के पाठ पर भी वे कार्य कर रहे हैं। पं० विश्वनाथ प्रसाद मिश्र ने "केशव-ग्रंथावली" का सम्पादन तीन भागों में किया है जो हिन्दुस्तानी एकेडमी प्रयाग से प्रकाशित हुई है। यह कार्य अत्यन्त परिश्रमपूर्वक एवं हस्तलिखित

ग्रंथों के साक्ष्य पर प्रस्तुत हुआ है। ग्रंथावली की तृतीय भाग की भूमिका में विद्वान् सम्पादक ने प्राप्त प्रतियों का संक्षिप्त विवरण दिया है जिनका उपयोग उन्होंने इस सम्पादन में किया। भूमिका में उन्होंने सम्पादन की वैज्ञानिक विधि से मतभेद प्रकट करते हुए उसे "यान्त्रिक प्रक्रिया" माना है, साहित्यिक प्रक्रिया नहीं। अतः वैज्ञानिक विधि का अनुगमन करना उनके लिए सम्भव नहीं था।

मिश्र जी ने इधर १९६२ में "रामचरितमानस" का भी संपादन प्रस्तुत किया है जिसमें कई स्थानों पर मानस के पाठ को बड़े ही सुन्दर ढंग से ढूंढ़ निकाला गया है। इसमें सन्देह नहीं कि यह कार्य अत्यन्त श्रम के साथ संपन्न हुआ है। इसके सम्बन्ध में इतना ही निवेदन करना पर्याप्त है कि इसमें पं० शम्भु नारायण चौबे और डॉ० माताप्रसाद गुप्त की मानस के पाठ-सम्बन्धी मान्यताओं से बहुत कम मतभेद हैं और उन्हीं मान्यताओं के आधार पर अधिक समय एवं श्रम के साथ पं० विश्वनाथ प्रसाद मिश्र ने मानस के पाठ को एक डग और आगे बढ़ाया है। इधर पाठ-संपादन की ओर विद्वानों का पर्याप्त झुकाव हुआ है। श्री प्रभुदयाल मीतल तथा विद्या-विभाग काँकरौली द्वारा कई कवियों का पाठ प्रस्तुत हुआ है। अलीगढ़ विश्वविद्यालय से "परमानन्द सागर" के पाठ पर पी-एच० डी० के डॉ० गोबर्द्धनाथ शुक्ल ने कार्य किया जो प्रकाशित हो चुका है।

बिहार के दो विद्वानों ने संपादन के क्षेत्र में महनीय कार्य किया है—धर्मेन्द्र ब्रह्मचारी और नलिन विलोचन शर्मा। ब्रह्मचारी जी ने दरिया साहब-ग्रंथावली में दरिया साहब के पाठ का परिष्कृत रूप प्रस्तुत किया है तथा संत सूरजदास कृत "रामजन्म" का संपादन किया जो अवधी की प्राचीन कृति है। नलिन जी ने लालदास कृत हरि-कथा के पाठ का संपादन कई हस्तलिखित प्रतियों के आधार पर प्रस्तुत किया जिसके ८८ अध्यायों में से २५ अध्यायों का प्रथम खंड छप चुका है। ये तीनों ही ग्रंथ बिहार राष्ट्रभाषा परिषद् पटना से प्रकाशित हो चुके हैं। नलिन जी ने "हरिकथा" के पाठ का प्रामाणिक संस्करण प्रस्तुत करके अवधी के भाषा वैज्ञानिक अध्ययन के लिए एक महत्वपूर्ण प्राचीन आधार प्रस्तुत किया।

नागरी प्रचारिणी सभा के माध्यम से हुए कार्यों में पं० परशुराम चतुर्वेदी की "दादू ग्रंथावली' का महत्वपूर्ण स्थान है जिसमें मौलिक परम्परा से मिले, संतों के पाठ, जो सर्बङ्गी, गुणगंजनामा, गुरुग्रंथ साहब आदि में संगृहीत मिलते हैं, के सम्पादन की समस्या पर कुछ मौलिक प्रश्न उठाए गए हैं। चतुर्वेदी जी ने मीरा की पदावली का संपादन भी पहले ही किया था। डॉ० किशोरी लाल गुप्त ने "नागरी दास ग्रंथावली" का संपादन किया और 'शिवसिंह सरोज' का संपादन करके हिन्दी साहित्य सम्मेलन से प्रकाशित कराया। इधर उन्होंने घनानन्द के "सुजान-शतक" और "गिरिधर कविराय ग्रंथावली" का संपादन भी किया है। पं० जवाहरलाल चतुर्वेदी ने "सूरसागर" का एक खंड संपादित करके प्रकाशित कराया है।

सभा के द्वारा पं० सुधाकर पाण्डेय ने 'कृपाराम ग्रंथावली', 'रसलीन ग्रंथावली'

और 'सोमनाथ ग्रंथावली' का संपादन-प्रकाशन किया है। इन ग्रंथावलियों को सम्पादित करके पाण्डेयजी ने हिन्दी में इनसे सम्बन्धी नवीन शोध के लिए मार्ग प्रशस्त किया है।

इधर सम्पादन की दिशा में गोरखपुर विश्वविद्यालय के हिन्दी विभाग के आचार्य एवं अध्यक्ष डॉ० भगवती प्रसाद सिंह ने कुछ महत्वपूर्ण कार्य किया है। पहले ही उनके द्वारा संपादित बनादास का "विस्मरण-संभार" और गोकुलदास बृज कृत "दिग्विजय भूषण" (कविवृत्त संग्रह) प्रकाशित हो चुके थे। उन्होंने "बनादास-ग्रंथावली' में अयोध्या के प्रमुख संत एवं रसिक सम्प्रदाय के श्रेष्ठ कवि महात्मा बनादास की संपूर्ण रचनाओं का सम्पादन किया है जो मयूर प्रकाशन झाँसी से प्रकाशित हो रही है। उन्होंने संस्कृत के अप्राप्त ग्रंथ "भुसुण्डि रामायण" का संपादन किया है जिसका कुछ अंश विश्वविद्यालय प्रकाशन वाराणसी से प्रकाशित हुआ है। उन्होंने जायसी की "पद्मावति" के पाठ का प्राचीन हस्तलिखित प्रतियों के आधार पर पुनः परीक्षण और पाठ-संपादन किया। इसके द्वारा जायसी की भाषा के रूप को और भी निखार प्राप्त हुआ है।

डॉ० परमेश्वरी लाल गुप्त ने कुतुबन कृत मृगावती और मुल्लादाऊद कृत चंदायन का संपादन किया। मृगावती का संपादन इससे पूर्व ही सम्मेलन द्वारा डॉ० शिवगोपाल मिश्र से कराया जा चुका था पर डॉ० गुप्त ने उसके पाठ को उत्कृष्टतर रूप में प्रस्तुत किया। "चंदायन" के पूर्ण पाठ को डॉ० गुप्त ने सर्वप्रथम हिन्दी जगत के सामने प्रस्तुत करने का महान यश अर्जित किया है। इसके लिए उन्होंने भारत और लन्दन तक के विभिन्न हस्तलिखित ग्रंथों के संग्रहालयों की छानबीन की और इसकी हस्तलिखित प्रतियाँ उपलब्ध कीं।

डॉ० आनन्द प्रकाश दीक्षित ने 'हरिचरणदास-ग्रन्थावली' को श्रमपूर्वक संपादन किया है जो प्रकाशित हो चुकी है। उनकी 'सूरति मिश्र ग्रंथावली' भी सम्पादित हो चुकी है। डॉ० सियाराम तिवारी ने हलधरदास के 'सुदामा चरित' का कई हस्तलिखित पोथियों के आधार पर सम्पादन करके प्रकाशित किया है जो इस काल की एक महत्वपूर्ण सम्पादित रचना है।

विभिन्न लिपियों के चित्र

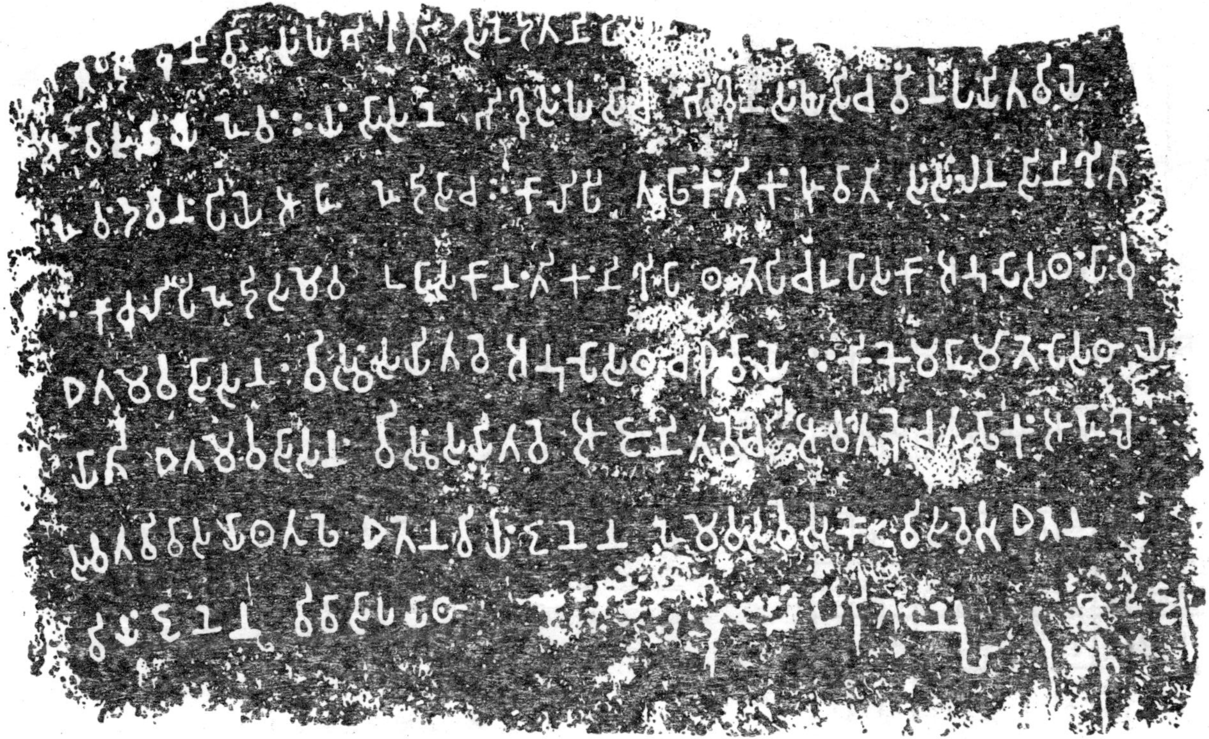

चित्र-संख्या १

सारनाथ का ब्राह्मी शिला लेख

चित्र-संख्या २

नागरी लिपि

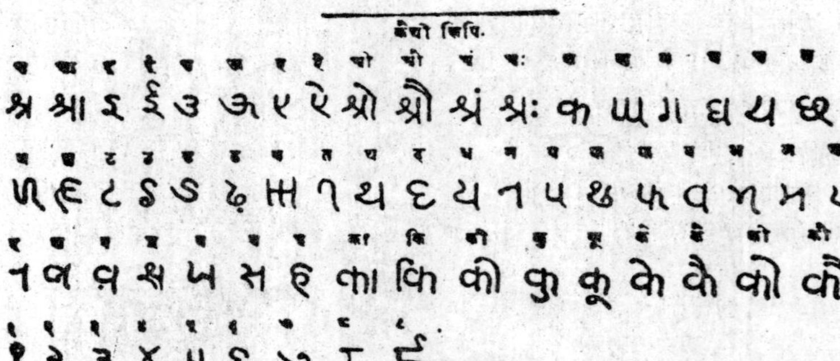

चित्र-संख्या ३

कैथी लिपि

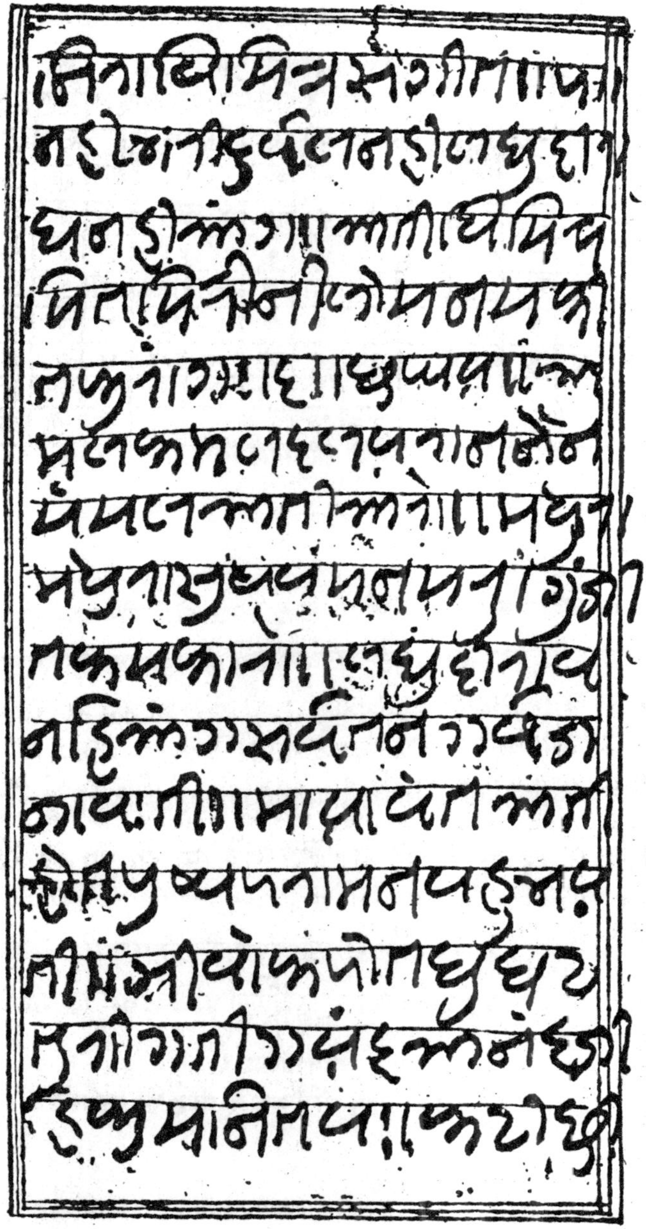

चित्र-संख्या ४

आनंद-कवि कृत 'कोकसार' (१६ शती) की कैथी प्रति से

(डॉ० भगवती प्रसाद सिंह के संग्रह से)

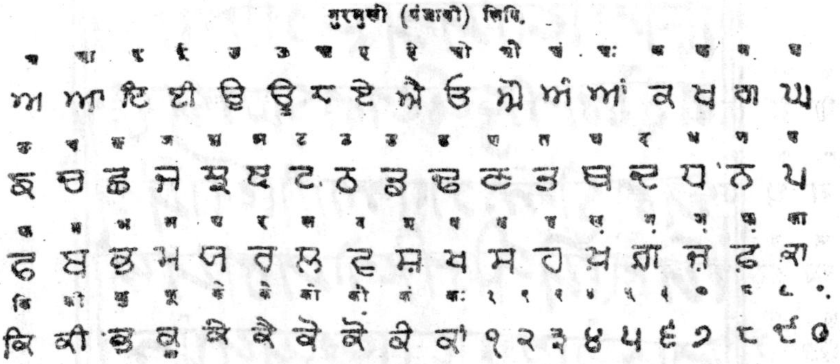

चित्र-संख्या ५

गुरमुखी (पंजाबी) लिपि

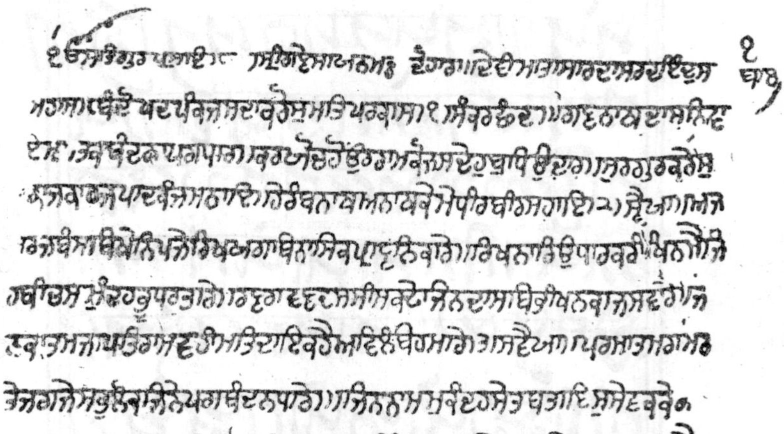

चित्र-संख्या ६

श्री गुरुग्रंथ साहब की लेखक के संग्रह की एक प्रति

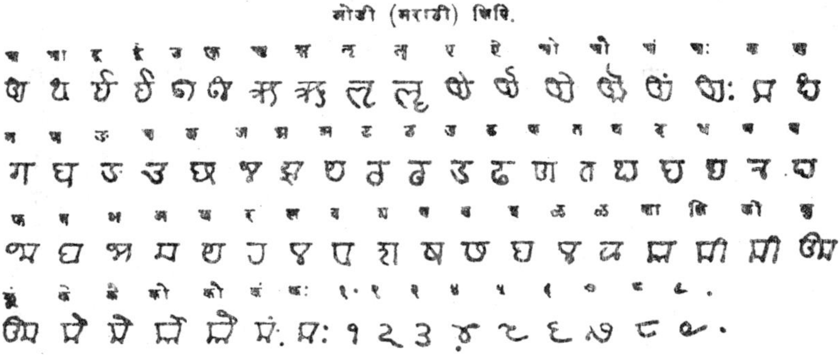

चित्र-संख्या ७

मोडी (मराठी) लिपि

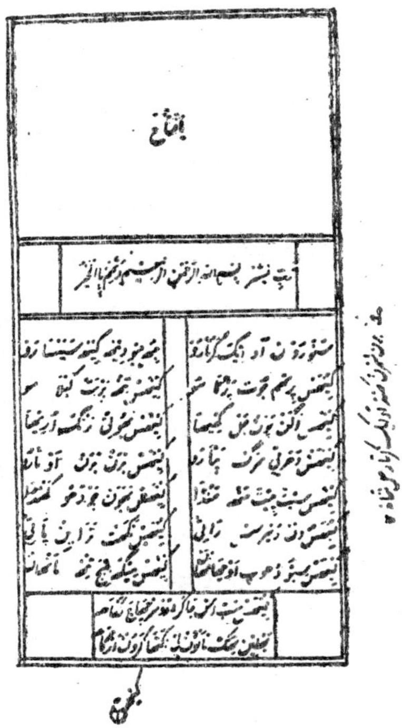

चित्र-संख्या ८

पदुमावति (जायस की प्रति) सं० १२२४ हि० की प्रति